Rainer M. Köppl
Der Vampir sind wir

Rainer M. Köppl

Der Vampir sind wir

Der unsterbliche Mythos von Dracula biss Twilight

Residenz Verlag

Bibliografische Information der Deutschen Bibliothek

Die Deutsche Bibliothek verzeichnet diese Publikation in der Deutschen Nationalbibliografie; detaillierte bibliografische Daten sind im Internet über http://dnb.ddb.de abrufbar.

www.residenzverlag.at

Umschlaggestaltung: www.boutiquebrutal.com
Umschlagbild: plainpicture/Arcangel
Grafische Gestaltung/Satz: www.boutiquebrutal.com
Schrift: Trump Mediaeval
Gesamtherstellung: CPI Moravia

ISBN 978-3-7017-3204-3

»Der eigene Tod ist ja auch unvorstellbar,
und sooft wir den Versuch dazu machen,
können wir bemerken, dass wir eigentlich
als Zuschauer weiter dabeibleiben.«

Sigmund Freud, *Zeitgemäßes über Krieg und Tod (1915)*

»Das Hinstarren auf das Unheil hat etwas von Faszination.
Damit aber vom geheimen Einverständnis.«

Max Horkheimer und Theodor W. Adorno,
Dialektik der Aufklärung (1947)

»Just remember that death is not the end.«

Bob Dylan, *Death is not the End (1988)*

Inhalt

Zu diesem Buch
oder: Warum ich Vampirologe geworden bin

There is a road
No simple highway
Between the dawn
and the dark of night

And if you go
No one may follow
That path is for
Your steps alone

Ripple auf dem Album *American Beauty* von *The Grateful Dead*
(Die dankbaren Toten), veröffentlicht am 1. November 1970

»Was machen Sie beruflich?« – »Ich bin Vampirologe.« – »Vampirologe? So etwas gibt es doch gar nicht!« – »Doch! Ein Theologe beschäftigt sich mit Gott, ein Psychologe mit der Psyche, ein Vampirologe mit Vampiren.« – »Ja, ja. Aber was machen Sie beruflich? » – »Ich bin Professor an der Universität Wien.« »Aha. Was unterrichten Sie denn?« – »Vampirologie!«

Das ist nicht die ganze Wahrheit, aber spätestens jetzt sind meine Gesprächspartner ganz Ohr. Eben noch hatten sie mich für einen Hobby-Vampirologen gehalten, plötzlich stehen sie einem Vampir-Professor gegenüber. »Glauben Sie wirklich an Vampire?«, fragen sie entsetzt. Ich antworte: »Ich glaube nicht nur an Vampire, ich weiß mit Sicherheit, dass sie existieren.« Und schon bin ich bei meinem Lieblingsthema.

Begeistert beginne ich von den Ausgeburten unserer Phantasie zu erzählen. Von den Vampiren, die in unseren Büchern und auf Bildern auftauchen, im Kino und im Fernsehen, in unseren Träumen und Albträumen. Aber viele meiner Gesprächspartner wollen etwas über »wirkliche Vampire« wissen. Sie freuen sich, dass sie endlich jemanden getroffen haben, der Vampire wissenschaftlich untersucht.

Ja, es hat tatsächlich »Vampire« gegeben. Genauer gesagt: Vor noch nicht allzu langer Zeit hat es Menschen gegeben, die von ihren Mitmenschen für echte Vampire gehalten worden sind und deswegen aus ihren Gräbern geholt, gepfählt und meistens auch verbrannt worden sind. »Wirklichen Untoten« bin ich jedoch noch nie begegnet, und Sterbliche, die Blut trinken und sich wie Dracula schminken, finde ich sterbenslangweilig. Möchtegern-Vampire lassen mich kalt. Exzentriker, die in Särgen schlafen und das Sonnenlicht scheuen, können so viel Blut trinken wie sie wollen, sie werden sich nie in Fledermäuse verwandeln können.

Alles Vampir!

Ich bin kein Fan. Weder von Vampirjägern noch von Vampiren. Trotzdem bin ich begeisterter Vampirologe, weil ich es so faszinierend finde, dass wir Menschen seit Anbeginn unserer Kultur von imaginierten Untoten besessen sind. Wir statten diese Kreaturen mit übermenschlichen Fähigkeiten und phantastischen Eigenschaften aus. Sie sind lichtscheu, wild und blutrünstig, sie können die Naturgesetze überwinden und sogar dem Tod ein Schnippchen schlagen. Interessanterweise haben wir gerade in unserem aufgeklärten Zeitalter das Bedürfnis, die Untoten, mögen sie nun Dracula, Carmilla oder Edward heißen, immer wieder aus ihren Gräbern hervorzurufen. Kaum sind sie aufgetaucht, treiben wir sie spektakulär, blutig und mit heiligem Zorn wieder in die Unterwelt zurück – um sie am nächsten Abend lustvoll wieder hervorzulocken. Dieses perpetuum mobile hat mich schon immer interessiert. Für die Kulturindustrie ist der Vampir ohnehin ein gefundenes Fressen: Wenn es keine Vampire gäbe, müsste man sie erfinden.

Die Frage lautet nicht: »Gibt es tatsächlich Vampire?«, sondern: »Warum lässt sich der Vampirmythos so gut für unser Vergnügen und für politische Zwecke ausschlachten?«

Die Antwort, die dieses Buch darauf gibt, lautet: Der Vampir sind wir! Tiere glauben nicht an Vampire, denn sie wissen nicht, dass sie sterblich sind. Weil wir wissen, dass wir sterblich sind, sind die Vampire unsterblich, denn das Thema aller Vampirgeschichten ist die Liebe und »das schmerzliche Rätsel des Todes, gegen den bisher kein Kräutlein gefunden wurde«, wie Sigmund Freud in *Die Zukunft einer Illusion* schrieb. (GWF, Bd. 14, S. 337)

Das vorliegende Buch ist keine literatur- oder medienhistorische Spurensuche. Im Gegenteil, ich will von den Details absehen und das faszinierende Räderwerk des Vampirmythos aus einer Vogelperspektive betrachten, um zu verstehen, aufgrund welcher Mechanismen dieses uralte Spiel mit unseren Träumen und Albträumen, mit Angst und Lust, mit Spannung und Erlösung funktioniert. Wenn wir Menschen vernünftige Wesen wären, wenn unser »Ich«, wie Freud sagte, »Herr im eigenen Haus« wäre, dann müssten die Vampire nach dem Zeitalter der Aufklärung und der Erfindung des elektrischen Lichts schon längst ausgestorben sein. Tatsächlich sind sie lebendiger und erfolgreicher denn je. Vampire sind »immer und überall«. Das Interesse an ihnen flammt bei jeder Filmpremiere neu auf. Wenn wieder einmal »ein echter Vampir« ausgegraben wird, geht die Meldung um die Welt und die TV-Teams brechen zur Vampirjagd auf. Im Rahmen einer Art »CSI Vampir«-Produktion für den ORF habe ich selbst das gepfählte Brustbein eines uralten historischen Vampirs in den Händen gehalten – und mir ist ein kaltes Gruseln über den Rücken gelaufen.

Als Medienwissenschaftler interessiere ich mich aus zahlreichen Gründen für den Vampirmythos. Vampire sind höchst komplexe Figuren, die zugleich einen hohen Wiedererkennungswert haben und deshalb eine ideale Projektionsfläche für individuelle und gesellschaftliche Ängste und Wünsche bilden. Sie sind Archetypen, die in einem dramaturgischen System, das ich »die Dramaturgie der Dämmerung« nenne, unheimlich attraktiv und extrem dynamisch agieren können. Vampire sind auch ein popkulturelles Label geworden, das man seinen Feinden und den Objekten seiner Begierde aufkleben kann. Seit den Bestsellern und Filmhits *Twilight* und *True Blood* ist der amerikanische Alltag völlig vampirisiert. Wenn man vor ein paar Jahren ein Vampirbuch kaufen wollte, musste man in der Buchhandlung fragen, in welchem Regal die Vampirbücher sind. Heute ist es umgekehrt: Man fragt sich, ob es überhaupt noch Bücher gibt, in denen keine Vampire vorkommen. »Alles Vampir!« – wie man auf dem Wiener Opernball sagen würde.

Ein rotes Sofa und ein stinkender Talisman

Jeder Hobby-Psychologe wird vermuten, dass meine Leidenschaft für Vampire eine tiefere Ursache hat, etwa, dass verdrängte Kindheitserlebnisse hinter meiner Liebe zur Vampirologie stecken. Sonst müsste ja jeder Medienwissenschaftler ein Vampirologe sein. Arbeite ich mit diesem Buch meine persönlichen Ängste und Sehnsüchte auf? Ja, sicher! Ich glaube zwar nicht, dass mein Unbewusstes mich dazu treibt, um Mitternacht durch die Häuserschluchten Wiens zu streifen, um schöne Frauen in den Hals zu beißen, aber vielleicht hindert mich doch nur der Mantel der Zivilisation daran, verdrängte Wünsche auszuleben.

Wie nicht anders zu erwarten, sind mir beim Schreiben dieses Buches nach und nach Erlebnisse aus meiner Kindheit wieder bewusst geworden, die mein Interesse für Dracula & Co. erklären könnten.

Meine Mutter (Dr. Freud wäre über so einen Beginn entzückt) hat mich in unserem Wohnzimmer in Attnang-Puchheim auf einem roten Sofa zur Welt gebracht. Ich kam mehr als zwei Monate zu früh zur Welt, winzig, halb tot und halb blind. Der Arzt wollte mich mit Blaulicht ins Krankenhaus bringen lassen, aber meine Mutter wollte mich nicht der Apparatemedizin anheimgeben. So habe ich überlebt.

Ein paar Jahre nach meiner Geburt sind wir von Attnang-Puchheim nach Rittham gezogen, in die Nähe von Ohlsdorf, das einen Fixplatz auf der literarischen Landkarte hat, weil der ehemalige Bürgerschreck Thomas Bernhard dort auf einem Bauernhof seine Österreichbeschimpfungen in lange Schachtelsätze verpackt hat. Meine Eltern hatten in Rittham auf alten Fundamenten ein kleines Haus gebaut, das mir von Anfang an unheimlich war, weil es allein am Waldrand stand: romantisch an einem sonnigen Tag, gruselig in der Dämmerung, furchterregend in der Nacht.

Der Wald direkt hinter unserem Haus heißt auf alten Karten das »Kreuz-G'stauderert« (von Staude, Gebüsch). »Wo euer Haus jetzt steht, da ist früher einmal ein Galgen g'standen«, versicherten uns die Nachbarn grinsend. »An dieser Wegkreuzung wurden die Verbrecher aufgehängt.« In Attnang-Puchheim hatte ich nie eine Leiche gesehen, hier »am Land« wurden die Verstorbenen zur Schau gestellt und Nachbarn und Verwandte sind zusammengekommen, um gemeinsam Totenwache zu halten. Offenbar musste man mit den Verstorbenen wach bleiben und sie wie feindliche Gefangene rund um die Uhr bewachen, damit sie sich nicht aus dem Staub machen, *bevor* sie zu Staub zerfallen.

Wir haben in der »Einschicht« gewohnt, wie die Bauern gesagt haben, ein paar hundert Meter außerhalb des Dorfes. Wenn ich mit meinen Freunden Matthias und Franzl, den Söhnen des Großbauern, im Dorf spielen wollte, musste ich durch eine lange Allee mit alten Birn- und Apfelbäumen ins Dorf hinübergehen. Da ich noch zu klein war, um allein fortzugehen, musste mich meine zwei Jahre ältere Schwester begleiten. »Kinder, kommt heim, bevor es finster wird!«, hat meine Mutter jeden Tag gesagt. Jeden Tag derselbe Konflikt: Ich wollte so lange wie möglich spielen, weil es so lustig war, meine Schwester wollte schon nach Hause gehen, weil es doch bald finster werden würde. Der Heimweg in der Dämmerung wurde zum Wettlauf gegen die Zeit und gegen meine Schwester, die mir immer kichernd davongelaufen ist. Oft habe ich im Eifer des Gefechts mit meinen Spielkameraden die Angst vor dem Heimweg völlig verdrängt und bin allein bis nach Sonnenuntergang im Dorf geblieben, während meine Schwester schon zu Hause war und beobachtet hat, wie ich tollpatschig, pummelig und mit einer Phantasie gestraft, die hinter jedem knorrigen Obstbaum ein Monster sah, nach Hause gehastet bin. Mir ist der Weg unendlich lange vorgekommen. Die Erzählungen der Erwachsenen von der »Wilden Jagd«, dem Geisterheer, das in den Raunächten auf Höllenpferden über den Himmel fegt, haben meine Phantasie noch zusätzlich befeuert.

Die Angst davor, in der Nacht allein durch den Wald gehen zu müssen, hat mich auch noch verfolgt, als ich schon in die erste Klasse des Gymnasiums gegangen bin und ein »vernünftiger Bub« war. Ich war ins Internat in die Bundeserziehungsanstalt Saalfelden geschickt worden und konnte nur alle heiligen Zeiten, zu den Raunächten eben, nach Hause fahren. Das war um 1968, als der »narrische Dichter«, wie die Bauern Thomas Bernhard nannten, einen österreichischen Literaturpreis bekam. »Und was hat er g'sagt?«, erregten sich die Leute noch Jahre später beim Frühschoppen nach der Sonntagsmesse. »›Es ist alles lächerlich, wenn man an den Tod denkt!‹, hat er gesagt. So eine Frechheit! Aber angeblich ist ihm der Minister ordentlich übers Maul gefahren und hat geantwortet: ›Ich bin trotzdem stolz, ein Österreicher zu sein!‹«

So ist die Geschichte beim Bahnhofswirt damals erzählt worden. Ich war nicht stolz und konnte dem Gedanken, dass alles lächerlich sei, wenn man an den Tod denkt, nichts abgewinnen. Denn ich musste mit dem Zug von Saalfelden nach Hause fahren und schleppte einen riesigen Koffer mit Wäsche und Büchern mit. In Attnang-Puchheim bin ich in die Salzkammergutbahn nach Aurachkirchen umgestiegen, wo ich erst nach Sonnenuntergang ankam. Vom Bahnhof Aurachkirchen musste ich den schweren Koffer in der Dunkelheit einen langen Hohlweg bergauf durch einen stockfinsteren Wald schleppen. Mehr als einmal wollte ich den Koffer stehen lassen und schreiend vor den Vampiren davonlaufen, bis mir wieder einfiel, dass mir ohnehin nichts passieren konnte, weil mir meine Mutter gleich nach unserer Übersiedlung nach Rittham eine Knoblauchzehe an einem Zwirnsfaden um den Hals gebunden hatte. Tag und Nacht habe ich diesen stinkenden Talisman tragen müssen. Ich kann mich bis heute an den Fleck erinnern, den der Knoblauchsaft auf meinen Unterhemden und Pyjamas hinterlassen hat.

Mein Körper hat den Knoblauch jahrelang absorbiert, deswegen habe ich bis heute das Gefühl, dass Vampire mir nichts anhaben können. Aber ganz sicher bin ich mir nicht.

Die Wahrheit über Vampire werden wir – wenn überhaupt – erst dann erfahren, wenn wir gestorben sind. »Das Leben ist eine große Überraschung«, sagte der russische Schriftsteller Vladimir Nabokov. »Warum sollte der Tod nicht eine noch größere sein?«

I

Auf dem Friedhof ist die Hölle los

Das Lauffeuer des Vampirismus

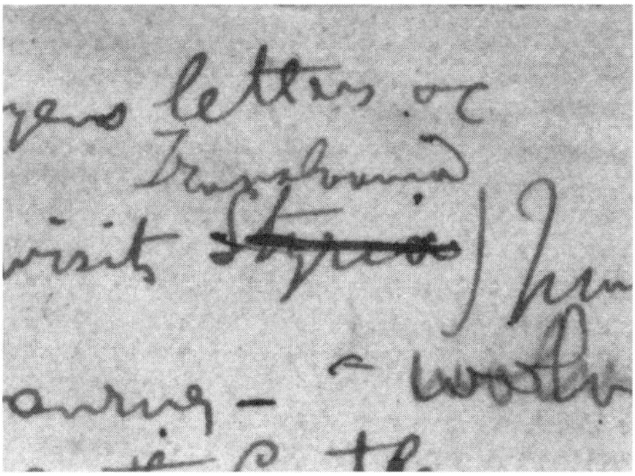

01 Der Vampirjäger Ihrer Majestät

When the cities are on fire
With the burning flesh of men
Just remember that death is not the end

Bob Dylan, *Death is not the End* (1988)

Kann man – als vernünftiger Mensch – an Vampire glauben? Anders gefragt: Gibt es intelligente Menschen, die davon überzeugt sind, dass Verstorbene sich in Untote verwandeln können? Wahrscheinlich gibt es solche Menschen noch immer. Sicher ist, dass es sie vor noch nicht allzu langer Zeit en masse gegeben hat. Bis ins späte 18. Jahrhundert waren viele Menschen davon überzeugt, dass es Untote gibt, die unerlöst aus ihren Gräbern aufstehen und Unheil verbreiten. Wir wissen das, weil einige dieser Fälle dokumentiert sind. Vampirologen der Gegenwart haben die alten Dokumente gesammelt, neu herausgegeben, kommentiert und analysiert. Wenn man zum Beispiel Klaus Hambergers *Dokumentation zum Vampirismus 1689–1791* durchblättert, könnte einem noch heute das Grausen kommen. Nicht vor den angeblichen Vampiren, sondern vor den Vampirjägern und den aufgebrachten Massen auf der Suche nach Sündenböcken. Obwohl »weiche« und »harte« Theorien, psychoanalytisch inspirierte Ansätze ebenso wie kultur-, literatur- und medizingeschichtliche Forschungen zahlreiche Erklärungsmodelle für den damaligen Vampirglauben anbieten, haben sich die historischen Vorfälle offenbar eine derart irritierende Unfassbarkeit bewahrt, dass die alten Dokumente immer wieder in Konferenzen neu aufgerollt und interpretiert werden. So fand zum Beispiel im Jahre 2009 in Wien eine wissenschaftliche Tagung zum Thema »Vampirismus und Magia posthuma im Diskurs der Habsburgermonarchie im

18. und 19. Jahrhundert« statt, die vom Institut für Osteuropäische Geschichte der Universität Wien und von »kakanien revisited«, einer Online-Plattform für interdisziplinäre Forschung und Vernetzung im Bereich Mittelost- bzw. Zentral- und Südosteuropa, veranstaltet wurde. Bei dieser Konferenz haben universitäre Vampirologen wie Clemens Ruthner referiert, der derzeit an Bram Stokers Trinity College in Dublin lehrt und dessen Forschungsschwerpunkt die Literaturgeschichte des Vampirs ist. Aber auch der Wiener Gerichtsmediziner und Vampirexperte Dr. Christian Reiter, der den Untoten wie ein CSI-Forensiker auf den Leib rückt und auf dessen Theorien ich noch eingehen werde.

Historische Hysterie

Die Angst vor Vampiren führt zu Beginn des 18. Jahrhunderts in Europa zu spektakulären Vorfällen: In Mähren, Ungarn und auf dem Balkan werden zahlreiche Gräber geöffnet. Die Untoten hätten in ihren Gräbern laut geschmatzt, heißt es in historischen Zeugenaussagen; sie seien nachts aus ihren Gräbern gekommen, um den Lebenden das Blut auszusaugen, worauf diese rasch dahingesiecht seien und nun ebenfalls als Untote umgingen. Vampirkommissionen finden immer wieder unverweste oder gar blutgefüllte Leichen, die sodann gepfählt, enthauptet und verbrannt werden, damit der Spuk ein Ende habe. Nicht nur das einfache Volk wird von diesem Vampirfieber erfasst, sondern auch Ärzte, Professoren und Theologen verfallen dem plötzlich aufflammenden Wahn. Im Rückblick auf diese historischen Leichenschändungen könnte man sagen: Zum Glück hat der Vampirwahn nur die Toten getroffen und nicht die Lebenden, die in den Inquisitionsprozessen und historischen Pogromen zum Sündenbock wurden: die weisen Frauen (Hexen), die Andersdenkenden und Andersgläubigen (Ketzer), die Juden, die Ausländer.

Versetzen wir uns in die Zeit um 1730 und stellen wir uns vor, dass ein Bauer tot in seiner Kornkammer gefunden wird. Der Bader, der Arzt der kleinen Leute, untersucht ihn. Man munkelt von Selbstmord, es könnte aber auch ein Verbrechen gewesen sein. Das Gerücht geht um, der Bauer habe seine Magd geschwängert. Der Pfarrer weigert sich, dem Selbstmörder ein christliches Begräbnis zukommen zu lassen, daher bekommt der Bauer ein Eselsbegräbnis und wird außerhalb des Friedhofs auf der falschen Seite der Friedhofsmauer verscharrt. Der Ausdruck Eselsbegräbnis geht auf das Alte Testament zurück, in dem davon gesprochen wird, dass ein Sünder »wie ein Esel« begraben werden soll. »Man schleift ihn weg und wirft ihn hin, draußen vor den Toren Jerusalems.« (Jer 22,19)

Am Tag nach dem Eselsbegräbnis werden zwei Kühe krank. Am übernächsten Tag kommt das Kind der Magd tot zur Welt. Drei Tage später stirbt auch die Magd. In der Woche darauf kommt es in der Umgebung zu einer Serie von rätselhaften Todesfällen. Drei Mütter werden kurz nach der Geburt ihrer Kinder krank. Alle drei Frauen fiebern, sind schwach, kraftlos und blutleer. Ihre Betten sind voll Blut. Die drei Frauen sterben nach einigen Tagen.

Prinzipiell gab es in den alten Zeiten zwei Möglichkeiten, mit rätselhaften Vorfällen und Verbrechen umzugehen. Entweder hat man einen Lebenden verdächtigt oder man hat die Schuld im Bereich des Übernatürlichen gesucht und – bei Verdacht auf Vampirismus – einen Untoten beschuldigt. Wenn man eine natürliche Ursache für einen rätselhaften Vorfall oder ein Verbrechen vermutete, hat man auf brutale oder magische Mittel vertraut, um die Schuldfrage zu entscheiden. Der Verdächtige wurde gefoltert oder einem Gottesurteil unterworfen. Foltern kann man einen Untoten nicht, aber man kann ihn einem Gottesurteil unterziehen. Wenn man ein Pferd über sein Grab steigen lässt, und das Pferd scheut, dann liegt ganz sicher ein Vampir im Grab.

Der Pfarrer, der Arzt und die übrigen Dorfbewohner sind sich einig: *Magia posthuma*! Totenzauber! Der Bauer ist ein Wiedergänger geworden. Zuerst hat er die Kühe angefallen, um sich Kraft zu holen. Dann hat er seine Magd angefallen. Deshalb hatte sie eine Totgeburt. Nach einer Woche ist auch die Magd zu einer Untoten geworden. Seither plagen der Bauer und die Magd als Vampire die schwangeren Frauen in der Umgebung und saugen deren Blut. Als die Bauern ein Pferd zu den Gräbern bringen, scheut das Pferd. Das ist der Beweis.

Um die Vampirseuche zu stoppen, bleibt den Dorfbewohnern nichts anderes übrig, als die Gräber des Bauern und der Magd und ihres Kindes zu öffnen. Die drei Leichen liegen mit aufgeblähten Bäuchen in ihren Särgen. Die Dorfbewohner reißen den Leichnam des Bauern heraus, pfählen, köpfen und verbrennen ihn. Die Kinderleiche wird ebenfalls gepfählt, aber nicht verbrannt, denn vielleicht braucht das Kind seinen Körper bei der sogenannten »Auferstehung des Fleisches«, von der in der Bibel die Rede ist. Auch die Leiche der Kindesmutter wird ausgegraben, ihr Kopf wird abgeschlagen und zwischen ihre Beine gelegt. Sie wird ebenfalls gepfählt. Arme und Beine werden mit Steinen beschwert, damit sie bewegungsunfähig ist. Die Handgelenke werden gefesselt, damit sie sich den Kopf nicht mehr selbst aufsetzen kann. Dann wird ihr noch eine Sichel um den Hals gelegt. Sollte sie versuchen, sich den Kopf aufzusetzen und aus dem Sarg zu steigen, schneidet sie sich mit der Sichel den Hals ab. Aus der Sicht des frühen 18. Jahrhunderts ist das Verhalten der Dorfbewohner normal und vernünftig. Aus heutiger Sicht ist es verrückt.

Heutige Mediziner vermuten, dass hinter dem historischen Vampirglauben die Tollwut stecken könnte; entsprechende Meldungen geistern als Sensation regelmäßig durch die Presse, obwohl daran eigentlich nichts Neues ist. Tollwut kann tatsächlich von Fledermäusen übertragen werden. Manche Ausformungen dieser Krankheit führen zum Drang, Menschen zu beißen, und zu starken Muskelverkrampfungen im Gesicht, die dem Kranken das Aussehen eines wütenden Hundes verleihen; auch helles Licht, Wasser und Spiegel können Anfälle auslösen. Das passt genau zu den zentralen Motiven des Vampirmythos. Sogar Kieferkrämpfe sollen vorkommen. Der lateinische Name für Tollwut ist »Rabies«, wenn jemand gebissen wird, dann wird er rabiat und gerät in Rage.

CSI Vampir

Der international bekannte Gerichtsmediziner Dr. Christian Reiter, den ich bereits erwähnt habe, beschäftigt sich seit Jahren mit Toten und Untoten. In seinem Artikel über den »Vampirismus aus medizinischer Sicht« verweist er darauf, dass Menschen, die an Tollwut, Syphilis oder Porphyrie leiden, Symptome entwickeln können, wie sie im Vampirmythos beschrieben werden. Im Zusammenhang mit den konkreten Vorfällen im 18. Jahrhundert tippt er auf Milzbrand als indirekte Ursache für die historische Hysterie. Man könnte seine Theorie, mit der er an die im Hofkammerarchiv in Wien aufliegenden Dokumente von »Ortsaugenscheinkommissionen« und Obduktionen/Exekutionen herangeht, als postmodern-dekonstruktivistisch bezeichnen.

Ich fasse Dr. Reiters medizinische Sicht hier nur kurz zusammen, da einer seiner überaus unterhaltsamen Vampirvorträge ohnehin auf DVD erschienen ist. Er führt die Vampirhysterie primär auf den Ausbruch einer Milzbrand-Epidemie im habsburgisch-osmanischen Grenzgebiet zurück. Angesichts der damals rätselhaften Todesfälle hätten abergläubische Dorfbewohner und Grenzsoldaten gedroht, die Gegend zu verlassen, es sei denn, die Obrigkeit würde die sachgemäße Exekution der »verwampyrten Toten« veranlassen. So kamen Ärzte ins Spiel, die in unwissenschaftlichen oder absichtlich fehlerhaften Untersuchungen den Aberglauben der Einheimischen »wissenschaftlich« bestätigten. Weil sie sich mehr Sold erhofften oder ihren Lohn nicht rechtzeitig bekamen, ließen sie die Kunde über den »wissenschaftlichen« Beweis für die Existenz von Vampiren an die Öffentlichkeit durchsickern. Das Ergebnis ist bekannt: »*on n'entendit plus parler que des vampires*«, notierte der Aufklärer Voltaire spöttisch in seinem *Dictionnaire Philosophique* aus dem Jahre 1764: Die Leute haben von nichts anderem mehr geredet als von Vampiren.

Aus der Sicht eines medizinischen Laien könnte man die historischen Ereignisse rückblickend auch so verstehen: Der tote Bauer wird vom Arzt untersucht. Am Tag darauf werden zwei Kühe krank. Zwischen beiden Ereignissen besteht kein Zusammenhang. Am übernächsten Tag kommt ein Kind tot zur Welt, eine Woche später stirbt die Mutter des Kindes, dann breitet sich »die Seuche« wie ein Lauffeuer aus. Daran ist jedoch nicht der Vampir schuld, sondern der Arzt, der das einzige logische Bindeglied zwischen diesen Ereignissen ist. Er hat den Toten untersucht und er ist bei der Geburt der Kinder dabei. Er hat die Frauen infiziert. Kindbettfieber äußert sich durch Blutungen (daher die Blutflecken in den Betten) und Blutdruckabfall (daher der Eindruck, die Frauen wären ausgesaugt worden). Aber mit dieser Erklärung hätten die Ärzte des 18. Jahrhunderts keine Freude gehabt.

Als der ungarische Arzt Ignaz Semmelweis (1818–1865) mehr als hundert Jahre nach dem Höhepunkt der Vampirhysterie darauf hinweist, dass ein Zusammenhang zwischen den ungewaschenen Händen der Ärzte und der hohen Sterblichkeit von Frauen im Kindbett besteht, wird er von den meisten seiner Fachkollegen verlacht, verspottet und zuletzt in eine Irrenanstalt eingewiesen.

Im frühen 18. Jahrhundert war über Verwesungsprozesse, über Hygiene und die Ursachen von Infektionskrankheiten erst recht nichts bekannt, Händewaschen galt sogar bis ins späte 19. Jahrhundert auch unter Ärzten als Unfug und Zeitverschwendung. Es erschien vernünftiger, über Vampire als Auslöser von Krankheiten zu spekulieren als über Viren. Untote haben einen Körper, sind sichtbar und können »behandelt« werden. Viren sind körperlos und aus damaliger Sicht unvorstellbar. Deshalb tragen die Intellektuellen des 17. und 18. Jahrhunderts eine intensive Diskussion über Vampire aus. An zahlreichen Universitäten werden einschlägige Dissertationen mit Titeln wie *Dissertatio historico-philosophico de masticatione mortuorum* (»Historisch-Philosophische Dissertation über das Schmatzen der Toten«) veröffentlicht, die die Vampirdebatte im deutschsprachigen Raum anfeuern. Die Titel sprechen für sich: *De masticatione mortuorum in tumulis* – »Vom Kauen und Schmatzen der Toten in Gräbern«, *De cadaveribus sanguisugis* – »Von den blutsaugenden Kadavern«, *De hominibus post mortem sanguisugis* – »Von den Menschen, die nach dem Tod Blut saugen«. Details und Auszüge findet man in Klaus Hambergers Standardwerk *Mortuus non mordet: Kommentierte Dokumentation zum Vampirismus 1689–1791*. Nicht einmal vor der Wiener Hofburg macht die Vampirhysterie halt. Von den Rändern des Reiches dringen Berichte über blutsaugende Untote in die Hauptstadt. Regimentsärzte und Geistliche bestätigen die unheimlichen Gerüchte. Die Militärbehörden und der Hof schalten sich ein. Im Jahre 1725 hört man die Meldung: »In Kisolova, einem Dorf in Nordbosnien, geht ein Vampir um!« Vampirkommissionen beginnen, die verstörenden Fälle zu untersuchen.

Kleinlaut berichtet der für den Distrikt verantwortliche Beamte Frombald der »hochlöblichen Administration« in Wien über die Tumulte auf dem Friedhof des Dorfes. Er habe sich – sicherheitshalber in Begleitung eines Geistlichen – nach Kisolova begeben. Dort habe er den von den verängstigten Dorfbewohnern ausgegrabenen Körper des Petr

Plogojowitz besichtigt und »gründlicher Wahrheit gemäß« Folgendes festgestellt: *»In seinem Mund hab [ich] nicht ohne Erstaunen einiges frisches Blut erblickt.«* Angesichts des Blutes habe der ergrimmte Pöbel *»in schneller Eil einen Pfeil gespitzet«* und den Toten durchs Herz gepfählt. Dann sei frisches Blut aus der Leiche abgeflossen, und auch das berüchtigte »wilde Zeichen« sei verschwunden. Schließlich hätten die Leute den ausgebluteten Körper verbrannt.

Das »wilde Zeichen«, das in dieser Nachricht an die kaiserliche Verwaltung respektvoll angedeutet wird, ist ein typisches Kennzeichen von Untoten: das erigierte Glied. Abschließend beteuert Frombald, dass er das ganze Spektakel nicht habe verhindern können, denn der Pöbel sei vor Angst außer Rand und Band gewesen. Wenn wir Frombalds Schreiben in Hambergers *Dokumentation* nachlesen, spüren wir heute noch, wie unwohl der kleine Beamte sich in seiner Haut fühlt: *»anbei unterthänigst gehorsamst bitten wollen, dass, [sollte ich in diesem Fall] einen Fehler begangen haben (…), solchen nicht mir, sondern dem vor Forcht ausser sich selbst gese[t]zten Pöfel beyzumessen.«*

»Masse« und »Tod« ergeben eine explosive Mischung, wie sich bei öffentlichen Hinrichtungen immer wieder gezeigt hat. Der französische Philosoph Michel Foucault, der einige der wichtigsten Bücher zur Wissenschafts-, Sozial- und Geistesgeschichte geschrieben hat, hat sich intensiv mit disziplinierenden Institutionen wie Irrenhäusern, Kliniken und Gefängnissen beschäftigt. In einem seiner bekanntesten Bücher brachte er das Verhältnis der Obrigkeit zu den Untertanen schon im Titel auf den Punkt: *Surveiller et punir*, auf Deutsch: Überwachen und Strafen. In diesem Buch mit dem Untertitel *Die Geburt des Gefängnisses* zeigt er, dass die europaweite Abschaffung der öffentlichen Marter- und Hinrichtungsspektakel zu Beginn des 19. Jahrhunderts nicht zuletzt auf die Tatsache zurückzuführen ist, dass das Publikum dabei immer öfter außer Kontrolle geriet. Deshalb wurden die öffentlichen Quälereien durch Gefängnisse ersetzt, in denen die Delinquenten den Blicken der Öffentlichkeit entzogen waren. Menschlichkeit spielte bei der sogenannten »Humanisierung« des Strafvollzugs laut Foucault kaum eine Rolle.

Das Publikum gerät auch dann außer Kontrolle, wenn ein Untoter öffentlich hingerichtet wird. Der Tumult auf dem Friedhof von Kisolova bei der postmortalen Hinrichtung des vermeintlichen Vampirs ist kein Einzelfall. Im 18. Jahrhundert finden zahlreiche Vampirexekutionen statt. Auf Anordnung lokaler Behörden und mit dem Einverständnis der kirchlichen Obrigkeit werden sogar die Leichen von Kindern ausgegraben, gepfählt und verbrannt. Der französische Anthropologe Réné Girard hat die psychologischen Mechanismen untersucht, die zu turbulenten Ereignissen führen. Man kann das Wort »turbulent« auf die lateinischen Begriffe »turba« und »turbo« zurückführen; das weibliche »turba« bedeutet Unruhe, Lärm, Getümmel, Gewimmel, Masse, Schar und Volk. Das männliche »turbo« bedeutet Wirbel, Kreis und Kreisel, aber auch Wirbelwind, Sturm und Wirrwarr. Damit ist die Struktur des Mobs, der in Bewegung gerät (mob = mobil) und für Turbulenzen auf den Friedhöfen sorgt, treffend beschrieben. In seinem Buch *Ausstoßung und Verfolgung: Eine historische Theorie des Sündenbocks* untersucht Réné Girard, wie und warum Menschen in der Geschichte zum Sündenbock wurden, der von einem Mob ausgestoßen und verjagt wird. Girard bezeichnet den Mob als »entdifferenzierte Gemeinschaft«: Menschen, die sich normalerweise zu unterschiedlichen Zeiten an verschiedenen Orten aufhalten und sich dadurch voneinander »differenzieren«, versammeln sich als Mob »ohne Ordnung im selben Augenblick am selben Ort«. (Girard, *Ausstoßung*, S. 28)

Die Obrigkeit ist nie begeistert, wenn das Volk sich »ohne Ordnung im selben Augenblick am selben Ort«

zusammenrottet und der Mob mobil wird. Angesichts der Unruhe in den Köpfen ihrer Untertanen und auf den Friedhöfen ihres Reiches wurde auch Kaiserin Maria Theresia unruhig. Sie habe »müßfällig wahrnehmen müssen«, schreibt sie, dass die Leute in ihrer Leichtgläubigkeit so weit gehen, dass sie Träume, Einbildungen oder von Betrügern vorgegaukelte Ereignisse für Gespenster und Hexerei halten. Besonders empört die Monarchin, dass das Volk dabei von einigen Geistlichen »gestärcket worden«. Schlimmer noch, die Geistlichkeit selbst habe zahlreiche Leichen unter dem Vorwand, dass sie mit der *Magia posthuma* behaftet gewesen seien, ausgraben und verbrennen lassen. Deshalb erlässt Kaiserin Maria Theresia im März 1755 eine Verordnung, in der sie alle Praktiken der abergläubischen Leichenschändung verbietet. Sie untersagt der Kirche, in Sachen Vampirismus eigenmächtige Schritte vorzunehmen, und schreibt die Anwesenheit eines »vernünfftigen Physici« (= eines Arztes) vor – die Betonung liegt auf »vernünftig«! Von nun an will die Kaiserin den Vampir-Aberglauben »mit denen empfindlichsten Straffen« verfolgen. Der Erlass der Kaiserin ist in Hambergers Dokumentation zum Vampirismus auf S. 86f. abgedruckt.

Damit es auf den Friedhöfen wieder ruhig werde, beauftragt Maria Theresia ihren Leibarzt mit einer wissenschaftlichen Untersuchung der Vampirvorfälle. Sie hat die richtige Wahl getroffen, denn ihr Leibarzt ist niemand anderer als Gerard van Swieten (1700–1772). Der Holländer ist ein Aufklärer mit Leib und Seele, der die Berufung ins absolutistische Wien mehrmals ablehnt, obwohl ihm oder weil ihm dafür ein Adelstitel zugesagt wird. »Ich ziehe es bei weitem vor, ein kleiner Republikaner zu sein, als einen pompösen Titel zu haben, der dazu dient, eine tatsächliche Sklaverei zu verhüllen«, schreibt er an einen Freund, bevor er schließlich doch nach Wien kommt. Hier wird er Begründer der berühmten Ersten Wiener Medizinischen Schule, Präfekt der

Wiener Hofbibliothek, Reformator der Wiener Universität und Initiator zahlreicher Sozialprojekte. Sein Wirken wurde in Wien 1993 in einer Ausstellung über die Präfekten der Hofbibliothek gewürdigt. Die Briefstelle, die ich zitiere, ist im Ausstellungskatalog *Niederländer, Europäer, Österreicher* abgedruckt.

Van Swieten ist Niederländer, Arzt und Philosoph. Trotzdem ist er kein Vorbild für Professor Abraham van Helsing, den niederländischen Vampirjäger in Bram Stokers *Dracula*. Van Helsing verfolgt im Roman die Untoten mit Knoblauch, Kreuz und Pfahl, van Swieten hingegen vertraut auf die Werkzeuge der Wissenschaft. Er verfolgt die Vampire nicht auf düsteren Friedhöfen oder in verfallenen Schlössern, sondern dort, wo sie tatsächlich entstehen: in den Köpfen der Untertanen. Im Jahre 1755 schreibt er seine *Remarques sur le vampirisme*, in denen er den vermeintlichen Vampiren mit logischen Argumenten zu Leibe rückt. Van Swieten hat seine *Remarques* 1755 in französischer Sprache verfasst. Ein deutsches Exemplar mit dem Titel »Vampyrismus. Von Herrn Baron Gerhard van-Swieten verfasset, aus dem Französischen ins Deutsche übersetzet« wird im Wiener Institut für Geschichte der Medizin aufbewahrt. Ich zitiere diesen Text unter dem Kurztitel »Vampyrismus« nach der transkribierten Fassung, die in der von mir 1998 herausgegebenen Festschrift *100 Jahre Dracula* veröffentlich worden ist.

Van Swieten in der Zwickmühle

»Aufklärung ist der Ausgang des Menschen aus seiner selbst verschuldeten Unmündigkeit«, schrieb Immanuel Kant 1784 als Antwort auf die Frage »Was ist Aufklärung?« und fügte die Aufforderung hinzu: »Habe Mut, dich deines *eigenen* Verstandes zu bedienen!«

Van Swieten hat den Mut, sich seines eigenen Verstandes zu bedienen, aber ist es überhaupt möglich, Wunder und Wahn wissenschaftlich zu trennen? Kann er den Aberglauben mit wissenschaftlichen Methoden ausrotten, ohne den Glauben in Frage zu stellen? Stellen wir uns vor, was in van Swietens Kopf vorgegangen sein mag. Er weiß, dass ein allmächtiger Gott auch Vampire machen könnte, wenn er wollte. Der Teufel auch. Wenn Gott allmächtig ist, kann er auch Tote wiedererwecken, wie das Beispiel des Lazarus zeigt. Jesus ist gestorben und von den Toten auferstanden. Christus ist ein weißer Vampir, der uns die Bluttaufe anbietet. Das steht im Zentrum des neuen Bundes. Die katholischen Kirchen und Friedhöfe sind voll von Untoten, denn alle guten Menschen werden zu Untoten auf Zeit, bevor sie wieder auferstehen. Wer wird auferstehen? Alle Menschen, die gestorben sind – das steht im *Katechismus der Katholischen Kirche*! Wann? Am letzten Tag. Wie? Jeder mit seinem eigenen Leib. Auch das steht im *Katechismus*. Jedoch scheinen die Autoren hier zu spüren, dass diese Vorstellung allerlei Vampirbilder in den Köpfen der Gläubigen erzeugen könnte. Deswegen haben sie folgenden Kommentar angefügt: »Dieses ‚Wie' übersteigt unsere Vorstellung und unser Verstehen (...).« (*Ecclesia Catholica*, S. 287)

Im Zentrum der katholischen Messfeiern steht die Wandlung (lat. Transsubstantiation), die auf das »letzte Abendmahl« zurückgeht. Jesus hat Brot und Wein geteilt und seine Jünger aufgefordert, mit ihm zu essen und zu trinken: »Das ist mein Leib. Esset davon. Das ist mein Blut, trinket davon. Tut dies zu meinem Gedächtnis.« Die Gläubigen trinken »Jesu Blut« (= Messwein), um eine spirituelle Verbindung mit Jesus herzustellen und das ewige Leben zu erlangen.

Dieser Gedanke ist auch im Vampirmythos präsent, von Bram Stokers *Dracula* über *Interview mit einem Vampir* bis zu *True Blood* und *Buffy, The Vampire Slayer*. »Flesh of my flesh, blood of my blood«, sagt Dracula pathetisch, als er die junge Braut Mina zwingt, sein Blut zu trinken. Buffy Summers, die Teenage-Vampirjägerin, drückt denselben

Sachverhalt in der ersten Episode der ersten Staffel dieser TV-Serie eher schnoddrig aus: »To make you a vampire they have to suck your blood and then you have to suck their blood. It's like a whole big sucking thing!« Mina muss Draculas Blut trinken, damit er eine spirituelle Verbindung zu ihr herstellen kann. In Stokers *Dracula* finden wir dafür den Ausdruck »baptism of blood« (Bluttaufe): Wer Vampirblut getrunken hat, ist mit dem Vampir »im Bunde«. Auch die katholische Kirche spricht von der Taufe und vom »neuen Bund«, den Jesus mit den Gläubigen beim letzten Abendmahl schließt. Wer Vampirblut trinkt, ist »untot«, das ist nur ein gradueller Unterschied zum »ewigen Leben«, das den Jesu-Blut-Trinkern verheißen wird.

Natürlich kann van Swieten noch nichts von *Dracula, Interview mit einem Vampir* oder *Buffy* wissen, aber er weiß, dass er sich in einem Teufelskreis befindet, aus dem es kaum ein Entkommen gibt. Der Begriff »Glaube« sagt doch schon, dass es sich nicht um beweisbares Wissen handelt. Der jüdische Linguist Max Weinreich hat ein Bonmot zum Verhältnis von Sprache und Dialekt bekannt gemacht: »A shprakh iz a dialekt mit an armey un flot.« Eine Sprache ist ein Dialekt mit einer Armee und einer Flotte. Mit Weinreich könnte man sagen: Glaube ist ein Aberglaube mit Armee und Flotte. Auf seinem Aufklärungsfeldzug gegen den Vampir-Aberglauben sieht sich van Swieten einem mächtigen System mit Armee und Flotte gegenüber.

Wenn er die Existenz von Vampiren wissenschaftlich widerlegen will, läuft Maria Theresias Leibarzt logischerweise Gefahr, am Teufel, an Gott, an der Transzendenz, an der Metaphysik zu zweifeln. Das wäre Gotteslästerung, die von Kirche und Staat als Verbrechen verfolgt wird. Bis heute haben viele Staaten Blasphemie als Delikt in ihren Strafgesetzbüchern. So hat Irland erst im Sommer 2009 ein neues Gesetz verabschiedet, das die Strafe für Blasphemie erhöht.

Es wurde sogar eine EU-Kommission eingesetzt, die untersucht, ob Gotteslästerung in der gesamten EU als Verbrechen verfolgt werden soll.

Die historische Position der Kirche kann auf eine einfache Formel gebracht werden: Andersdenkende sind Gotteslästerer. Sie müssen – zum Lobe des Herrn – verbrannt werden. Die historische Position vieler Herrscherhäuser kann ebenso auf eine einfache Formel gebracht werden: Wir herrschen von Gottes Gnaden! Gott hat uns ausgewählt! Aufgrund der engen Verflechtung von Kirche und Staat wird Widerstand gegen die weltliche Herrschaft als Widerstand gegen die Religion gewertet, und umgekehrt.

Als wissenschaftlicher Vampirologe gerät van Swieten in Maria Theresias Reich, in dem der Hexenwahn gerade erst abzuflauen beginnt und dessen Herrscherdynastie sich auf Gottesgnadentum beruft, in eine überaus gefährliche Zwickmühle zwischen Kirche und Staat. Die Ausgangsfrage lautet: Sind Wunder eine Frage der Wahrnehmung oder des Glaubens? Staat und Kirche setzen ihre Sicht der Dinge mit Versprechungen (Himmel), Drohungen (Hölle) und Gewalt (Armee und Flotte, Strafvollzug, Inquisition) durch. Der Aufklärer van Swieten setzt auf Beobachtung, Wahrnehmung, Vernunft und Logik. Die Aufklärung hat keine Armee und keine Flotte – und die Zeit der Hexenprozesse ist noch nicht allzu lange vorbei. Vielleicht sind die Vampire als Sündenbock und Feindbild die Nachfolger der Hexen, wie Gábor Klaniczay in seiner Studie *Heilige, Hexen, Vampire: Vom Nutzen des Übernatürlichen* vermutet. Dann wird es für van Swieten besonders gefährlich. Wenn er die Vampire »verteidigt«, dann könnte er selbst als Gotteslästerer angeklagt werden.

Der Fall von Galileo Galilei (1564–1642) zeigt, wie gefährlich es ist, seine Wahrnehmung gegen die »Wahrheit« der Kirche zu verteidigen. Die Ansicht, dass die Erde sich um die Sonne dreht, ist zu Galileis Lebzeiten nicht neu. Schon

Leonardo da Vinci (1452–1519) hatte in seinem Notizbuch festgehalten: »Il sole no se muove« (Die Sonne bewegt sich nicht), allerdings in Spiegelschrift – vielleicht aus Sicherheitsgründen. Jahrzehnte später veröffentlicht Kopernikus (1473–1543) Berechnungen, die zeigen, dass die Sonne im Zentrum der Planetenbahnen stehen muss. Kopernikus hat die Veröffentlichung seines Werkes *De revolutionibus orbium coelestium* (Von den Umdrehungen der Himmelskörper) allerdings bis kurz vor seinem Tod immer wieder hinausgeschoben, zu Recht, wie der Fall Galilei zeigt.

Die Kirche fühlte sich von *De revolutionibus* bedroht. Ihrer Ansicht nach musste die Erde im Zentrum dessen stehen bleiben, was wir heute »Sonnensystem« nennen. Die Kirche konnte sich zwar vorstellen, Kopernikus' Berechnungen als mathematische Modelle zu akzeptieren, aber nur dann, wenn gleichzeitig betont wurde, dass diese Modelle nichts mit der Wirklichkeit zu tun haben. Aus der Sicht der Kirche musste die Erde das Zentrum des Universums bleiben. Galilei beobachtet den Himmel jedoch mit einem von ihm selbst weiterentwickelten Fernrohr und sieht, dass Kopernikus' Theorien mit der Wirklichkeit übereinstimmen. Er will diese Einsichten gegen den Willen der Kirche bekanntmachen. Daher wird dem 70-jährigen Galilei der Prozess gemacht. Die Anklage gegen ihn fußt auf drei Argumenten: Die Kirche ist im Besitz der Wahrheit. Die Heilige Schrift ist wörtlich zu nehmen. Der Papst ist unfehlbar, auch wenn diese Lehre erst 1870 zum Dogma erhoben wird.

Metaphysik ist wichtiger als Physik – sagt die Kirche. Die Wissenschaft muss vor dem Glauben in die Knie gehen. Galilei gehorcht, um der Folter und dem Scheiterhaufen zu entgehen. Obwohl er widerruft, wird der alte Mann zu lebenslänglichem Kerker verurteilt und mit Lehrverbot belegt. Wegen seines hohen Alters wird die Kerkerstrafe in Hausarrest umgewandelt. Der amerikanische Philosophieprofessor

Maurice A. Finocchiaro hat die Dokumente dieses Prozesses in seinem Buch *The Galileo Affair* veröffentlicht.

Als van Swieten im Auftrag seiner Kaiserin »von Gottes Gnaden« die Frage untersuchen soll, ob es Vampire geben kann, gerät er in eine ähnlich verzwickte Lage wie Kopernikus und Galilei. Denn hinter der Frage: »Gibt es tatsächlich Vampire?« steckt die Frage: »Kann es eigentlich Wunder geben?« Vermutlich hat er aus dem Prozess gegen Galilei gelernt, denn er verweist auf die Heilige Schrift, um seine Position abzusichern. »Nun ist es gewiß, und durch die heilige Schrift bestättiget, dass Gott mit seiner Allmacht entweder unmittelbar durch seinen Willen, oder durch die heiligen Engel, Propheten, Apostel und andere Heiligen, die erstaunlichsten Werke hervorgebracht habe.« (Swieten, *Vampyrismus*, S. 37)

Auf derselben Seite schließt van Swieten jedoch eine Bemerkung an, die einen allmächtigen Gott sofort wieder in historische Schranken weist: Wunder seien vor allem »in den ersten Zeiten« des Christentums vorgekommen. Im Zeitalter der Aufklärung braucht Gott keine Wunder mehr, um seine Macht zu zeigen. Und dann führt van Swieten einen ebenso genialen wie mutigen Schachzug aus, indem er auf Kopernikus und Galilei zurückgreift. In den alten Zeiten habe eine Sonnenfinsternis ganze Völker »in die entsetzlichste Furcht, in Angst und Schrecken gestürzet«. (S. 38) Doch die Astronomie habe die Menschen von der Angst befreit und zugleich den Glauben an Gott gestärkt: »Wir bewundern ganz ruhig die Allmacht des Schöpfers, welcher diese großen Körper in einem so unendlich weiten Raume mit solcher Richtigkeit, durch so viele Jahrhunderte herumwälzet, dass sogar der schwache Menschenwitz es zuwege gebracht hat, derselben Wiederkunft auch auf zukünftige Jahrhunderte bis auf eine gewisse und gesetzte Zeit ausrechnen zu können.« (S. 38)

Das ist ein deutlicher Hinweis auf Galilei und Kopernikus, der mit »Menschenwitz« (Vernunft) die Bewegungen der

Planeten richtig vorhersagen konnte und gewitzt genug war, sein Wissen bis knapp vor seinem Tod nicht hinauszuposaunen. Vergessen wir nicht: Als van Swieten seine *Remarques* schreibt, ist das heliozentrische Weltbild noch immer ein rotes Tuch für die Kirche. Erst im Jahre 1757 wird die Kirche den Bann gegen das neue Weltbild aufheben, erst 1822 wird die Publikation von Werken, die es vertreten, generell erlaubt werden.

Van Swietens Text ist eine taktische Meisterleistung. Er sagt: Früher hat es Wunder gegeben – aber heute brauchen wir sie nicht mehr. Er sagt: Gott ist groß und der menschliche Verstand ist beschränkt. Aber der »schwache Menschenwitz« ist groß genug, um aufgrund von wissenschaftlicher Beobachtung die ordnende Hand Gottes zu erkennen.

Mit diesem Argument entzieht van Swieten den Theologen das Wort und stellt die Vampirismus-Debatte auf eine naturwissenschaftliche Grundlage: Er wolle nicht bezweifeln, dass Gott oder der Teufel höhere Mächte mit übernatürlichen Kräften seien, die sie früher auch eingesetzt hätten. Ihm gehe es ausschließlich darum, einzelne konkrete Fälle der Gegenwart medizinisch zu untersuchen. Das ist ein Nadelstich gegen die Kirche, die traditionell gegen Leichenöffnungen ist und sogar medizinische Fachbücher verbietet, weil die darin enthaltenen Abbildungen angeblich die guten Sitten verderben.

Der als »ungläubiger Thomas« bekannt gewordene Apostel verlangte einen handfesten Beweis für die Auferstehung Jesu. Erst nachdem er seine Finger in die Wunden gelegt und so den lebendigen Körper des auferstandenen Jesus berührt hatte, glaubte er. »Selig sind, die nicht sehen und doch glauben«, heißt es als Erwiderung im Johannesevangelium (Joh 20,29).

Als Apostel der Aufklärung ist auch van Swieten ein »ungläubiger Thomas«: Er verlangt handfeste Beweise für die Auferstehung der Toten.

Im Aberglauben spielt die Türschwelle eine Rolle, die der Vampir nur dann überschreiten könne, wenn er eingeladen wird. Sigmund Freud verwendet in seinem religionskritischen Text *Die Zukunft einer Illusion* die Metapher der Schwelle, um den wissenschaftlichen Fortschritt zu beschreiben: »Der wissenschaftliche Geist erzeugt eine bestimmte Art, wie man sich zu den Dingen dieser Welt einstellt; vor den Dingen der Religion macht er eine Weile halt, zaudert, endlich tritt er auch hier über die Schwelle.« (GWF, Bd. 14, S. 362) Van Swieten wagt es, die Schwelle zu überschreiten: Präzise, konsequent und mit dem typischen Sarkasmus eines Pathologen seziert van Swieten die angeblich magischen Vorkommnisse. Es fällt ihm auf, dass alle Berichte über Vampire aus Gegenden stammen, in denen die Leute ungebildet sind. Zu einer Zeit, als in der österreichischen Prozessordnung noch die Folter als Beweismittel zugelassen ist, denkt van Swieten schon wie ein früher Sherlock Holmes, registriert die Fakten und untersucht die Widersprüche in den Zeugenaussagen. Sein Kommentar zur Aussage eines Henkers, dass aus einem Vampir das Blut mit Gewalt hervorgeschossen sei, lautet:

»Der Henker (...) versicherte, daß, wenn man die zum Feuer verurtheilten Körper in Stücke zerhieb, das Blut mit Gewalt, und häufig daraus hervorschöße, ob er schon hernach mit größter Gelassenheit bekannte, dass dieses häufige Blut etwann einen Löffel voll ausmachen könnte. Dieses ziehet in der Geschichte eine ziemliche Veränderung nach sich.« (Swieten, *Vampyrismus*, S. 39)

Anhand konkreter Fälle zeigt van Swieten, wie abstrus die Argumente der Vampirjäger sind. Im Jahre 1723 hat man einen angeblich Untoten mit der Begründung verbrannt, »dass seine Großmutter in keinem Guten Ruf gewesen sey« (S. 41), ein Jahr später einen zweiten Mann, dem man nichts anderes vorwerfen konnte, als dass er mit dem ersten befreundet gewesen war. Auf der Basis seiner Untersuchungen kommt van Swieten zu dem Schluss: Die Toten sind und bleiben tot. Vampire entspringen nur den Köpfen ungebildeter Menschen. »Vampire« sind nicht Täter, sondern Opfer, »Schlachtopfer der Ignoranz und des Aberglaubens«, wie van Swieten wörtlich schreibt.

Konsequenterweise enthalten van Swietens *Remarques sur le vampirisme* auch eine Medienschelte. Geistergeschichten und die mangelnde Bildung seien dafür verantwortlich, dass der Pöbel vor Furcht außer sich selbst gerate und »in Ausschweifungen« verfalle. Die Phantasie der einfachen Menschen werde »durch die täglichen Erzählungen von Geistern und anderen Blendwerken« (*Vampyrismus*, S. 42) verdorben. Van Swieten empfiehlt, Vampirgeschichten zu verbieten, stattdessen sollten die Leute lieber die Schriften der Aufklärung lesen.

Diese Empfehlung konnte er als Leiter der Zensurkommission in die Tat umsetzen. Gábor Klaniczay weist in seinem Text *Der Niedergang der Hexen und der Aufstieg der Vampire im Habsburgerreich des achtzehnten Jahrhunderts* darauf hin, dass van Swieten »Berühmtheit erlangte«, weil er die Schriften verbieten ließ, die sich mit dem »Esoterischen, Dämonologischen und Magischen« beschäftigten. (S. 79)

Die Vampirprinzessin

Einhörner sind Fabelwesen, die wir, wie der Name schon sagt, aus Fabeln kennen. Auf alten Wandteppichen, Fresken, Münzen und Buchillustrationen sind Einhörner abgebildet. Künstler wie Hieronymus Bosch haben Einhörner gemalt, gebildete Menschen haben daran geglaubt, dass Einhörner Wunder wirken können. In der Schatzkammer in der Wiener Hofburg sind viele wertvolle Objekte zur Schau gestellt, die früher den Habsburgern gehört haben, zum Beispiel einer der größten Smaragde der Welt. Zwei Objekte aus dieser Sammlung wurden von den Habsburgern selbst für so wertvoll gehalten, dass man sie – wie heutzutage einen Fußballstar oder einen van Gogh – für »absolut unverkäuflich« erklärt hat. Eines dieser »unveräußerlichen Erbstücke des Hauses Österreich« ist eine alte Achatschale, die man für den Heiligen Gral hielt. Das andere ist das Horn eines Einhorns.

Man muss sich das deutlich vor Augen halten: Die Habsburger (und mit ihnen die Bevölkerung) haben dieses Horn für wertvoller gehalten als die wertvollsten Juwelen! (http://www.khm.at/schatzkammer)

In der christlichen Tradition ist das Einhorn ein Symbol für die Menschwerdung Christi, da es ein edles und wildes Tier ist, das nur im Schoß einer Jungfrau gezähmt werden kann. Daher gibt es in der abendländischen Kunst zahlreiche Darstellungen, die die Jungfrau Maria mit einem Einhorn abbilden. Man muss nicht Sigmund Freud sein, um auch bei der Kombination von Jungfrau und Horn an Sex zu denken, es genügt, wenn man sich den englischen Begriff »horny« (= erregt, geil) in Erinnerung ruft.

Natürlich hat es nie ein wirkliches Einhorn gegeben, das angebliche Einhorn-Horn ist in Wirklichkeit ein Narwal-Zahn, aber das haben die Habsburger nicht gewusst.

Wenn in der Natur ein Tier gefunden wird, das wie ein Einhorn aussieht, berichten die Medien aufgeregt darüber, dass ein »wirkliches Einhorn« entdeckt worden sei. Obwohl man vernünftigerweise annehmen muss, dass das Tier durch eine Verletzung, eine Verkümmerung oder Mutation eben nur ein Horn hat, stürzen sich die Journalisten auf die Sensation. Als im Jahre 2008 in einem italienischen Tierpark ein Reh mit einem einzigen »Horn« in der Mitte der Stirn aufgetaucht ist, haben Medien vom ORF bis zur *Deutschen Jagdzeitung* berichtet: »L'unicorno esiste davvero« – das Einhorn gibt es wirklich!

Nach demselben Modell funktioniert die Berichterstattung über Vampire. Obwohl wir wissen, dass es keine Untoten gibt, überschlagen sich die Medien vor Freude und Aufregung, wenn eine Leiche gefunden wird, die so aussieht, als wäre sie für einen Vampir gehalten worden. Als Archäologen in Venedig 2009 ein weibliches Skelett entdeckten, zwischen dessen Kiefer ein großer Stein gerammt worden war, sprachen die Medien weltweit von einer »echten Vampirin«. Ich werde in solchen Fällen oft eingeladen, dazu Stellung zu nehmen, und habe für die ORF-Sendereihe *Newton* an einem Beitrag mitgewirkt, der aus Anlass des venezianischen Vampirfundes entstanden ist. Vernünftigerweise sollte bei solchen Sensationsmeldungen immer ein Beipackzettel sein: Es wurden nicht »echte Vampire« ausgegraben, sondern sterbliche Überreste von Menschen, an denen man erkennen kann, dass sie nach ihrem Tod für Vampire gehalten worden sind. Würde man einen echten Vampir ausgraben, dann müsste der ja entweder zubeißen oder zu Staub zerfallen, wenn die Sonne scheint.

Meinen ersten Auftritt als TV-Vampirologe hatte ich im Jahre 2007 in der von Andreas Sulzer und Klaus Steindl für den ORF hergestellten Spieldokumentation *Die Vampirprinzessin*. Die Geschichte begann damit, dass 2006 bei Bauarbeiten im südböhmischen Ort Český Krumlov (Krumau) nahe der Grenze zu Oberösterreich gleich drei »Vampirskelette« aufgetaucht sind. Das wunderschöne Städtchen gilt als »Perle des Böhmerwaldes«, es wird wegen seines historischen Stadtkerns auch das »Venedig an der Moldau« genannt.

Die in Krumau aufgefundenen Skelette waren mit Steinen beschwert. Bei einem der Skelette war der Kopf vom Hals getrennt und zwischen die Beine des Skeletts gelegt worden. Traditionellerweise hat man dem Vampir den Kopf abgeschnitten, damit er »erlöst« werde. Wenn man die Leiche nicht verbrannt hat, musste man den Kopf zwischen die Beine legen, um zu verhindern, dass der Untote ihn sich selbst wieder aufsetzt, was in einem engen Sarg allerdings nicht leicht möglich sein dürfte. Die Leichen wurden vom bereits erwähnten Gerichtsmediziner Dr. Christian Reiter untersucht und auf das frühe 18. Jahrhundert datiert, die Zeit der historischen Vampirhysterie. Wenn man Vampire findet, sucht man – zumindest seit *Carmilla* und *Dracula* – sofort das Schloss, in dem sie hausen. In Krumau ist das besonders naheliegend, da sich dort eine herrliche Schlossanlage befindet, die unübersehbar über der Stadt thront. Anfang des 18. Jahrhunderts, in der Zeit der Vampirhysterie, ging dieses Schloss an die Fürsten von Schwarzenberg über. Das Schloss ist heute eine große Touristenattraktion, nicht zuletzt wegen seines einzigartigen barocken Schlosstheaters mit einer gut erhaltenen Bühnenmechanik, die einen Eindruck vermittelt, wie das Theater als Traumfabrik Jahrhunderte vor Hollywood funktionierte.

In der Zeit, aus der die Vampirskelette stammten, herrschte Eleonore von Schwarzenberg (1682–1741) auf diesem Schloss. Der Fund der Vampirskelette und deren mögliche Verbindung zur Fürstin von Schwarzenberg erregte mediales Aufsehen. Der ORF hat im Rahmen der Sendereihe *Universum* eine internationale Dokumentation produziert, in der Eleonore von Schwarzenberg als *Vampirprinzessin* porträtiert wird, und ich wurde gebeten, an einer Untersuchung dieses Falles teilzunehmen. Diese Dokumentation mit Spielfilm-Elementen wurde in einer deutschen und zeitgleich in einer englischen Version hergestellt und in zahlreichen Ländern erfolgreich ausgestrahlt und ist mittlerweile international als DVD erhältlich. Die englische Version des Filmes wurde in den USA sogar mit einem *Cine Golden Eagle Award* ausgezeichnet.

Eleonore von Schwarzenberg hatte eine bewegte Biografie mit einem negativen Höhepunkt. Am 6. Dezember 1701 hatte Prinzessin Eleonore von Lobkowitz in Wien den späteren Fürsten Adam von Schwarzenberg (1680–1732) geheiratet. Fürst und Fürstin waren kultiviert und gaben gerne rauschende Feste. Im Jahre 1732 kam es zu einem tragischen Jagdunfall, bei dem Eleonores Gatte von einer verirrten Kugel getötet wurde. Der Schütze hatte auf einen Hirsch gezielt, aber der Fürst war in die Schusslinie gelaufen – so lautete die offizielle Darstellung. Kein Wunder, denn der Schütze war niemand anderer als Kaiser Karl VI. Man kann sich vorstellen, wie hinter vorgehaltener Hand andere Versionen des Vorfalls weitererzählt wurden, welche die Schuld bei dem Schützen sahen und nicht beim Opfer. Fest steht, dass Karl VI. nach dem Tod des Fürsten den Sohn von Adam und Eleonore in Wien erziehen ließ und der Witwe jährlich eine beträchtliche Summe zahlte. Wäre dieser Unfall bei E.T.A. Hoffmann passiert, dann würde das Ganze wohl so enden wie seine Vampir-Geschichte: Die Fürstin »verfiel in Wahnsinn«. Ob das auch auf die Fürstin Eleonore von Schwarzenberg zutrifft, kann nicht mit Sicherheit beantwortet werden. Fest steht, dass ihre Handschrift gegen Ende ihres Lebens immer wirrer wurde und für uns heute praktisch unleserlich ist, obwohl Graphologen und Kunsthistoriker wie Dr. Martin Schwehla im Rahmen der Produktion der Vampirprinzessin versucht haben, die letzten Briefe der Fürstin zu entziffern.

Nach dem Tod ihres Mannes lebte Eleonore als Witwe allein mit ihrem Personal auf dem riesigen Schloss. Das könnte schon ausgereicht haben, um sie in den Augen der Bewohner von Krumau verdächtig zu machen. Bei den Recherchen für unsere Filmproduktion kamen Details und Spuren ans Licht, die es möglich erscheinen lassen, dass die arme Witwe vielleicht sogar von ihrer eigenen Familie verdächtigt wurde, eine Vampirin zu sein. Ihr Mann war erschossen, ihr Kind vom Kaiser nach Wien gebracht worden. Dokumente und Fundstücke zeigen, dass die Fürstin sich schon vor dem

Tod ihres Mannes sehr für Magie interessierte und unter einer mysteriösen Krankheit litt. Alte Haushaltslisten zeigen, dass sie riesige Mengen an Medikamenten bestellt und wohl auch zu sich genommen hat. Die Rechnungen für Medikamente haben in ihren letzten Lebensjahren einen großen Teil des Haushaltsbudgets der Fürstin aufgefressen. Die Art der Medikamente weist darauf hin, dass die Fürstin unter Blutarmut, Krämpfen und möglicherweise Epilepsie gelitten hat. Bei epileptischen Anfällen beißt sich der Betroffene manchmal in die Zunge, und es kommt zu schweren Blutungen. Stellen wir uns vor, wie die einsame und kranke Frau blutarm, bleich und von Krämpfen geplagt nachts durch die dunklen Gänge des riesigen Schlosses schleicht. Plötzlich wird sie von einem epileptischen Anfall gepackt, stürzt zu Boden und beißt sich in die Zunge. Um Mitternacht wird sie von einem Dienstmädchen gefunden. Die Fürstin liegt grimassierend und am ganzen Körper zuckend am Boden. Aus ihrem Mund quillt Blut. Der Kerzenleuchter, der dem Dienstmädchen aus der Hand gleitet, wirft gespenstische Schatten an die Wand. Man kann sich ausmalen, was das Dienstmädchen den anderen Dienstboten erzählt.

Nach langem Leiden ist Eleonore schließlich todkrank nach Wien gebracht worden und dort im Palais Schwarzenberg 1741 gestorben. Gerüchte sind das älteste Massenmedium der Welt. Vielleicht sind sie der Grund dafür, dass Eleonore nach ihrem Tod nicht in der Familiengruft der Schwarzenbergs bestattet und vor ihrem Begräbnis obduziert wurde, eine damals seltene und teure Prozedur, die durch historische Rechnungsbelege und den Original-Obduktionsbefund bestätigt ist. Wir dürfen nicht vergessen, dass Eleonore eine Fürstin von Schwarzenberg war, die eigentlich in der Familiengruft der Schwarzenbergs in der Wiener Augustinerkirche hätte bestattet werden müssen. Wäre sie nach ihrem Begräbnis als Untote auferstanden, wäre es unmöglich gewesen, mitten in der Hauptstadt des Habsburgerreiches ihr Grab zu öffnen und die Vampirin zu pfählen, ohne einen riesigen Skandal hervorzurufen. Vielleicht hat man sie deshalb nicht in der Augustinerkirche beerdigt und bereits vor der Beerdigung gepfählt. Wie der Gerichtsmediziner Dr. Reiter meint, war die Obduktion eine Möglichkeit, unter dem Mantel der Wissenschaft das Herz der Fürstin ohne Aufsehen zu durchbohren. Dann wurde der Leichnam in höchster Eile nach Krumau geschafft und dort in Abwesenheit der Familie in einer Seitenkapelle der Pfarrkirche bestattet. Das Grab wurde zugemauert.

Dr. Reiter und ich waren dabei, als Andreas Sulzer als moderner Nachfahre van Helsings mit einer gewaltigen Bohrmaschine ein Loch in den Steinboden der Seitenkapelle bohren ließ, unter dem der Sarg der Fürstin eingemauert liegt. In aller Herrgottsfrüh und mit klopfenden Herzen sahen wir zu, wie eine nur fingerdicke Kamera in das Bohrloch eingeführt wurde. Wir alle schraken zurück, als auf dem Monitor plötzlich ein überlebensgroßer schwarzer Totenschädel erschien, wie wir ihn von Giftbehältern kennen. Er war vor Jahrhunderten auf die Seitenwand des nun beinahe schon verrotteten Sarges gemalt worden, wie ein Zeichen, das die Nachwelt warnen sollte: VORSICHT!

Aus heutiger Sicht kommt mir diese spektakuläre Grabungsaktion übertrieben vor, in der Dynamik der damaligen Situation waren wir alle beinahe so besessen wie van Helsing.

Mit Stundenglas und Hippe

Wie bereits erwähnt, herrschte im frühen 18. Jahrhundert im einfachen Volk, in der Religion, in der Rechtssprechung und in der Medizin noch eine magische Sichtweise vor. Wenn jemand von der Fallsucht (Epilepsie) oder anderen »mysteriösen« Krankheiten heimgesucht wurde, dann war er entweder vom Teufel besessen oder er wurde vom

Herrgott für einen Frevel bestraft. Wahrscheinlich ist dies auch das Muster, nach dem Eleonore beurteilt worden ist. Vielleicht ist Eleonore zur Vampirin (gemacht) worden, weil sie sich nach dem Unfalltod ihres Mannes gegen Gott ebenso »versündigt« hat wie die beinahe gleichnamige *Lenore*, von der Gottfried August Bürger (1747–1794) in seiner Ballade erzählt. Sie beginnt mit dem Vers: »Lenore fuhr ums Morgenrot | Empor aus schweren Träumen.«

Bürgers Lenore hat schwere Träume, weil ihr Bräutigam nicht aus dem Krieg zurückkommt. Eleonore von Schwarzenberg hat schwere Träume, weil ihr Mann nicht von der Jagd zurückgekehrt ist. Bürgers Lenore denkt sogar an Selbstmord, weil sie ohne ihren Mann nicht leben will: »Lisch aus, mein Licht, auf ewig aus! | Stirb hin, stirb hin, in Nacht und Graus! | Ohn ihn mag ich auf Erden, | Mag dort nicht selig werden.« Selbstmörder standen schon immer im Verdacht, als Vampire umgehen zu müssen. Möglicherweise war Eleonore von Schwarzenberg nach dem Tod ihres Gatten in einer ähnlichen Gemütsverfassung. »So wütete Verzweifelung | ihr in Gehirn und Adern. | Sie fuhr mit Gottes Führsehung | Vermessen fort, zu hadern«, heißt es in Bürgers Ballade. Nach dem Tod ihres Mannes hat Eleonore von Schwarzenberg weiterhin mit exotischen Medikamenten und Zaubertränken experimentiert, was zu dem Gerücht geführt haben könnte, dass sie mit »Gottes Führsehung« haderte. Hinweise haben wir genug gefunden, doch handfeste Beweise, dass die Fürstin von ihren Mitmenschen für eine Vampirin gehalten worden war, haben wir nicht entdeckt.

In Bürgers Ballade geht Lenores Wunsch in Erfüllung. Ihr Mann kommt, um sie zu holen: »Wir satteln nur um Mitternacht. | Weit ritt ich her von Böhmen. | Ich habe spät mich aufgemacht | Und will dich mit mir nehmen.« Lenore steigt zu ihm aufs Pferd, »Und hurre hurre, hopp hopp hopp! | Ging's fort in sausendem Galopp«. Wir wissen, dass Lenore einem Wahnbild aufgesessen ist. Der Reiter ist nicht ihr Gemahl, sondern der Tod selbst. »Zum Schädel ohne Zopf und Schopf, | Zum nackten Schädel ward sein Kopf, | Sein Körper zum Gerippe, | Mit Stundenglas und Hippe.«

Bürgers *Lenore* wurde dreißig Jahre nach Eleonore von Schwarzenbergs Tod veröffentlicht. Ob die Namensähnlichkeit nur ein Zufall ist, oder ob Bürger sich von Gerüchten um die Fürstin und die Krumauer Vampire inspirieren hat lassen, kann nur Gegenstand von Spekulationen sein. Zweifellos kann man eine Linie von Eleonore über *Lenore* zu *Dracula* ziehen. Bram Stoker hat die Ballade *Lenore* gekannt und geliebt, wie wir noch sehen werden.

Fassen wir zusammen: Angst vor wirklichen Vampiren hat es bis weit ins 18. Jahrhundert tatsächlich gegeben. Vampire wurden sogar von Intellektuellen als Tatsache oder zumindest als realistische Möglichkeit angesehen. Die Kirche hatte ohnehin immer an Wunder und an Teufelswerk geglaubt. Im frühen 18. Jahrhundert wird der Vampirwahn zum »wissenschaftlichen« Modethema, bevor er schließlich als Aberglaube entlarvt wird. Durch die Aufklärung über die Natur der Verwesungsprozesse werden die angeblich blutgefüllten Untoten als aufgeblähte Verwesende erkannt.

Maria Theresia verbietet die nächtlichen Umtriebe auf den Friedhöfen. Van Swieten verbietet die Literatur, die sich dem Thema widmet. Die Diskussion um den schädlichen Einfluss der »Erzählungen von Geistern und anderen Blendwerken« (heute: Medien, Horrorfilme, Computerspiele) auf das Volk flammt bis heute immer wieder auf, denn Vampire und Vampirjäger haben sich schon damals nicht so einfach »verbieten« lassen. Unsere Untriebe sind tief in uns verankert. Zwar kehrt gegen Ende des 18. Jahrhunderts wieder Ruhe auf den Friedhöfen ein, aber nicht in den Köpfen. Im Handumdrehen formieren sich die Untoten neu und erobern flugs die Literatur, die Bühne und den Film.

02 Vom Zombie zum Dandy

Where there is no imagination there is no horror.
Sherlock Holmes, *A Study in Scarlet* (*Eine Studie in Scharlachrot*)

Vampirfiguren im weitesten Sinn kann man schon lange vor Bram Stoker in fast allen Mythen finden. Dass die Toten als Schattenwesen nach Blut dürsten, wird schon bei Homer vor fast 3000 Jahren in einem der ältesten literarischen Texte der europäischen Kultur drastisch beschrieben. Homers Held Odysseus berichtet, dass er in die Unterwelt hinabgestiegen ist und dort Schafe geopfert hat, um mit ihrem Blut die Toten anzulocken. Seine verstorbene Mutter sowie »viele Helden mit klaffenden Wunden und in blutbesudelten Rüstungen« seien gekommen, um »vom Opferblute zu lecken«. In den folgenden Abschnitten werde ich wichtige Stationen auf dem literarischen Kreuzweg der Vampire genauer beleuchten. Wenn wir die Verschiebung der Vampirfigur vom Zombie zum Dandy und dann weiter zum Objekt der Begierde, die im 21. Jahrhundert zur *Twilight*-Hysterie führt, verstehen wollen, müssen wir uns zuerst an den Anfang des 19. Jahrhunderts zurückversetzen.

Lord Byron als Vampir

Der 16. Juni müsste eigentlich ein Feiertag in Hollywood sein, denn der 16. Juni 1816 ist das Geburtsdatum des modernen Vampirs: Aus dem halbverfaulten Zombie wird ein attraktiver Aristokrat. Der moderne Blutsauger wird in einem Land geboren, dessen Image geradezu antivampirisch ist: in der Schweiz. Die Personen der Handlung sind allerdings Engländer.

Im Juni 1816 hausen in der Villa des Theologen Diodati am Genfer See ein paar exzentrische Gestalten. Der Poet

Percy Shelley, ein Hitzkopf auf der Flucht vor seiner Ehefrau, ist in Begleitung seiner blutjungen Geliebten Mary. Shelley war von der Universität Oxford verjagt worden, weil er für Atheismus und eine Gesellschaft ohne Privateigentum eingetreten war. Seine Geliebte ist die Tochter von William Godwin und Mary Wollstonecraft. William Godwin gilt als der erste große Theoretiker des Anarchismus, Mary Wollstonecraft als erste Feministin. (Vgl. Lehning, de Jong, Bourdet, *Ich will weder befehlen noch gehorchen*, S. 21f.)

Mit von der Partie ist auch Lord Byron, der Superstar der Londoner Schickeria, mit seinem Leibarzt John Polidori. Byron ist auf der Flucht vor seinen Gläubigern und vor zahlreichen Skandalen. Ihm wird nachgesagt, er unterhalte zu mehreren Damen der englischen Oberschicht sexuelle Beziehungen, gleichzeitig ein inzestuöses Verhältnis zu seiner Halbschwester, und lebe überdies mit seinem Leibarzt zusammen.

Im verregneten Schweizer Sommer lesen die jungen Wilden einander Gespenstergeschichten vor und veranstalten einen Wettbewerb: Wer schreibt die beste Horrorgeschichte? In der Gewitternacht zum 17. Juni konzipiert Mary Wollstonecraft *Frankenstein*, einen Text, der einen Fixplatz in der Weltliteratur erobern wird. Byron skizziert eine Vampirgeschichte, an der er schnell das Interesse verliert. Auch Dr. Polidori, der sich schon in seiner Dissertation mit Albträumen beschäftigt hatte, wie Gordon Melton in *The Vampire Book: The Encyclopedia of the Undead* berichtet, versucht sich an einer Gruselgeschichte. Als der Amateur Polidori sein Werk den Literaturprofis vorliest, lachen sie ihn aus. Daraufhin nimmt Polidori die Idee seines Geliebten Byron auf und bastelt daran weiter. So entsteht der erste aristokratische Vampir: ein junger Adeliger namens Ruthven – attraktiv und hartherzig, kalt und von einem dunklen Geheimnis umgeben. Die Dokumente und Ergebnisse dieser Gewitternacht, *A Fragment by Lord Byron* und *The Vampyre: A Tale*, sind in der englischen Ausgabe von Mary Shelleys *Frankenstein* abgedruckt, die in der Scric *Penguin Classics* erschienen ist.

Die Byron-Polidori-Koproduktion *The Vampyre* erzählt die Geschichte der beiden jungen Männer Ruthven und Aubrey. Aubrey ist eine Figur wie aus einer *soap opera*: ein naives Waisenkind, dessen früh verstorbene Eltern ihm und seiner Schwester ein großes Vermögen hinterlassen haben. In Londons feiner Gesellschaft verschaut Aubrey sich in den jungen Lord Ruthven, der ein Blickfang in der noblen und gelangweilten Londoner Damengesellschaft ist.

Als Aubrey erfährt, dass Lord Ruthven England verlassen will, schließt er sich ihm an, um eine Bildungsreise auf den Kontinent zu unternehmen. Nach und nach wird ihm klar, dass Ruthven ein Unmensch ist, der seine Mitmenschen ins Verderben stürzt und tugendhafte Damen in lasterhafte Weiber verwandelt. Angewidert verlässt Aubrey den Lord und reist allein weiter nach Griechenland, wo er sich in ein einfaches Mädchen verliebt. Eines Tages unternimmt er einen Ausflug in eine abgeschiedene Gegend, um archäologische Studien durchzuführen. Vergeblich warnen ihn die Einheimischen vor den dort hausenden Vampiren. Seine Geliebte fleht ihn an, vor Einbruch der Dunkelheit zurückzukehren, aber seine wissenschaftlichen Studien nehmen ihn so sehr gefangen, dass er nicht bemerkt, wie die Nacht hereinbricht und ein Unwetter aufzieht. Unter Donner, Blitz und schwerem Regen will Aubrey nach Hause zurück, aber sein Pferd geht mit ihm durch und galoppiert mitten in die »verbotene Zone«. Dort gerät er in einen albtraumhaften Zweikampf mit einem mysteriösen Widersacher, der ihn zu töten versucht. In letzter Sekunde wird Aubrey von Einheimischen gerettet. Starr vor Schrecken bemerkt er, dass er neben einer Leiche liegt. Es ist die Leiche seiner Geliebten, ihre Brust und ihr Hals sind blutig, entsetzt erkennt er die Abdrücke von Vampirzähnen, die ihre Brust aufgerissen haben.

Aubrey verfällt in tiefe Schwermut. Just zu dieser Zeit taucht Lord Ruthven bei ihm auf. Gemeinsam durchstreifen die beiden Männer die einsamsten Gegenden Griechenlands, obwohl sie von den Einheimischen vor Räuberbanden gewarnt werden. Tatsächlich werden sie von Wegelagerern angegriffen. Ruthven wird von einem tödlichen Schuss getroffen. Sterbend nimmt er dem verzweifelten Aubrey das Versprechen ab, »ein Jahr und einen Tag lang« niemandem zu sagen, was passiert ist. Aubrey willigt ein.

Die Räuber, die Ruthven getötet haben, tragen seine Leiche auf den Gipfel eines Berges. Als das Mondlicht die Leiche bescheint, erwacht Ruthven wieder zum Leben. Er kehrt in Londons feine Salons zurück und umgarnt dort – wie könnte es anders sein – Aubreys Schwester. Aubrey will die Hochzeit seiner Schwester mit dem Untoten verhindern, doch er fühlt sich an seinen Schwur gebunden, niemandem zu sagen, dass Lord Ruthven zwar gestorben, aber nicht tot ist. Aubreys Verzweiflung findet kein Ventil, bis ihm ein Blutgefäß platzt.

Erst als er im Sterben liegt, sagt er die Wahrheit. Aber es ist zu spät. Ruthven hat Aubreys Schwester schon ausgesaugt und verdorben. Mit dem melodramatischen Ausruf: »Aubreys Schwester stillte den Blutdurst eines *Vampirs*!« endet die Geschichte.

Die homoerotische Komponente dieser Erzählung ist offensichtlich. Frauen sind in Polidoris Text Nebenfiguren, im Zentrum steht die Beziehung zweier Männer. Als Aubrey sich von Ruthven trennt und sich in eine junge, unzivilisierte (das bedeutet im 19. Jahrhundert: unschuldige) Griechin verliebt, fühlt Ruthven sich verraten und übt Vergeltung. Er war der mysteriöse Widersacher, der Aubrey angegriffen und Aubreys Geliebte getötet hat. Er wird Aubreys Schwester ins Verderben stürzen. Trotzdem opfert Aubrey lieber das Leben und das Seelenheil seiner Schwester, als das

Versprechen zu brechen, das er seinem »geliebten« Ruthven gegeben hat.

Man muss nicht viel Phantasie haben, um autobiographische Elemente in Polidoris *The Vampyre* zu erkennen. In seinem Buch *Liebe, Tod und Teufel: Die schwarze Romantik* charakterisiert Mario Praz *The Vampyre* als Schüsseltext. Polidori habe sich in Aubrey selbst beschrieben, den herzlosen Vampir Lord Ruthven habe er nach dem Vorbild von Lord Byron gestrickt, den er sexuell anziehend und charakterlich abstoßend fand. (Praz, *Liebe, Tod und Teufel,* S. 90f.) Für Literaturwissenschafter mag es interessant sein, welche Passagen und Ideen von Byron stammen und was Polidori beigetragen hat. Aus der vampirologischen Vogelperspektive ist es vor allem wichtig, dass sich diese Erzählung wie ein Lauffeuer über den europäischen Kontinent verbreitet hat. Sie hat die erste Welle des literarischen Vampirismus ausgelöst und wurde zu einer der einflussreichsten Vampirgeschichten aller Zeiten.

Hans-Ulrich Mielsch hat diesem literaturgeschichtlich so inspirierenden Sommer des Jahres 1816 ein Buch gewidmet: *Sommer 1816: Lord Byron und die Shelleys am Genfer See.* Darin schreibt er, dass Lord Byrons Verleger Colburg die Idee hatte, Byron als alleinigen Autor zu nennen, weil er sich davon ein besseres Geschäft erhoffte. (Mielsch, *Sommer 1816,* S. 100) Dieser Trick hat perfekt funktioniert. *The Vampyre* wurde in ganz Europa als ein Meisterwerk des Lord Byron gefeiert. Sogar Goethe lobte diese Erzählung als das Beste, was Byron je geschrieben habe. Kaum ein anderer Text hat so sehr zu Byrons Ruhm beigetragen wie diese Erzählung, die er angeregt, aber nicht geschrieben hat. Polidori hat trotzdem oder vielleicht gerade deswegen wenige Jahre nach der Veröffentlichung der Geschichte Selbstmord begangen.

Der aristokratische Blutsauger Lord Ruthven löst eine neue Vampirhysterie aus. Vampirgestalten erobern die Bühnen

Europas, in England, Frankreich und Deutschland feiern Vampirmelodramen spektakuläre Erfolge. Es werden sogar Vampiropern komponiert. August Heinrich Marschners *Der Vampyr* ist ein typisches Beispiel für die grenzenlose Kettenreaktion. Das Libretto zu Marschners 1828 uraufgeführtem Werk basiert auf dem deutschen Schauspiel *Der Vampir oder die Totenbraut* (1821), das nach dem französischen Melodram *Le Vampire* (1820) gebaut ist, einer Dramatisierung von Polidoris englischem *The Vampyre* (1819). Dem Zeitgeist entsprechend wird Marschners Oper ein Sensationserfolg. Die Theaterwissenschaftlerin Ursula Simek hat ihrer Studie zur Geschichte der stimmgewaltigen Blutsauger auf der Opernbühne den passenden Titel *Welch' Ergötzen, Welche Lust!* gegeben, veröffentlicht in der Festschrift *100 Jahre Dracula*.

Wie bereits erwähnt, ist es aus einer vampirologischen Vogelperspektive gleichgültig, ob Byron oder Polidori der Autor von *The Vampyre* war. Wichtig ist, dass sich durch diese Geschichte das Image des Vampirs entscheidend veränderte. Mit den halbverwesten Underdogs, die auf bosnischen Friedhöfen hausten, hat diese Vampirgestalt nichts mehr zu tun. Als attraktiver Aristokrat könnte Lord Ruthven heutzutage eine Hauptrolle in *Twilight* übernehmen. Polidori machte den Vampir zum verruchten Objekt der Begierde, auf das die Massen fliegen. Van Swieten hätte sich wohl im Grab umgedreht.

Die lesbische Vampirin aus der Steiermark

Im Jahre 1872, ein Vierteljahrhundert, bevor Bram Stoker seinen Roman *Dracula* auf den Markt bringt, veröffentlicht der irische Schriftsteller Sheridan Le Fanu seine Erzählung *Carmilla*, in der die junge Laura über ihre Erlebnisse berichtet. Lauras Vater ist Engländer, ihre früh verstorbene Mutter war eine »styrian lady«. Laura wächst mit ihrem Vater in der Steiermark auf einem Schloss auf. Zu Beginn der

Erzählung beklagt Laura sich noch darüber, dass die Steiermark *»a lonely and primitive place«* sei, aber schon bald erhält sie Gesellschaft, da ein fremdes junges Mädchen, das sich Carmilla nennt, auf Lauras Schloss strandet. Laura ist froh, endlich eine Gefährtin und Gespielin zu bekommen.

Carmilla ist groß, schlank, elegant und wunderschön. Sie hat dunkle Augen und dichtes, langes, dunkelbraunes Haar mit einem goldenen Schimmer. Tagsüber ist sie oft launisch und verträumt, müde und energielos. In der Dunkelheit schleicht sie jedoch geschmeidig wie eine Raubkatze herum. Später werden wir auch bei Bram Stoker die Bemerkung finden, Dracula bewege sich wie ein Panther.

Laura und Carmilla werden ein Herz und eine Seele. Laura verfällt immer öfter in einen Zustand zwischen Traum und Trance, in dem sie elektrisierende sinnliche Erfahrungen macht. Manchmal hat sie das Gefühl, als würde eine Hand behutsam an ihrer Wange und ihrem Nacken entlang streichen. Das Gefühl wird intensiver. Warme Lippen küssen sie immer länger und liebender, je mehr sie sich ihrer Kehle nähern. Die erotischen Momente sind zurückhaltend beschrieben, oft steht ein gegenseitiges Einander-Anschmachten im Vordergrund. Die beiden Gefährtinnen berühren sich zärtlich, Carmilla blickt Laura mit brennenden Augen an und atmet stürmisch, voll unterdrücktem Begehren. Doch bevor Carmilla über Laura herfallen kann, wird anhand eines alten Gemäldes, das die vor 150 Jahren verstorbene Gräfin von Karnstein zeigt, klar, dass diese Gräfin untot ist und sich in der Gestalt von Carmilla bei Laura eingeschlichen hat. Die Vampirgräfin Karnstein hatte sich unter dem Namen Mircalla, Millarca oder eben Carmilla immer wieder an andere junge Mädchen heranmacht. Die Tochter eines Forstarbeiters, die Frau eines Schweinehirten, die Schwester eines jungen Bauern und die Nichte von General Spielsdorf, eines Bekannten von Lauras Vater, sind der Vampirin schon zum Opfer gefallen.

Die Erzählung enthält eindrucksvolle Szenen. Das Motiv des Gemäldes, mit dessen Hilfe man der untoten Gräfin auf die Spur kommt, erinnert an Oscar Wildes Geschichte von Dorian Gray, der seine Seele verkauft, damit er selbst trotz seines lasterhaften Lebens jung und schön bleibt und nur sein Porträt altert. Wenn man Carmillas Vampirkleid abstreift, dann bleibt das erotische Erwachen von Laura übrig, die sich in Carmilla verliebt. Carmilla selbst erscheint als pubertierender Fratz par excellence: unausgeglichen, jähzornig, übermütig, melancholisch. Le Fanus Vampirin und Polidoris Vampir sind beide Verkörperungen von homosexueller Angst und Sehnsucht. In Polidoris *The Vampyre* zerbricht Aubrey (Polidori) an seiner Treue zum Vampir (Byron). Aubrey stirbt am Ende der Geschichte an den Folgen seiner Weigerung, mit der Wahrheit über Ruthven herauszurücken; auch Polidori hat Selbstmord begangen. In Le Fanus Erzählung wehrt Lauras Vater die Bedrohung mit Gewalt ab. Mit der Hilfe eines Vampirjägers und in Anwesenheit einer kaiserlichen Kommission wird die untote Gräfin Carmilla von Karnstein in einer verfallenen Kapelle aufgestöbert und – nach allen Regeln der Kunst – gepfählt. Laura beschreibt das Verfahren detailgenau:

»Den alten Regeln folgend wurde der Leichnam aus dem Grab gehoben und dann wurde ein spitzer Pfahl durch das Herz der Vampirin getrieben, die in diesem Moment einen durchdringenden Schrei ausstieß, wie man ihn von einer Person erwartet, die einen Todesschrei ausstößt. Dann wurde der Kopf abgeschlagen und ein Blutstrom floss aus dem durchschnittenen Nacken. Kopf und Körper wurden auf den Scheiterhaufen geworfen und verbrannt. Die Asche wurde in den Fluss gestreut, und seither ist diese Gegend nie wieder von Vampiren heimgesucht worden. Mein Vater hat eine Kopie des Berichtes der kaiserlichen Vampirkommission mit den Unterschriften aller, die bei dem Verfahren anwesend waren.« (*Carmilla*, S. 339; übers. v. R.M.K.)

Carmilla ist eine der literarisch besten Vampirgeschichten und hat die Steiermark international als Vampirland bekannt gemacht, wie Andreas Tesarik in seiner Studie *Draculas Tante* zeigt. Deshalb suchen Vampirologen und Fans im Grenzbereich von Realität und Fiktion verbissen nach historisch-geographischen Spuren. Immer wieder taucht die Frage auf, wo denn das Schloss von Laura liegen könnte. Laut Lauras Beschreibung ist ihr Schloss von einem riesigen Wald umgeben, der sich auf der einen Seite über 15 Meilen erstreckt, auf der anderen über 12 Meilen. General Spielsdorfs Schloss ist 20 Meilen von Lauras Schloss entfernt, Carmillas Grab 3 Meilen. Viele alte Maßeinheiten gehen auf den menschlichen Körper und seine Leistungen zurück. Das Längenmaß »Fuß« entspricht der Länge eines großen Männerfußes (ca. 30 cm), eine Meile entspricht ursprünglich tausend (lat. mille) Doppelschritten, das sind ca. 1,4 bis 1,8 Kilometer. Der Wald bei Lauras Schloss erstreckt sich umgerechnet ca. 20 bis 25 Kilometer auf der einen Seite und etwas weniger auf der anderen Seite. General Spielsdorfs Schloss ist 30 Kilometer von Lauras Schloss entfernt, das verlassene Dorf, in dem sich auch die Ruine und das Grab der Vampirgräfin von Karnstein befinden, ist ungefähr 5 Kilometer von Lauras Schloss entfernt. Aber wo liegt Lauras Schloss?

Le Fanu gibt einen Hinweis: *»a journey of ten leagues«* soll von Graz bis zu Lauras Schloss zurückzulegen sein. Eine »league« entspricht ungefähr der Strecke, die ein Mensch in einer Stunde gehend zurücklegen kann. Das wäre also ein zehnstündiger Fußmarsch von Lauras Schloss bis nach Graz. Ihr Schloss müsste daher im Umkreis von 40 bis 50 Kilometern von Graz liegen.

Obwohl manche Literaturwissenschaftler der Ansicht sind, dass die Schlösser und Landschaften, die Le Fanu beschreibt, reine Phantasiegebilde seien, weil er selbst keine Reisen unternahm, haben sich schon viele Vampirologen auf die Suche nach Lauras Schloss gemacht. Sie alle endeten früher oder später bei Schloss Hainfeld. Nina Dallos hat in ihrer Dissertation »Carmilla von Karnstein – die steirische Vampirgräfin« die möglichen Verbindungen zwischen dem historischen Schloss Hainfeld und der literarischen Vampirin von Karnstein detailliert untersucht.

Wir wissen, dass die schottische Gräfin Jane Anne Cranstoun im frühen 18. Jahrhundert auf Schloss Hainfeld gelebt hat und dort auch gestorben ist. Jane Anne Cranstoun hatte 1797 den steirischen Grafen von Purgstall geheiratet und war in die Steiermark gezogen. Als ihr Mann und ihr Sohn verstarben, blieb sie – als letzte aus dem Geschlecht der Purgstall – allein auf Schloss Hainfeld zurück. In ihren letzten Lebensjahren dürfte sie exzentrisch, kränklich, melancholisch, auf den Tod ihrer Lieben und auf ihren eigenen Tod fixiert gewesen sein. Sie hielt sich Tag und Nacht im Bett auf und ließ im Schloss einen reich verzierten eisernen Sarg aufstellen, in dem sie begraben werden wollte. Es war ihr Herzenswunsch, in der Familiengruft der Purgstalls bestattet zu werden. Ihre Angst war stets, dass seitens der Kirche verhindert werden würde, dass sie nach ihrem Tod mit ihrer Familie wieder vereinigt wird. Tatsächlich weigerte sich der Pfarrer von Riegersburg zuerst, die Gräfin in der Familiengruft zu bestatten, mit dem Argument, es sei dort nicht genügend Platz für sie. Als die Gruft dann doch erweitert werden durfte und der Sarg in die Gruft gesenkt werden sollte, wären die Sargträger von dem schweren Eisensarg beinahe verletzt worden.

Wir wissen das, weil Gräfin Cranstoun einige Monate vor ihrem Tod den Marineoffizier und Reiseschriftsteller Basil Hall, einen Jugendfreund ihres Vaters, zu sich in die Steiermark einlud. Basil Hall hat den Winter 1834/35 auf Schloss Hainfeld verbracht und darüber einen ausführlichen Reisebericht verfasst. Während seines Aufenthaltes ist die Gräfin gestorben. Unter dem Titel *Schloss Hainfeld: A Winter in*

Lower Styria beschreibt er die letzten Monate im Leben der Gräfin, ihren Sarg, ihren Tod und das Begräbnis. Dazu kommen allgemeine Kapitel über die wilde Steiermark, deren Bewohner und die Tücken der deutschen Sprache. Basil Halls berühmt gewordener Reisebericht hat in Großbritannien das vampirische Image der Steiermark vorbereitet, weil er Le Fanu zu seiner Carmilla inspiriert hat. Man kann die Spur von Jane Anne Cranstoun zur Gräfin von Karnstein leicht entziffern. Carmilla tritt unter den Anagrammen Mircalla und Millarca auf. Wenn man aus Cranstoun ein Anagramm macht und ihren Namen ein bisschen eindeutscht, dann kommt man von Cranstoun zu Karnstein.

Aus Anlass eines aufsehenerregenden Vampirfundes in Venedig im Jahre 2009 habe ich für die ORF-Sendereihe *Newton* an einem Beitrag über historische Spuren und Inspirationsquellen mitgewirkt, für den wir uns nach Schloss Hainfeld aufgemacht haben, um vor Ort nach Carmillas Spuren zu suchen. Von außen wirkte das Schloss im Nebel äußerst gruselig, im Inneren war es grimmig kalt. Tatsächlich befindet sich im Schloss eine ungewöhnliche Grabstätte mit einem Denkmal für Jane Anne Cranstoun, das ein vampirisches Gefühl aufkommen lässt. Die Ergebnisse unserer Spurensuche wurden 2010 unter dem Titel *Vampire – Mythos und Wahrheit* ausgestrahlt.

Wie Dracula beinahe Steirer geworden wäre

Nachdem Carmilla nach allen Regeln der Kunst »erlöst« worden war, »ist diese Gegend nie wieder von Vampiren heimgesucht worden«, sagt Laura rückblickend auf ihre Erfahrungen. Aber in den Köpfen der irischen Schriftsteller ist die Steiermark noch jahrelang ein vampirverseuchtes Land geblieben, wie Bram Stokers fragmentarischer Text *Walpurgisnacht* und seine frühen Notizen zum Roman *Dracula* zeigen. Bram Stoker ist Ire wie Sheridan Le Fanu, beide haben dasselbe College in Dublin besucht, Stoker hat Le Fanus *Carmilla* gelesen und will selbst einen Vampirroman schreiben, allerdings lieber über einen untoten Mann statt über eine untote Frau.

In Stokers frühem Text über die »Walpurgisnacht« steigt ein junger Engländer in München im Hotel Vier Jahreszeiten ab. Da das Wetter so schön ist, will er am Nachmittag des 30. April mit einer Kutsche einen Ausflug ins Gebirge unternehmen. Die Sonne lacht vom Himmel und frühsommerliche Fröhlichkeit liegt in der Luft – eine trügerische Idylle, die bald in einen Albtraum übergehen wird.

Es ist nicht ganz klar, wohin der junge Mann fahren will, vermutlich Richtung Österreich. Bevor er mit seinem Kutscher Johann aufbricht, warnt ihn der Hoteldirektor vor der Walpurgisnacht. Diese Nacht zum 1. Mai spielt im Volksglauben eine besondere Rolle als Nacht der Hexen. Sie ist mit alten Fruchtbarkeitsriten verbunden und galt dem Landvolk als besonders gefährlich. Der englische Tourist lässt sich von Einheimischen nicht von seinem Ausflug abhalten, schon gar nicht an so einem schönen Tag.

Als sie in die Nähe eines verlassenen Dorfes kommen, hält der Kutscher an und redet mit Händen und Füßen auf den Engländer ein, um ihn zur Umkehr zu überreden. Vor Jahrhunderten seien die Bewohner dieses Dorfes begraben worden, aber die Toten hätten in ihren Gräbern geschmatzt und man habe die Särge öffnen müssen, behauptet der Kutscher. In den Särgen habe man Untote gefunden, unverweste Leichen mit blutigen Mündern. Außer sich vor Angst, beschwört der Kutscher seinen Gast umzudrehen, aber der Engländer bleibt unbeeindruckt: Engländer fürchten sich nicht vor der Walpurgisnacht! Starrköpfig setzt er seine Reise allein zu Fuß fort.

Wir kennen das Motiv des ausgestorbenen Dorfes aus *Carmilla* und aus *The Vampyre*. Stokers Held verhält sich störrisch wie ein Halbschuhtourist im Hochgebirge; schon Polidoris Aubrey hatte die Warnungen der Einheimischen ignoriert.

Erst als der junge Mann allein ist und das Zwielicht eine düstere Stimmung erzeugt, dämmert ihm: Walpurgisnacht gilt auch für vorwitzige Engländer! Wie soll er ohne Kutsche nach Hause kommen? In der rasch hereinbrechenden Dunkelheit gerät er ebenso wie Aubrey in ein verheerendes Unwetter. In einem fürchterlichen Schnee- und Hagelsturm verliert er die Orientierung und taumelt in das menschenleere Dorf, vor dem man ihn gewarnt hatte. Dort erblickt er ein marmornes Grabmal mit zwei sonderbaren Inschriften. Auf der Rückseite steht: »The dead travel fast«, und über der Eingangstür auf der Vorderseite:

Countess Dolingen of Gratz
in Styria
sought and found death
1801

Es ist ratsam, Stokers Text auf Englisch zu lesen, da diese Grabinschrift in deutschen Übersetzungen falsch wiedergegeben wurde. Richtigerweise muss die Übersetzung lauten: »Gräfin Dolingen von Gratz | in der Steiermark | suchte und fand den Tod | 1801.

Diese Inschrift deutet an, dass die Grazer Gräfin den Tod aktiv gesucht hat – offenbar hat sie Selbstmord begangen. Wer sich selbst das Leben nimmt, wird als Untoter umgehen, munkelt man. Verwundert stellt der Engländer fest, dass das Grabmal der Gräfin von einer Eisenstange durchbohrt ist. Als er vor dem herabprasselnden Hagel Schutz sucht und sich gegen das Grabmal drückt, öffnet sich eine Türe. Schon will er eintreten, aber im selben Augenblick erhellt ein Blitz das Innere der Gruft. Eine wunderschöne Frau mit vollen Wangen und roten Lippen liegt auf einer Bahre

– die Gräfin Dolingen, die 1801 zwar den Tod gefunden hat, aber nicht die ewige Ruhe. Als ein heftiger Blitz in den Eisenpfahl fährt, der im Grabstein steckt, erwacht die Gräfin zum Leben. Bevor sie den jungen Mann anfallen kann, fällt sie selbst den Flammen zum Opfer, aber die Gefahr ist noch nicht vorbei. Die vampirischen Dorfbewohner in ihren Leichentüchern erheben sich aus ihren Gräbern und machen sich als weiß wabernde Nebelphantome an den Engländer heran. Er fällt in Ohnmacht. Als er wieder zu sich kommt, liegt er unter einem riesigen Wolf begraben. Aber der Wolf will ihm nicht die Kehle zerfleischen, wie man es erwarten würde, sondern hält ihn warm.

Endlich taucht ein Suchtrupp aus München auf. Der Wolf ergreift die Flucht, die Helfer schießen nicht einmal auf ihn, da ihnen klar ist, dass sie das Untier ohne geweihte Kugel nicht erlegen können. Stoker mischt hier in seinen Gruselcocktail das traditionelle Motiv der magischen Kugel hinein, das wir zum Beispiel aus Carl Maria von Webers romantischer Oper *Der Freischütz* (1821) kennen. Als der Engländer sich erkundigt, warum denn überhaupt ein Suchtrupp nach ihm ausgeschickt worden sei, zeigt man ihm ein Telegramm, das ein Graf Dracula an das Hotel geschickt hat. Darin fordert er, dass der Engländer gut beschützt werde, da ihm Gefahren drohten. Vor Schreck fällt der zu Beginn so unerschrockene Engländer beinahe noch einmal in Ohnmacht.

Fassen wir die Geschehnisse dieser Walpurgisnacht nochmals zusammen: Ein namenloser Engländer gerät in der Nähe von München in Gefahr, als er sich in ein verwunschenes Dorf begibt, in dem eine steirische Vampirgräfin in einem gepfählten Grab haust. Bevor sie über den Besucher herfallen kann, wird sie Gott sei Dank (oder Dracula sei Dank?) von einem Blitz erschlagen. Im Schneesturm erheben sich die untoten Dorfbewohner aus ihren Gräbern und greifen den Engländer wie eine Armee von Zombies an.

Da stellt sich ein riesiger Wolf schützend über den jungen Mann. Die abenteuerliche Geschichte wird erst ganz am Ende durch Draculas Telegramm halbwegs aufgeklärt. Wir vermuten, dass der Wolf mit Dracula im Bunde ist oder dass Dracula selbst in Gestalt eines Wolfes den jungen Mann vor den Nebel-Vampiren beschützt.

Diese wilde Geschichte erschien erstmals im Jahre 1914 in der Sammlung *Dracula's Guest and other Weird Stories*, zwei Jahre nach Bram Stokers Tod und siebzehn Jahre nach seinem Roman *Dracula*. Der Text ist unter dem Titel *Draculas Gast* auch als eigenständige Erzählung herausgegeben worden.

Man darf dieses Abenteuer in der Walpurgisnacht jedoch nicht als Nachgeburt des Welterfolges *Dracula* lesen, sondern als Vorstufe, in der Stoker viele Motive verwendet, die auch die Endfassung des Romans enthält. *Draculas Gast* ist ein früher Entwurf für das erste Kapitel eines Vampirromans, dessen Titel Stoker noch nicht wusste, als er die Abenteuer des jungen Mannes in der Walpurgisnacht beschrieben hat. Ich bezweifle daher, dass die Idee mit Draculas Telegramm von Stoker stammt. Der Text des Telegramms passt nicht ganz zur Handlung, und Stoker wusste zu der Zeit, als er sich die Geschichte um die Gräfin Dolingen ausgedacht hat, wahrscheinlich noch nicht, dass er seinen Vampirgrafen Dracula nennen wird. Ich vermute, dass Stokers Witwe oder der Verleger den Titel *Draculas Gast* und das Motiv des Telegramms erst nach Stokers Tod eingefügt hat, um die Erzählungen mit dem Etikett »Dracula« besser verkaufen zu können.

Die Parallelen zwischen Le Fanus *Carmilla* und Stokers *Walpurgisnacht* sind offensichtlich. In beiden Texten geht es um eine steirische Gräfin, die untot mit rosigen Wangen und roten Lippen in einem gottverlassenen Dorf in einem verfallenen Grab liegt. Aus Stokers Fragment kann man herauslesen, dass Stoker als Le Fanu-Leser die Steiermark für einen passenden Schauplatz hielt, um Vampire hervorzubringen.

Hatte Stoker ursprünglich sogar geplant, statt Dracula einen Steirer zum Fürsten der Vampire zu machen? Die Antwort lautet: Ja! Um die Originaldokumente zu sichten, die diese Behauptung beweisen, bin ich nach Philadelphia in die Rosenbach Library gefahren, wo die Notizen und Entwürfe zu Stokers *Dracula* aufbewahrt werden.

In einem Entwurf vom 8. März 1890 ist als Ort der Handlung tatsächlich die Steiermark angegeben. In Stokers alten Konzepten steht auch, dass sein Fürst der Vampire, der damals noch nicht Dracula hieß, ein Bankkonto in Salzburg hat! Stellen wir uns vor, was das für den Tourismus und das Image Österreichs bedeutet hätte: die Lipizzaner, Mozart und Sisi einerseits, Hitler und ein österreichischer Dracula andererseits. Wäre der Fürst der Vampire Steirer geblieben, hätte er allerdings nicht Count Dracula geheißen, sondern »Count Wampyr«, wie Stoker ihn in seinen Notizen genannt hat.

Möglicherweise trägt ausgerechnet der Altösterreicher Hermann Bamberger daran Schuld, dass Stoker seinen Roman letztendlich doch in Transsilvanien verankert hat. Wann genau der Schauplatzwechsel passiert ist, ist unklar. Es gibt dazu mehr Spekulationen als Beweise, obwohl Forscher wie Joseph S. Bierman sich intensiv mit der Datierung von Stokers Notizen und der Vorgeschichte von Dracula beschäftigt haben. Angeblich hat Stoker bei einem Mitternachtsdiner in der Walpurgisnacht des Jahres 1890 mit dem Orientalisten Arminius Vambéry, der 1832 in Ungarn als Hermann Bamberger in eine arme jüdische Familie geboren wurde, über den balkanischen und transsilvanischen Vampirismus geplaudert. Vambéry wird zu einer der schillerndsten Figuren im Habsburgerreich. Er hat »durch allerhöchste Entschließung Kaiser Franz Josephs« einen Lehrstuhl für Orientalistik an der Universität Budapest erhalten, aber »unter der Oberfläche des Professors steckt noch eine ganz andere Natur – Vambéry ist ein akribischer Erforscher des

Okkulten«, berichtet Andreas Hutter in seinem Artikel »Die Erfindung einer Kultfigur: Bram Stokers *Dracula* und seine altösterreichischen Quellen« in der *Neuen Zürcher Zeitung*.

Eine Begegnung des Schriftstellers Stoker mit dem Okkultisten Vambéry in der Walpurgisnacht passt zu gut zu *Dracula*, um wahr zu sein. In der Endfassung des Romans findet man zwar eine Passage, in der Stokers Vampirjäger van Helsing angibt, er habe sein Wissen über Dracula von seinem Freund »Arminius, of Buda-Pesth University«, ob Stoker und Vambéry jedoch tatsächlich miteinander über Vampire gesprochen haben, lässt sich nicht schlüssig nachweisen. Es ist nicht wichtig, ob Vambéry Stoker von Angesicht zu Angesicht inspiriert hat, entscheidend ist, dass Stoker in seinen Notizen »Styria« durchgestrichen und darüber »Transsylvania« geschrieben hat. Stoker streicht auch den Namen »Count Wampyr« und schreibt darüber: »Dracula«. Ein absoluter Geniestreich.

Wer weiß, ob ein Roman um einen steirischen Vampirgrafen namens Wampyr ein Welterfolg geworden wäre, Österreicher denken bei »Graf Wampyr« wohl eher an einen gemütlichen Grafen mit Wampe (= Bierbauch) denn an einen flinken Blutsauger.

Lassen wir uns den Namen »Dracula« auf der Zunge zergehen. Man kann ihn vom lateinischen »draco« und vom griechischen »drákōn«, »Schlange«, ableiten, das in viele Sprachen eingewandert ist. Erstens denken viele Menschen dabei an einen geflügelten Lindwurm, ein Monster, das in vielen Sprachen »Drache«, »Drago«, »Dragon« etc. heißt. Eine geflügelte Schlange, das ist eine gute Umschreibung von Dracula. Schlangen sind Tiere, vor denen sich viele Menschen ekeln. Manche Wissenschaftler vermuten sogar, dass die Evolution die Angst vor Schlangen direkt in unserem Gehirn verdrahtet hat. Die Schlange ist immer auch Symbol für das Böse gewesen. Die Schlange hat Eva dazu überredet, Adam den Apfel zu geben. Dracula versteckt sich tagsüber wie eine Schlange in altem Gemäuer, ist unberechenbar und beißt blitzschnell zu. Dracula ist eine Giftschlange, denn er steckt uns mit dem Gift des Vampirismus an. Wenn er uns beißt, werden auch wir zu Vampiren.

Der Name Dracula enthält den Vokal »a« gleich zweimal. Wenn wir den Mund öffnen und die Luft entweichen lassen, ohne unseren Stimmorganen eine besondere Stellung oder Spannung aufzuzwingen, sagen wir »aaa«. Wenn uns jemand auf die Zehen steigt, schreien wir am ehesten »Ahhh!« Wenn wir in Panik davonlaufen, schreien wir »Aaaaa!« Wenn wir uns in blinder Wut brüllend auf jemanden stürzen, dann schreien wir ebenfalls »Aaaaa!«

Die beiden »A« in Dracula könnten für Angst und Angriff stehen: ein langes »Dra« und dann die zwei eilig ausgestoßenen Silben »cu« und »la«, so als wären wir schon auf der Flucht. Gleichgültig, ob wir den Namen Draaa-cu-la flüstern oder hinausschreien wollen, wir müssen den Kiefer wie Dracula öffnen, um vor Dracula warnen zu können.

Ich gehe davon aus, dass die Wahl dieses Namens zum Erfolg des Romans beigetragen hat.

»Dracula« ist eigentlich ein Ehrenname, der sich aus der Mitgliedschaft im von Kaiser Sigismund 1418 gestifteten Drachenorden ableitet, einer militanten christlichen Gruppe, die gegen die Moslems wütete. Fürst Vlad III. der Walachei, auf dem Gebiet des heutigen Rumänien, den seit Stoker alle für den Urvampir halten, hat diesen Ehrennamen von seinem Vater übernommen. Vlad III., genannt Draculea (1431–1476), der kleine Dracula, der Sohn des Drachens (manche übersetzen auch: des Teufels), wurde in Mitteleuropa als »Tsepesch, der Pfähler« berüchtigt.

Der historische Dracula wurde als außergewöhnlich grausamer Herrscher beschrieben. Es heißt, er habe einmal türkischen Gesandten, die bei einer Audienz den Turban nicht abnahmen, Nägel in den Kopf schlagen lassen, um die Turbane für immer an ihren Köpfen zu befestigen; er habe Untertanen und Gegner massenhaft gepfählt.

Das Schreckensbild, das von Vlad III. vor allem auf den Flugschriften des 15. Jahrhunderts entworfen wird, entspricht wohl nur teilweise der Realität. Es handelt sich zum Teil um bewusste Gräuelpropaganda, an der weltliche und kirchliche Kräfte beteiligt waren. Aber selbst auf diesen Flugschriften, die historische »Bestseller« waren, wird Vlad zwar als unberechenbarer, blutrünstiger, sadistischer Tyrann dargestellt, aber nicht als Vampir. Stokers Vampirforscher van Helsing behauptet, dass Vlad in uralten Dokumenten als »wampyr«, bezeichnet wird, aber das ist eine Erfindung Stokers. Obwohl man in den historischen Quellen keinen Hinweis darauf findet, dass Vlad das Blut seiner Opfer getrunken habe, ist es Bram Stoker gelungen, die Gleichung Vlad der Pfähler = Dracula = Vampir für immer in unseren Köpfen zu verankern. Nur durch diese Gleichung werden »Sensationsmeldungen« wie »Ein britischer Ahnenforscher hat nachgewiesen, dass Queen Elisabeth II. und Prince Charles direkt mit Dracula verwandt sind« (*Kurier*, 11. 10. 1998, S. 7) erst möglich.

Es ist schwer, hinter dem Dracula-Image noch den echten walachischen Fürsten Vlad zu finden. Ralf-Peter Märtin hat eine gut lesbare Studie zur historischen Figur verfasst, aber auch er musste seinem Buch den Haupttitel *Dracula* geben. Mit dem Untertitel *Das Leben des Fürsten Vlad Tepes* allein hätte sich das Buch wohl nicht besonders gut verkauft.

03 Sherlock Holmes trifft Dracula

Wir werden nackt geboren, ohne schützendes Fell,
wir haben Zähne, die zum Zerfleischen nicht sonderlich geeignet sind;
wir haben keine Klauen, wir haben also keine angeborene Waffe.
Die menschliche Waffe ist das Gehirn.

Ernst Bloch, *Zwischenwelten in der Philosophiegeschichte*

In Polidoris *The Vampyre* wird der junge Engländer Aubrey im fernen Griechenland von einem männlichen Vampir angefallen, dann macht dieser Vampir London unsicher und schnappt sich am Ende Aubreys Schwester. In *Carmilla* kommt eine Vampirin zur jungen Laura aufs steirische Schloss, in Stokers *Walpurgisnacht* wiederum gerät ein junger Mann auf einem Ausflug ins Gebirge in die Fänge einer Vampirfrau. In seinem Roman *Dracula* verbindet Stoker all diese Motive: Ein junger Engländer fährt in eine fremde Gegend, in der er von einem Vampir und von dessen Gespielinnen angefallen wird. Dann reist der Obervampir selbst nach London, um dort die Braut des jungen Mannes zu umgarnen. Ich werde hier den Roman *Dracula* nicht im Detail nacherzählen, sondern mich auf einen Aspekt konzentrieren: auf die Angst, zu spät zu kommen.

Die Angst, zu spät zu kommen

Der Roman beginnt mit einem Auszug aus dem Reisetagebuch des Helden Jonathan Harker und ist wohl der einzige Text der Weltliteratur, der mit einer Zugverspätung beginnt. Der erste Satz lautet: »Ich habe München am 1. Mai um 8.35 Uhr abends verlassen und bin früh am nächsten Morgen in Wien angekommen; sollte um 6.46 Uhr ankommen, aber der Zug hatte eine Stunde Verspätung.« (Hier und im Folgenden zitiert aus: Stoker, *Dracula*, New York 1997, übers. v. R.M.K.) Bis München ist dem jungen Harker offenbar nichts widerfahren, das merkwürdig genug gewesen wäre, um ins Tagebuch eingetragen zu werden. Kaum kommt Harker jedoch nach Österreich, schon ist der Zug verspätet – wie Harker in seinem Tagebuch vermerkt.

Mit dieser Wiener Zugverspätung wird ein bedrohlicher Grundton angeschlagen, der sich durch den ganzen Roman zieht. Bis Wien verläuft die Reise ohne bemerkenswerte Zwischenfälle. Da die Ereignisse der Walpurgisnacht, die steirische Gräfin Dolingen und der steirische Count Wampyr nicht in den Roman aufgenommen worden sind, bleibt vom vampirischen Österreich kaum mehr als diese Zugverspätung und ein »Paprikahendl«, auf das ich noch zu sprechen komme.

In Wien überschreitet Harker die Grenze vom Westen in den wilden Osten. Hier beginnt eine Serie von Verspätungen, die Harker penibel notiert – ein pedantischer kleiner Rechtsanwaltsgehilfe auf seiner ersten großen Reise. Auf einer Reise quer durch den Kontinent wäre es doch im Gegenteil merkwürdig, wenn alle Züge pünktlich wären, aber Harker ist nicht zu seinem Vergnügen unterwegs, sondern auf Dienstreise. Sein Chef hat ihn nach Transsilvanien geschickt, weil ein Graf Dracula Grundbesitz in England erwerben will. Wenn Harker nicht rechtzeitig nach Transsilvanien kommt, dann könnte das Geschäft platzen, und Harker würde vielleicht seinen Job verlieren und damit auch die Möglichkeit, seine Geliebte Mina zu heiraten. Harker will das Vertrauen, das sein Auftraggeber in ihn gesetzt hat, nicht enttäuschen und möglichst schnell zu Graf Dracula kommen.

Heute gibt es wohl niemanden mehr, der den Roman liest und nicht weiß, welche Gefahr von Dracula ausgeht. Aber wie die ersten Leser von Stokers Roman hat Harker selbst noch keine Ahnung und deshalb Angst, zu spät zu Dracula zu kommen.

Als Harker Wien verlässt, taucht er in eine unheimliche Welt ein. Schroffe Felsen ragen im fahlen Mondlicht bedrohlich auf, Wolken schieben sich vor den Mond, Wölfe heulen in stockfinsterer Nacht. Irritiert notiert Harker in sein Reisejournal, dass die Einheimischen »sehr hysterisch« werden, wenn er ihnen mitteilt, dass er zu Dracula fahren will: Sie tuscheln, deuten mit den Fingern auf ihn und bekreuzigen sich. Aus dem aufgeregten Geschwätz hört er Begriffe heraus, die immer wiederkehren: *»ordog«*, *»pokol«* und *»vrolok«*; schon die dunklen Vokale verheißen nichts Gutes. In seinem Wörterbuch der slawischen Sprachen findet er die Übersetzungen: Satan, Hölle, Werwolf und – Vampir. Noch hält Harker das alles für finsteren Aberglauben – Engländer haben keine Angst, wie wir aus *Draculas Gast* wissen.

In Klausenburg übernachtet Harker im Hotel Royale, wo er ein *»Paprikahendl«* (Bram Stoker erwähnt das Wort auf Deutsch) isst, das ihm so gut schmeckt, dass er den Kellner um das Rezept bitten will, um es seiner Verlobten Mina mitzubringen. Damit bringt Stoker gleich im zweiten Absatz des Romans Harkers Verlobte ins Spiel. Auf Englisch könnte man sagen, Harkers Braut ist »a chick«; Harker denkt an sie, als er ein scharfes Hühnchen (chicken) verzehrt. Dracula wird sich in Mina verlieben, Mina wird dem Fürsten der Vampire beinahe verfallen. Der rote Paprika lässt uns schon jetzt an Minas Blut und an die Liebe denken.

In der Nacht wird Harker von Albträumen gequält. Er hört einen Hund oder einen Wolf heulen, und seine Kehle ist trocken. Obwohl er eine ganze Wasserkaraffe austrinkt, bleibt er durstig.

Stoker führt hier zwei Motive ein, die im Roman immer wieder auftauchen werden: die Ungewissheit, ob Hunde oder Wölfe heulen, und den unstillbaren Durst nach Liebe oder nach Blut.

Bei Tageslicht sind die bösen Träume vergessen, und Harker ärgert sich wieder einmal darüber, dass der Zug nicht pünktlich abfährt: »Je weiter man in den Osten kommt, desto unpünktlicher werden die Züge«, schreibt er in sein Tagebuch. Auf seiner Weiterreise bewundert er die wilde Gebirgslandschaft, die pittoresk, aber auch gefährlich erscheint. Offenbar treten die Bäche häufig über die Ufer. Auch die Bewohner dieser Landschaft sind ihm suspekt, weil sie seiner Ansicht nach wie Mitglieder von orientalischen Räuberbanden kostümiert sind.

Am nächsten Abend macht Jonathan Harker in Bistritz Station, steigt im Hotel Goldene Krone ab und erhält eine Nachricht von Dracula: »Willkommen in den Karpaten, mein Freund! Ich warte schon ungeduldig auf Sie. Am Borgopass wird meine Kutsche Sie erwarten und zu mir bringen. Ihr Freund Dracula.«

Ich vermute, dass diese Passage Stokers Witwe dazu ermuntert hat, nachträglich ein Telegramm aus Bistritz in Stokers frühen Text über die Walpurgisnacht einzufügen. Draculas Willkommensgruß hebt die Stimmung von Jonathan Harker, da er die Botschaft zwischen den Zeilen nicht versteht: »I am anxiously expecting you« heißt: Ich erwarte Sie mit Ungeduld – *um Ihr Blut zu saugen!* Harker kann und will nicht verstehen, wovor die Einheimischen sich fürchten. Die Einheimischen können und wollen nicht verstehen, dass er freiwillig zu Dracula fährt.

Da Harker um jeden Preis zu Dracula will, bricht der Wirt die Kommunikation mit ihm ab und tut so, als würde er ihn nicht mehr verstehen, obwohl er Harkers Deutsch bis dahin ganz gut verstanden hatte. Das Wort Kommunikation kommt von »communis« und steckt in Kommune und Kommunismus. Es bedeutet »gemeinsam« und leitet sich vermutlich vom Wort »moenia« ab, was »Mauer« bedeutet. Wenn man die Kommunikation mit jemandem abbricht, dann will man mit ihm nichts mehr gemeinsam haben, man stößt ihn aus der Stadt aus. Der Wirt will nichts mehr mit Harker gemeinsam haben, wenn dieser zu Dracula fahren will. Die Wirtsfrau zeigt jedoch Herz und fällt vor Harker auf die Knie. Sie fleht ihn an, seine Abfahrt zu verschieben, schließlich sei doch heute der 4. Mai, der Tag vor der St.-Georgs-Nacht. All diese Motive kennen wir schon aus *Draculas Gast*. Schließlich drängt die Wirtin Harker ihren Rosenkranz mit Kruzifix auf. Widerstrebend nimmt er ihn an. Eigentlich glaubt Harker nicht an die Kraft eines Talismans, aber seine rationale Weltsicht hat sich schon eingetrübt. Er fühlt sich nicht mehr wohl in seiner Haut, und so trägt er fortan das Kruzifix der Wirtin um den Hals. Es wird ihm gute Dienste leisten, aber davon weiß Harker noch nichts, als er ungeduldig darauf wartet, endlich weiterreisen zu können.

Der heilige Georg, der Drachentöter, ist eine Mischung aus christlichem Heiligen und heidnischem Fruchtbarkeitsgott. Einerseits ist er einer der »Vierzehn Nothelfer«, andererseits findet man unter dem Eintrag »Georg, Heiliger« in Barbara Walkers Lexikon *Das geheime Wissen der Frauen* den kryptischen und draculischen Satz: »Der Tag des heiligen Georg war den Römern als Tag des Fruchtbarkeitsfestes der Pfähle bekannt.« Papst Gelasius hatte den Gläubigen schon 496 verboten, die Lebensgeschichte des heiligen Georg zu lesen, weil sie angeblich heidnisch-sexuelle Elemente enthielt, aber die Leute ließen sich den beliebten Drachentöter nicht ausreden. Als Drachentöter und Schutzpatron Englands müsste der heilige Georg geradezu prädestiniert dafür sein, Jonathan Harker vor Graf Dracula zu beschützen, aber die alte Wirtin weiß, dass in der St.-Georgs-Nacht, wenn die Uhr Mitternacht schlägt, »alle bösen Dinge in der Welt die Oberhand gewinnen«.

Aber unser junger Held will sich weder von schlechten Verkehrsverbindungen noch von abergläubischen Einheimischen und schon gar nicht von der St.-Georgs-Nacht davon abhalten lassen, seinen Auftrag zu erfüllen: Vampire und

Kruzifixe, Walpurgisnacht und St.-Georgs-Nacht gehen ihn nichts an.

Zu seinem Missvergnügen muss er auf die verspätete Kutsche warten, bevor er seine Reise in die St.-Georgs-Nacht antreten kann.

Die Toten reiten schnell

Als die Kutsche endlich abfährt, machen die zurückbleibenden Männer und Frauen das Kreuzzeichen und strecken zwei gespreizte Finger gegen ihn aus. Für Gesten gibt es keine Polyglotte, daher muss er seine Mitreisenden nach der Bedeutung dieser Zeichen fragen. Sie rücken nur ungern mit der Sprache heraus: Das Handzeichen ist ein Schutz gegen den bösen Blick. »Das war nicht sehr angenehm für mich, der ich eben an einen unbekannten Ort zu einem unbekannten Mann fahren wollte«, notiert Jonathan Harker *very british*-lakonisch in sein Tagebuch.

Die ersten Seiten von *Dracula* sind ein Meisterstück, voll von dramatischen und filmischen Szenen. Mit wenigen Strichen wird eine lebendige und liebenswerte Figur aus ironischer Distanz skizziert, mit der man gerne mitfühlt, als sie immer tiefer ins Verderben gerät.

Zwischen Wien und Bistritz hatte sich Harker immer wieder darüber beklagt, dass die Reise zu langsam vor sich gehe. Jetzt wird das Tempo plötzlich höllisch schnell. Die Nebelfetzen wirken gespenstisch, das Gelände wird unwegsam, die Kutsche schwankt wie ein Boot auf stürmischer See, denn der Mann auf dem Bock treibt die Pferde mit fiebernder Hast an. Die Kutsche erreicht den Borgopass, an dem Harker in die Kutsche von Dracula umsteigen soll, eine Stunde zu früh. Von Dracula ist nichts zu sehen. Alle bis auf Harker sind erleichtert. Der Kutscher will Harker dazu überreden, mit der Kutsche weiterzufahren und erst morgen oder am Tag danach an den Borgopass zurückzukehren. Es sei ja ohnehin noch niemand da, um ihn abzuholen. Vielleicht komme gar niemand, und er könne doch nicht allein hier bleiben.

Plötzlich scheuen die Pferde und die Fahrgäste bekreuzigen sich. Draculas vierspännige Kutsche ist aus dem Nichts aufgetaucht. Dracula, der selbst auf dem Kutschbock sitzt, funkelt den Postillion an: »Heute bist du aber früh dran.« Der Kutscher redet sich auf den Engländer aus, der es so eilig gehabt habe. Wir kennen den Grund für die halsbrecherische Fahrt und erfahren nun, wieso es Dracula geschafft hat, trotz des Höllentempos der Postkutsche sein Opfer am Borgopass rechtzeitig abzufangen. Einer der Fahrgäste flüstert auf Deutsch einen Satz, der wie der Titel eines Italo-Westerns klingt: »*Die Toten reiten schnell.*«

Dieser Satz stamme aus Bürgers Ballade *Lenore* (1773), schreibt Harker in sein Tagebuch. Die Tatsache, dass Stoker es für glaubwürdig hält, dass Jonathan Harker die Ballade *Lenore* und deren Verfasser kennt, zeigt, wie bekannt sie in England zu Stokers Zeit gewesen sein muss.

Wie bereits erwähnt ist Lenore eine junge Frau, die mit Gott hadert, weil ihr Bräutigam Wilhelm im Krieg gefallen ist. Sie will ihn um jeden Preis zurückhaben und bekommt ihn auch. Mitten in der Nacht erscheint der tote Wilhelm hoch zu Ross, und Lenore springt freudig zu ihm aufs Pferd: »Und hurre hurre, hopp hopp hopp! | Ging's fort in sausendem Galopp, (...) | ›Graut Liebchen auch? ... Der Mond scheint hell! | Hurra! Die Toten reiten schnell!‹« Stoker verwendet dieses Zitat in einer Situation, die stark an *Lenore* erinnert. Der untote Dracula holt mitten in der Nacht sein Opfer ab, das freiwillig mitkommt. Der Mond scheint hell, die Rosse rasen durch die Nacht, die (Un-)Toten reiten schnell.

Stoker hat »Die Toten reiten schnell« als »The dead travel fast« schon in *Draculas Gast* verwendet, um Gottfried August Bürger, einem Meister der deutschen Ballade, seine Reverenz zu erweisen. Leider ist diese Grabinschrift in den deutschen Ausgaben von *Draculas Gast* so schlecht übersetzt worden, dass man das Zitat nicht mehr erkennt. Einmal heißt es dunkel-pathetisch: »Der Tod kommt auf raschen Schwingen«, dann wiederum »Die Toten reisen schnell« oder »Der Tod kommt schnell!«

Schritt für Schritt hat Stoker seine Figur (und uns, die wir uns mit ihr identifizieren) in eine ungeschützte Lage getrieben, wie ein gewiefter Schachspieler den gegnerischen König. Als Jonathan Harker in Bistritz in die Postkutsche steigt, wird er noch vom ganzen Dorf verabschiedet. In der Kutsche ist er in Begleitung einer Handvoll Reisegefährten, als er aber am Borgopass in Draculas Kutsche umsteigt, ist er mutterseelenallein.

Der Kutscher gibt sich freundlich, legt Harker einen Mantel um die Schultern und bietet ihm eine Flasche Sliwowitz an. Harker zündet ein Streichholz an (eine wunderbare Filmszene) und blickt auf seine Uhr: Es ist ein paar Minuten vor Mitternacht! Ein jäher Schreck packt ihn, und er befürchtet, er habe sich schon vom Aberglauben anstecken lassen. Da hört er einen Hund in einem nahen Bauernhof bellen, und seine düstere Stimmung verfliegt. Ein Wachhund in einem Gehöft, das ist ein Zeichen für Sicherheit und domestizierte, ans Haus gebundene Natur. Im ganzen Tal scheinen die Wachhunde in das Gebell einzustimmen, aber schon wenige Augenblicke später glaubt Harker in der Ferne das Heulen von Wölfen zu hören – oder ist es bloß ein unheimliches Echo? In panischer Angst will er davonrennen, aber wohin?

Wie ein Folterknecht, der seinem Opfer genüsslich die peinigenden Instrumente zeigt, führt Stoker sein Repertoire des literarischen Gruselns vor. Die Nacht wird kälter, der Wald dunkler, die Felswände schroffer, der Nebel dichter. Das Gebell der Wachhunde wird schwächer, die Wölfe nähern sich. Schneefall setzt ein, und bald ist ringsherum alles weiß, als wäre die Landschaft mit einem Leichentuch zugedeckt. Plötzlich hält der Kutscher an und verschwindet. Im fahlen Licht des Mondes sieht Harker, dass die Kutsche von Wölfen umzingelt ist, denen die rote Zunge zwischen den Zähnen heraushängt.

Diese Szene erinnert an die Begegnung mit den »wabernden Nebelfiguren« in *Draculas Gast*, als die Hauptfigur von Dracula in Gestalt eines Wolfes gerettet wird. Bevor die Wölfe Harker angreifen können, kommt der Kutscher aus dem Wald zurück und verscheucht die Wölfe mit gebieterischer Stimme und ein paar Gesten. Harker ist erleichtert und verblüfft. Er kauert wie gelähmt in der Kutsche und schläft schließlich ein. »Ich glaube, ich muss eingeschlafen sein«, schreibt er in sein Tagebuch, und einige Zeilen später wiederholt er, als müsste er sich selbst davon überzeugen: »Ich muss geschlafen haben.«

Kaum hat die Kutsche das Schloss erreicht, verschwindet der Kutscher schon wieder. Als er zum ersten Mal allein gelassen worden war, hatte Harker die Beherrschung verloren, auch wenn er den hysterischen Anfall in seinem Tagebuch rationalisiert: »Ich schrie und trommelte an die Seite der Kutsche, um den Wölfen Angst einzujagen.« Jetzt steht er regungslos wie ein Ochs vor dem Tor, an dem er weder Klingel noch Klopfer findet. Eine albtraumhafte Situation. Harker hat das »kafkaeske« Gefühl, er müsse endlos vor dem Schloss warten, und fürchtet schon, am falschen Ort angekommen zu sein, als er ein Geräusch hört.

Zuerst ist ein schwerer Schritt zu hören, dann »rasseln schwere Ketten« (ein Geräusch, bei dem wir an Kettensträflinge, Folterkeller und entflohene Monster denken), und schließlich dreht sich ein Schlüssel kreischend im Schloss. Das Tor öffnet sich und Graf Dracula erscheint, hager, bleich und weißhaarig. Der Graf verbeugt sich höflich und spricht den Satz, der später einer der markantesten Sätze der Filmgeschichte werden sollte: »*I am Dracula.*« Harker hat keine Ahnung, dass Dracula selbst der Kutscher war, Harker will nicht wahrhaben, dass Dracula ein Vampir ist, Harker will nicht einsehen, dass er tatsächlich am falschen Ort ist, deshalb ist er froh, endlich bei Dracula zu sein. Harker glaubt, er habe die bösen Träume nun überwunden; der Aberglaube der Einheimischen kommt ihm lächerlich vor, nichts als Geschwätz.

Harker ist am Ziel. Er hat seinen Auftrag erfüllt und ist im Schloss angekommen. Auf der Reise dorthin war Harkers rationales Welt- und Selbstbild ab und zu erschüttert worden, aber es ist nicht aus dem Gleichgewicht geraten. Harker hat das Vertrauen, das sein Chef, Mister Hawkins, in ihn gesetzt hat, bisher gerechtfertigt. Tatsächlich wird Harker nach seiner Rückkehr von Draculas Schloss sogar Juniorpartner in der Firma werden: Hawkins & Harker. Aber bevor es so weit ist, muss er noch schwere Prüfungen bestehen.

Die Angst, den Verstand zu verlieren

Nach der Ankunft im Schloss lässt Stoker den jungen Engländer einige Zeilen lang das Gefühl der Ruhe und Geborgenheit, ja fast Gemütlichkeit, genießen: Dracula führt seinen Gast in ein hell erleuchtetes Speisezimmer, in dem schon das Abendmahl wartet, dann in ein Schlafzimmer mit großem Kamin, in dem ein Feuer anheimelnd brennt. Entspannt und glücklich notiert Harker in sein Tagebuch: »Das Licht und die Wärme und der höfliche Empfang durch den Grafen haben all meine Zweifel und Ängste zerstreut.«

Die Unhöflichkeit, dass der Graf seinen Gast allein speisen lässt, stört den heißhungrigen Harker angesichts eines exzellenten Brathuhns und einer Flasche alten Tokaiers kaum. Es fällt ihm aber auf, dass Draculas Handflächen (!) behaart sind, dass der Atem des Grafen stinkt und dass seine Zähne raubtierhaft wirken.

Als Dracula unten im Tal die Wölfe heulen hört, sagt er mit glühenden Augen: »Hört doch – die Kinder der Nacht. Sie machen Musik!«

Harker reagiert irritiert. Draculas zynischer Kommentar, dass Harker sich als Städter eben nicht in einen Jäger hineinversetzen könne, sollte Harker zu denken geben, aber er weiß noch nicht, dass Dracula selbst ein Kind der Nacht ist. Als sich der Graf jedoch im Gespräch über ihn beugt, wird Harker instinktiv von einem Abscheu erfasst, wie er in sein Tagebuch notiert.

Bei Tageslicht kann Harker alles, was bisher passiert ist, rational erklären, solange er im Vollbesitz seiner körperlichen und geistigen Kräfte ist. Noch hat sich nichts Phantastisches ereignet, und genau das ist das Phantastische an Bram Stokers Roman. Zugverspätungen, ein Abendessen, das schwer im Magen liegt, eine fremde Sprache, abergläubische Menschen, unbekannte Gesten, eine beschwerliche Kutschenfahrt, eine malerische Landschaft, wilde Tiere, zwielichtige Figuren, ein unheimlicher Gastgeber – bei Licht betrachtet, ist daran nichts ungewöhnlich. Harkers böse Träume, die optischen Täuschungen und Trancezustände könnten durch die Strapazen der Reise hervorgerufen worden sein.

Als Harker am nächsten Tag aufwacht, ist Dracula nirgends zu sehen. Harker frühstückt allein, dann geht er in Draculas Bibliothek, in der er sich über die reiche Sammlung an Büchern über England wundert. Offenbar hat sich der Graf sehr gut auf seine bevorstehende Reise nach England vorbereitet. Erst am Abend taucht Dracula wieder auf und entschuldigt sich mit dem Hinweis auf dringende Geschäfte, die er habe erledigen müssen. Bis spät in die Nacht muss Harker dem Grafen von England erzählen. Als Harker den Grafen fragt, ob er auch morgen wieder in die Bibliothek kommen dürfe, antwortet Dracula, dass Harker überall hingehen dürfe außer in die Räume, die verschlossen seien. Das erinnert an das Paradies vor dem Sündenfall: Von allen Früchten dürfen Adam und Eva essen, aber der Baum der Erkenntnis ist tabu.

Auch am nächsten Morgen muss er wieder allein frühstücken. Noch nie hat Dracula mit ihm gegessen, getrunken oder geraucht. Harker hat den Grafen allerdings beim Hantieren in der Küche beobachtet und ihn sogar dabei überrascht, als er Harkers Bett gemacht hat. Offenbar ist Dracula Zimmermädchen, Koch und Schlossherr zugleich. Es gibt keine Bediensteten im Schloss. Schlagartig wird Harker auch klar, dass der Kutscher, der ihn am Borgopass abgeholt hat, niemand anderer als Dracula selbst gewesen sein muss.

Harker will sich im Schloss umsehen, aber er kommt nicht weit: »Türen, Türen, Türen überall, aber alle verriegelt und versperrt«, notiert er in sein Tagebuch. Im Schloss gibt es niemanden, von dem er Hilfe erwarten kann, daher schreibt er Briefe, um Hilfe herbeizurufen, aber seine Post wird vom Grafen abgefangen.

»Ich habe furchtbare Angst und es gibt keinen Ausweg«, schreibt er in sein Tagebuch. Harker fürchtet, verrückt zu werden. Er will sich immer wieder einreden, die Erlebnisse, die er in seinem Tagebuch notiert, seien nichts als Träume, aber er kann zwischen Realität und Phantasie, zwischen Wahrnehmung und Wahn schon längst nicht mehr unterscheiden. »Ich muss eingeschlafen sein«, schreibt er immer wieder, um sich wenig später zu korrigieren: »Ich kann nicht glauben, dass das alles nur ein Traum war«, um dann doch wieder an seiner Wahrnehmung zu zweifeln, weil er seinen Augen und Ohren nicht mehr trauen kann.

Als es Harker endlich gelingt, die Räume, in denen er sich aufhalten darf, zu verlassen, gerät er in Gemächer, in denen früher Damen gewohnt haben müssen, wie er zu erkennen meint. Dracula hatte ihm verboten, diese Zimmer zu betreten, aber Harker will nicht mehr in den ihm zugewiesenen Räumen bleiben. Plötzlich kommen drei wunderschöne Frauen mit blendend weißen Zähnen, die sich wie Perlen von ihren rubinroten Lippen abheben, auf Harker zu. Wieder einmal will Harker seinen Sinnen nicht trauen, denn die wollüstigen Frauen werfen keinen Schatten. Angst und Sehnsucht überfallen ihn, er hat ein brennendes Verlangen, von diesen roten Lippen geküsst zu werden, aber was würde der Graf dazu sagen? Und Mina?

»Es gibt genug Küsse für uns alle«, hört er eine der Vampirinnen sagen, »er ist jung und stark.« Schon beugt sich die Vampirin über ihn und leckt sich lüstern die Lippen. Harker fühlt ihren sinnlichen Mund auf seinem Hals, dann ihre Zähne. Harker ist wie verzaubert und wartet auf den Kuss, aber plötzlich fährt Dracula wütend dazwischen: »Wie könnt ihr es wagen, ihn anzurühren!«, faucht er die Vampirinnen an. So reagiert Gottvater, als er sieht, dass Adam und Eva vom Baum der Erkenntnis gegessen haben.

Zur Ersatzbefriedigung wirft Dracula den frustrierten Frauen einen Sack hin, in dem ein wimmerndes Kind liegt, an dem sie ihren Blutdurst stillen können. Die drei fallen über das Bündel her, aber als Harker genau hinsieht, sind die Vampirinnen und das Bündel verschwunden. Sie haben sich im Mondlicht aufgelöst. Vielleicht war alles nur ein Traum.

Obwohl Dracula wütend auf ihn ist, gelingt es Harker noch einmal, aus seinem Zimmer zu entkommen und die Unterwelt von Draculas Schloss zu erkunden. Ein dunkle Wendeltreppe führt ihn zu einer alten Gruft, in der fünfzig Holzkisten lagern, die mit Erde gefüllt sind. In einer dieser Kisten liegt Dracula wie tot, aber mit den roten Lippen und offenen Augen einer lebendigen Leiche. Hals über Kopf läuft Harker davon.

Nach dieser Szene ist Harker wieder wie von Sinnen. Wieder einmal weiß er nicht, ob er seiner Wahrnehmung trauen kann oder ob das alles nur Einbildung ist. Plötzlich vermeint er, Draculas Stimme vor seiner Schlafzimmertür zu hören. Das Gespräch, das er belauscht, raubt ihm jede Hoffnung. Offenbar haben sich die gierigen Vampirinnen vor Harkers Zimmertür versammelt. Dracula hat sie wieder entdeckt. Aber anstatt sie wie beim ersten Mal wütend zu verscheuchen, vertröstet er sie mit den Worten: »Habt Geduld! Heute Nacht gehört er mir. Morgen Nacht gehört er euch!«

Harker ist entsetzt. Damit er dem Grafen und den Vampirinnen entkommen kann, braucht er unbedingt den Schlüssel, den der Graf am Körper trägt. Noch einmal muss er die Wendeltreppe hinabsteigen, um zur Holzkiste zu kommen, in der Dracula tagsüber ruht. Harker hebt den Deckel der Kiste auf und prallt zurück. Der Dracula, der in der Kiste liegt, sieht jünger und lebendiger aus als zuvor. Das ehemals weiße Haar schimmert jetzt in einem dunklen Eisengrau, die Wangen wirken voller, unter der Haut schimmert es rubinrot, als hätte jemand die Zeit zurückgedreht. Aus Draculas Mundwinkel sickert Blut. Da Harker den Schlüssel nicht finden kann, bleibt ihm nur ein Ausweg: Er muss den Grafen töten. Neben den mit Erde gefüllten Kisten findet Harker eine Schaufel. Er will Dracula damit den Kopf abschlagen, aber seine Kraft verlässt ihn, und er trifft nicht richtig. Harker kann dem Grafen nur eine harmlose Wunde zufügen. Verzweifelt läuft Harker davon. Wenig später hört er, wie die Kisten abtransportiert werden. In seiner Heimaterde ruhend und von erdgefüllten Kisten begleitet macht Dracula sich nach England auf. Harker kann ihn nicht aufhalten. Ohne Draculas Schutz ist Harker nun mit den drei Vampirinnen allein. Er will lieber sein Leben aufs Spiel setzen und bei einem Fluchtversuch sterben, als sich den drei wollüstigen Frauen ergeben: »Gottes Gnade ist besser als die Gunst dieser Monster, und der Abhang ist steil und tief. Dort unten mag ein Mann als Mann schlafen. Auf Wiedersehen! Mina!«

Mit dem Aufschrei »Mina!« bricht der Auszug aus Jonathan Harkers Tagebuch ab. Es klingt fast so, als hätte sich Harker aus dem Fenster gestürzt und im freien Fall noch ein letztes Mal nach seiner Braut gerufen. Diese Szene ist ein sogenannter Cliffhanger. Draculas Schloss ist auf einer Klippe gebaut, Harker ist dabei, sein Leben zu riskieren. Naive Leser würden gerne hier und jetzt wissen, ob Harker entkommen wird, aber Stoker lässt sie zappeln. Natürlich entkommt Harker. Wir wissen, wie die Geschichte ausgeht.

Seit Harker Ende April aus London abgereist ist, wartet seine Braut Mina auf Nachrichten von ihm, die zuerst spärlich eintreffen und schließlich ganz ausbleiben. Als Mina erfährt, dass auch Mister Hawkins, Harkers Chef, nichts mehr von ihm gehört hat, macht sie sich ernsthafte Sorgen.

Nach Monaten treffen endlich Nachrichten ein, aber sie sind schlecht. Jonathan liege mit einem starken Gehirnfieber in Budapest in einem Krankenhaus und sei zu schwach, um selbst zu schreiben, heißt es in der Nachricht. Er habe im Delirium von Wölfen und Blut, von Geistern und Dämonen gefaselt. Sofort reist Mina nach Budapest, wo sie ihren Jonathan ausgemergelt, bleich und schwach vorfindet. Die beiden kehren nach England zurück, aber Harkers Gesundheit ist angegriffen, und die Schatten aus der Vergangenheit lassen ihn nicht los. Auf einem Spaziergang in der Nähe der Hyde Park Corner sieht Harker einen Mann, der ein junges Mädchen lüstern anstarrt. Der Kerl sieht aus wie Dracula, aber um viele Jahre jünger! Er ist es tatsächlich und vergreift sich wenig später an Mina, die ihm hörig wird.

In Transsilvanien musste Harker allein gegen den Grafen und die Vampirinnen bestehen. In England wird er von einer Gruppe unterstützt, die sich aus Dr. Seward, dem Leiter eines Sanatoriums, Quincey Morris, einem reichen Amerikaner, Arthur Holmwood, einem britischen Lord, und dem berühmten Vampirprofessor Abraham van Helsing zusammensetzt. Gemeinsam vertreiben diese Männer den Grafen aus England und jagen ihn quer über den Kontinent. Van Helsing dringt in das Schloss ein, entdeckt die drei Vampirinnen in ihren Särgen und schlachtet sie ab, wie er selbst in seinem Bericht schreibt: »Es war die Arbeit eines Metzgers!« Dann wird es Zeit für das letzte Gefecht. In der Abenddämmerung kann Harker den Deckel von Draculas Sarg aufsprengen und dem Grafen, der sich anschickt, nach Sonnenuntergang seinen Sarg zu verlassen, die Kehle durchschneiden. Der Amerikaner Quincey Morris sticht dem Vampir zur Sicherheit sein Bowiemesser ins Herz.

Am Ende des Romans hat Harker es geschafft, den Vampir zu töten und seine Frau aus den Fängen des Verderbens zu retten. Der Roman, der sich so lange als Tatsachenbericht ausgegeben hat, endet märchenhaft: Jonathan und Mina leben glücklich bis ans Ende ihrer Tage. Ihre Ehe wird mit der Geburt eines Sohnes gekrönt. Das Kind wird auf den Namen aller Kampfgefährten getauft: Abraham (für van Helsing), Arthur (Holmwood), John (Seward), Quincey (Morris). »Aber wir nennen ihn Quincey«, schreibt Harker, denn Mina »glaubt insgeheim daran, dass der tapfere Geist unseres Freundes auf unseren Sohn übergegangen ist«. Bei Licht betrachtet, ist das eine äußerst gefährliche Drohung.

Aberglaube in Aktion

Fassen wir zusammen: Im frühen 18. Jahrhundert galt der Vampir als Realität. Es wurde ernsthaft darüber diskutiert, ob es Vampire gibt. Als die Aufklärung damit beginnt, die Vampire aus der Wirklichkeit zu verjagen, weichen sie in die Literatur aus. Im 19. Jahrhundert verlässt der Zombie-Vampir die Landfriedhöfe und erobert als Mitglied der Oberschicht die Bühne und die Literatur.

Eines der faszinierendsten Projekte des 18. Jahrhunderts war der Versuch von Denis Diderot und Jean le Rond

D'Alembert, das gesamte aufgeklärte Wissen in einem gewaltigen Nachschlagewerk zu versammeln. Diderot und D'Alembert gehörten zu den hellsten Köpfen der Aufklärung. Da ihr Nachschlagewerk kaum Rücksicht auf die herrschenden Machtverhältnisse nahm, war das Projekt von Beginn an gefährdet. Die Vorarbeiten waren schwierig, weil Diderot wegen religionskritischer Schriften 1749 für einige Monate inhaftiert wurde. Von 1751 bis 1757 konnte jährlich ein Band des Mammutwerkes erscheinen, obwohl es immer wieder Versuche gab, das Projekt abzuwürgen. Im Jahr 1759 verbot Ludwig XV. die Veröffentlichung weiterer Bände. Erst acht Jahre später (1765) konnten sie erscheinen. Sogar in dieser Enzyklopädie findet man einen Eintrag über Vampire. Der Text ist von Louis de Jaucourt verfasst, der keinen Zweifel daran lässt, dass der Glaube an Vampire nichts als ein Aberglaube ist.

Im 16. Band der Enzyklopädie, der 1765 erschienen ist, findet man die Eintragung »Superstition« (Aberglaube), die ebenfalls von Louis de Jaucourt verfasst worden ist. Jaucourt steht vor demselben Problem wie van Swieten: Wie kann man Aberglaube und Glaube mit wissenschaftlicher Aufklärung vereinbaren? Der Aberglaube sei das unglückselige Kind (im Original: die Tochter) der Phantasie. »La fille malheureuse de l'imagination«, schreibt Jaucourt, und verwendet damit ein Argument, das wir auch von van Swieten kennen. In Jaucourts Text sind besonders jene Passagen interessant, in denen er Aberglaube und Atheismus vergleicht. Aberglaube sei schlimmer als der Atheismus, schreibt Jaucourt, denn der Atheist will in Ruhe gelassen werden und lässt seine Mitmenschen in Ruhe. Der Aberglaube sei in der Lage, die Lichter der Aufklärung auszulöschen, schreibt Jaucourt, ein gefährlicher Tyrann, der alles seinem Wahn unterwirft. Papst Clemens XIII. erkennt, dass dieses Argument auch auf den Glauben gemünzt ist, und setzt die Enzyklopädie auf den Index der verbotenen Bücher.

Durch die Brille Jaucourts betrachtet, erscheint Prof. van Helsing in Stokers Roman als personifizierter Aberglaube, der zwar ständig das Wort »Wissenschaft« im Mund führt, aber ein fanatischer Antiaufklärer geblieben ist. Deswegen hetzt van Helsing mit seinen hysterischen Gefährten den Grafen so lange, bis sie ihn endlich töten können. Was wäre, wenn Dracula ein irrer Serienmörder gewesen wäre, ein psychisch kranker Mensch, der in einer oralsadistischen Phase steckengeblieben war? Dann wäre van Helsing ein verblendeter Anstifter zur Lynchjustiz gewesen! »Aberglaube in Aktion ist Fanatismus«, wie es Jaucourt in der berühmten Enzyklopädie ausdrückt.

Van Swieten schreibt für Maria Theresia über Vampire etwa zur gleichen Zeit wie Jaucourt, der für die Enzyklopädie den Eintrag über Vampire verfasst. Beide kommen zu demselben Ergebnis: Vampire sind Ausgeburten unserer Phantasie. Aus der Tatsache, dass 150 Jahre später Bram Stokers *Dracula* ein Welterfolg wird, der Roman, in dem van Helsing und seine fanatisch-hysterische Bande wie die Rote Armee Fraktion Gottes agieren, könnte man folgern, dass die Aufklärung – zumindest in der Literatur – gescheitert ist. Aber so einfach ist die Lage nicht. Knoblauch, Kreuz und Pfahl sind nicht die einzigen Mittel, um rätselhaften Vorfällen zu begegnen. Parallel zu den Vampirjägern entstehen im 19. Jahrhundert auch literarische Figuren, die ihr Gehirn als Waffe einsetzen. Auf drei dieser Anti-van-Helsings werde ich im nächsten Abschnitt eingehen. Es handelt sich um Madelaine de Scudéry, C. Auguste Dupin und natürlich Sherlock Holmes.

Die Hebel der Furcht

E. T. A. Hoffmann (1776–1822), bekannt als Gespenster-Hoffmann, ist ein Universalgenie der Romantik. Er ist Zeichner, Musiker, Jurist, Komponist und Schriftsteller.

Zu seinen bekanntesten Werken gehören *Der Sandmann*, *Die Elixiere des Teufels* und die Novelle *Das Fräulein von Scuderi*, die in dem Buch *Die Serapionsbrüder* erschienen ist, einer Sammlung von Hoffmanns Erzählungen aus den Jahren 1819–1821. *Das Fräulein von Scuderi* spielt im Paris der Zeit Ludwig XIV. Eine Gaunerbande scheint es darauf angelegt zu haben, alle Juwelen der Stadt in ihren Besitz zu bringen. Menschen, die schönen Schmuck tragen, werden nachts überfallen, beraubt und ermordet. Paris ist in Angst und Schrecken. Die Menschen stehen vor einem Rätsel, die Behörden tappen im Dunkeln. Sind die Diamanten mit einem Fluch behaftet?

Das Fräulein von Scuderi, immerhin schon dreiundsiebzig Jahre alt, klärt den Fall auf. Sie findet heraus, dass der Goldschmied Cardillac ein Serienmörder ist. Er ist ein hochbegabter Künstler, aber er kann sich von den Schmuckstücken, die er geschaffen hat, nicht trennen. Die Begierde, sich den Schmuck zurückzuholen, macht ihn zum wahnsinnigen Mörder: »(...) eine Stimme raunte mir in die Ohren: ›Es ist ja dein – es ist ja dein – nimm es doch – was sollen die Diamanten den Toten!‹«

Das Fräulein von Scuderi gilt als erste deutsche Kriminalnovelle. Man könnte sagen: Hoffmann hat die Figur des Detektivs in die deutsche Literatur eingeführt. Das kluge Fräulein klärt die Mordserie rational auf, ohne magische Hilfsmittel. Polidoris *The Vampyre* und *Das Fräulein von Scuderi* sind beinahe gleichzeitig geschrieben worden. *The Vampyre* wurde 1816 begonnen und 1819 veröffentlicht, Hoffmann beginnt 1818 mit der Arbeit am *Fräulein von Scuderi*; aber die beiden Welten könnten unterschiedlicher nicht sein. In *The Vampyre* gibt es Übersinnliches und Metaphysisches als Faktum und Verkörperung, das *Fräulein von Scuderi* kann die Rätsel jedoch mithilfe des Verstandes aufklären, auch wenn die Ursachen der rätselhaften Ereignisse in irrationalen Trieben und Begierden liegen. Stellen wir uns vor, Stoker hätte seinen Dracula mit dieser Haltung geschrieben, dann wäre Dracula ein Besessener, der behandelt werden muss, und van Helsing ein irrer Mörder, dem nicht zu helfen ist.

Freilich ist auch E. T. A. Hoffmann nicht am Vampirthema vorbeigekommen. Er lud gerne Freunde und Schriftstellerkollegen in Berlin in seine Wohnung ein, um zu trinken, Geschichten zu erzählen und über Kunst zu debattieren. Seit dem Jahr 1814 traf sich dieser Kreis von Literaten, dem unter anderem die bekannten Schriftsteller Friedrich de la Motte Fouqué und Adelbert von Chamisso angehörten. Auf Chamissos Geschichte von Peter Schlemihl, dem Mann ohne Schatten, werde ich später noch eingehen. Dieser literarische Freundeskreis wurde unter dem Namen »Die Serapionsbrüder« bekannt, weil Hoffmann unter diesem Titel einen Zyklus von Erzählungen und Märchen veröffentlichte. Die Rahmenhandlung zu diesen Geschichten erhält auch eine Szene, in der sich die Serapionsbrüder über die historische Vampirhysterie unterhalten.

Einer der Serapionsbrüder lobt Lord Byron als genialen Schriftsteller, fügt aber einschränkend hinzu: »Seinen Vampir hab ich gar nicht lesen mögen, da mir die bloße Idee eines Vampirs (...) schon eiskalte Schauer erregt.« Ein anderer der Brüder hält dagegen, dass ein Dichter unbedingt in »Zauber- und Hexengeschichten und anderen Teufeleien« bewandert sein müsse, weil das für das Dichten nützlich sei. Ausgehend von Michael Ranffts *Traktat vom Kauen und Schmatzen der Toten in Gräbern* (Leipzig 1725) diskutieren sie die Frage, ob derartige Themen literarisch hochwertig verarbeitet werden könnten. Einer meint, der Vampirismus sei eine der »furchtbar grauenhaftesten Ideen« und der Versuch der literarischen Umsetzung arte »ins Entsetzliche, scheußlich Widerwärtige« aus. Ein anderer, sein Name ist Cyprian, fällt seinem

Freund ins Wort und meint, ein Dichter mit dem richtigen poetischen Takt könne gerade aus so einem Stoff ein Werk schaffen, das uns berührt, ohne uns völlig zu verstören. »Warum sollte es dem Dichter nicht vergönnt sein, die Hebel der Furcht, des Grauens, des Entsetzens zu bewegen?« Cyprian hebt schließlich an, eine Geschichte über einen Grafen Hyppolit zu erzählen, die sich wirklich zugetragen haben sollte.

Der junge Graf Hyppolit hat das Erbe seines jüngst verstorbenen Vaters angetreten. Eines Tages erscheint eine weitläufige Verwandte seines Vaters, eine knochendürre alte Baronesse, und erzählt von einem Unrecht, das Hyppolits Vater ihr angetan habe. Plötzlich verfällt die Baronesse, die von ihrer Tochter Aurelie begleitet wird, in einen Starrkrampf. Sie starrt den Grafen »mit Augen ohne Sehkraft« an und scheint ihm »in den hässlich bunten Kleidern eine angeputzte Leiche«. Just in diesem Augenblick ergreift Aurelie das Wort und entschuldigt sich dafür, dass ihre Mutter von Anfällen heimgesucht werde. Der Graf lädt die Baronesse und ihre Tochter ein, auf seinem Schloss zu bleiben.

Diese Ausgangsposition erinnert an *Carmilla*, auch dort kommt eine schöne junge Frau in Begleitung ihrer Mutter auf ein Schloss.

Hyppolit verliebt sich unsterblich in die Tochter der Baronesse, hält um ihre Hand an, wenig später soll die Hochzeit stattfinden. Am Morgen des Hochzeitstages wird jedoch die Mutter der Braut unweit des Friedhofs tot aufgefunden. Die Hochzeit muss verschoben werden. Aurelie scheint erleichtert zu sein, dass ihre Mutter gestorben ist. Sie erzählt, dass ihre Mutter versucht habe, sie mit dem Sohn eines Scharfrichters zu verkuppeln, obwohl sie selbst mit dem rohen Kerl ein Verhältnis gehabt habe. Der Scharfrichtersohn habe versucht, Aurelie zu vergewaltigen. Sie wehrte sich, die Polizei sei eingeschritten und habe den Rohling verhaftet. Ihre Mutter habe daraufhin das Kind verflucht und prophezeit, dass sie sich am Tag der Hochzeit an Aurelie rächen werde. Aurelie befürchtet, ihre Mutter werde wie eine Untote aus dem Grabe aufstehen und sie mit in den Abgrund reißen. Am Hochzeitstag passiert nichts Ungewöhnliches, aber nach der Hochzeit beginnt Aurelie, sich immer mehr zu verändern. Zuerst führt man ihr ungewöhnliches Verhalten auf eine Schwangerschaft zurück, dann wird Aureliens Zustand jedoch so eigenartig, dass man keine vernünftige oder wissenschaftliche Erklärung mehr finden kann: Ein düsteres Feuer brennt in ihren Augen, ihre Gesichtsfarbe ist fahl, sie nimmt monatelang keine Nahrung mehr zu sich.

Als Graf Hyppolit eines Abends bemerkt, dass seine Frau sich nachts aus dem gemeinsamen Schafzimmer stiehlt, folgt er ihr. Aurelie schleicht sich auf den Friedhof, wo sie im Kreis halbnackter wilder Weiber eine Leiche abnagt.

Als am nächsten Tag im Schloss das Essen aufgetragen wird, will sich Aurelie wieder voller Abscheu aus dem Speisezimmer entfernen, aber der Graf ruft mit fürchterlicher Stimme: »Verfluchte Ausgeburt der Hölle, ich kenne deinen Abscheu vor des Menschen Speise, aus den Gräbern zerrst du deine Atzung, teuflisches Weib!« Aurelie stürzt zu Boden und haucht ihr Leben unter Zuckungen aus.

Trotz des Vampirthemas wirkt auch in dieser Erzählung der Geist des Fräuleins von Scuderi. Die Personen in Cyprians Erzählung verhalten sich zwar irrational, aber es gibt eine vernünftige Erklärung: Aurelie ist psychisch krank, ihr Gemahl war es vielleicht auch schon latent, am Ende bricht die Krankheit aus. Cyprians Erzählung endet mit den lakonischen Worten: »Der Graf verfiel in Wahnsinn.«

Der Vampirismus kann schon zu Hoffmanns Zeiten nicht mehr ganz ernst genommen werden: »Gegen deine Geschichte ist der Vampirismus ein wahrer Kinderspaß, ein drolliges Fasnachtspiel zum Totlachen«, sagt einer der Serapionsbrüder über Cyprians Geschichte.

Die wahren Abenteuer finden bei Hoffmann nicht mehr in der Welt des Übernatürlichen statt, sondern im Kopf seiner Figuren. In diesen beiden Geschichten ist kein Platz mehr für Figuren wie van Helsing, aber viel Raum für Dr. Freud. Die Mordlust des Goldschmieds Cardillac geht auf ein – wie man heute sagen würde – vorgeburtliches Trauma zurück. Als seine Mutter mit ihm schwanger war, hat sie einen Kavalier wiedergetroffen, der ihr früher einmal nachstellte, den sie aber zurückgewiesen hatte. Jetzt erscheint ihr der mit Diamanten geschmückte Mann als »der Inbegriff der Schönheit«. Er lockt die werdende Mutter an einen einsamen Ort und schließt sie »brünstig in seine Arme«. Als die schwangere Frau nach seiner schönen Diamantenkette greift, stürzt er wie vom Blitz getroffen tot zu Boden, aber er will nicht von ihr lassen: »Vergebens war das Mühen meiner Mutter, sich den im Todeskrampf erstarrten Armen des Leichnams zu entwinden. Die hohlen Augen, deren Sehkraft erloschen, auf sie gerichtet, wälzte sich der Tote mit ihr auf dem Boden.«

Kein Wunder, dass Sigmund Freud sich besonders für E. T. A. Hoffmann interessiert und über Hoffmanns *Der Sandmann* die Analyse *Das Unheimliche* publiziert hat, auf die ich später noch eingehen werde. Auch der amerikanische Autor Edgar Allen Poe gilt als Meister des Unheimlichen und Makabren. Auch seine Texte spielen mit vampirischen Motiven, die jedoch durch eine rationale (oder psychoanalytische) Aufklärung entzaubert werden.

Im Leichenschauhaus

Edgar Allan Poe (1809–1849) ist unsterblich, obwohl er nur vierzig Jahre alt geworden ist. Der Grund für seinen frühen Tod ist noch immer unklar: Alkohol oder Drogen, Tuberkulose oder Cholera, Gehirnfieber oder doch Selbstmord im Wahn. Poe könnte selbst eine Figur aus seinen makabren

Geschichten sein. Zu seinen berühmtesten Werken zählen das düstere Gedicht *Der Rabe* (*The Raven*, 1845), die Geschichte von der Grube und dem Pendel (*The Pit and the Pendulum*) und *Die Maske des roten Todes* (*The Masque of the Red Death*), die beide 1842 erschienen sind. Poe ist der Vater der modernen Detektivgeschichte, seine größte Leistung ist wahrscheinlich, dass er dem logisch denkenden Superhirn einen Körper und einen Namen gegeben hat: C. Auguste Dupin.

In seiner Erzählung *The Murders in the Rue Morgue*, die im Jahre 1841 erschienen ist, stellt er seinen LeserInnen zum ersten Mal den mysteriösen Superanalytiker C. Auguste Dupin vor, dessen Fähigkeiten zur Deduktion schon fast an Zauberei grenzen. Schon im Titel der Geschichte finden wir eine Anspielung auf den Vampirmythos: »Die Morde in der Leichenschauhaus-Straße« lautet die deutsche Übersetzung. Wenn jemand in der Nähe eines Leichenschauhauses ermordet wird, dann liegt der Gedanke nahe, dass ein (Un-)Toter der Täter sein könnte. In den frühen Entwürfen zu seinem Vampirroman hatte auch Stoker die Idee notiert, dass der Vampir zuerst in einem Leichenschauhaus in München auftauchen könnte.

Bei Poe schlägt sich ein modernes Denken nieder, das auf der Annahme basiert, dass Verbrechen aufgrund von Indizien, Spuren, Hinweisen und logischen Zusammenhängen gelöst werden können. Die frühen europäischen Rechtsordnungen sind dagegen Zeugnis eines magischen Denkens. Die Beschuldigten mussten einen Eid fehlerfrei nachsprechen oder sich einem Gottesurteil unterwerfen, um ihre Unschuld zu »beweisen«. Bekanntlich wurde auch die Folter als Mittel zur »Wahrheitsfindung« eingesetzt. Die Folter wurde in den meisten deutschen Ländern bis Ende des 18. oder gar Anfang des 19. Jahrhunderts beibehalten. In Österreich wurde sie 1776 abgeschafft.

In Poes *Die Morde in der Leichenschauhaus-Straße* steht der exzentrische Privatdetektiv C. Auguste Dupin, der viele Züge von Poe selbst trägt, vor einem grausigen Rätsel: Gegen drei Uhr früh werden die Bewohner der Rue Morgue durch gellende Schreie aus dem Schlaf gerissen, die aus der Wohnung von Madame L'Espanaye und ihrer Tochter im vierten Stock eines Hauses dringen. Die Wohnung ist versperrt. Ein paar Nachbarn und zwei Gendarmen brechen die Tür auf und finden eine völlig verwüstete Wohnung vor. Auf einem Stuhl liegt ein blutverschmiertes Rasiermesser. Die Leiche der Tochter steckt im Rauchfang. Im Hof hinter dem Haus findet man die Leiche der Mutter mit durchgeschnittener Kehle. Als die Leute versuchen, die Leiche aufzuheben, fällt der Kopf herunter.

Wer ist für diese Untaten verantwortlich? Bram Stokers Vampirjäger van Helsing würde wohl auf einen Vampir tippen, einen Untoten aus dem Leichenschauhaus. Er wäre davon überzeugt, dass ein Vampir die Mutter ausgesaugt und die Tochter erwürgt hat. Er hat sie in den Kamin gestopft, um sie durch Räuchern haltbar zu machen. Wir könnten andererseits auch vermuten, dass ein van Helsing der Täter ist. Er hat sich in das Haus eingeschlichen und der Mutter den Kopf abgeschnitten, weil er sie für eine Vampirin hielt. Die Tochter hat er in den Kamin gestopft, um sie später zu verbrennen. Vampirhysteriker in Geschichte und Literatur haben immer auf diese Methoden vertraut.

Poes Detektiv ist kein Folterknecht, sondern eine Denkmaschine. Dupin findet den Schlüssel zum Geheimnis, als er über einen besonderen Aspekt in den einander widersprechenden Aussagen der Ohrenzeugen nachdenkt. Man könnte sagen, er untersucht sie auf einer Metaebene. Zahlreiche Zeugen haben den mutmaßlichen Mörder schreien hören. Ein Engländer, der kein Deutsch spricht, gibt an, er habe deutsche Wortfetzen gehört. Ein spanischer Zeuge, der kein Englisch versteht, meint, der Mörder habe Englisch gesprochen, ein Italiener tippt auf Russisch, obwohl er kein Russisch versteht. Anstatt einen Pfahl in die Hand zu nehmen und einem Phantom nachzujagen, schließt Dupin messerscharf: Wenn alle Zeugen behaupten, eine Fremdsprache gehört zu haben, die sie nicht verstehen, dann haben sie vermutlich keine Sprache gehört, sondern Laute, die wie eine Sprache klingen.

Dupin geht hier nach einer Methode vor, die später zu Sherlock Holmes' Markenzeichen werden sollte. In dem Roman *The Sign of Four* beschreibt Holmes diese Methode so: »Wenn du das Unmögliche ausgeschieden hast, dann muss das die Wahrheit sein, was überbleibt, auch wenn es unwahrscheinlich ist.« Dupin findet schließlich heraus, dass ein Orang-Utan, der seinen Herrn öfter mit seinem Rasiermesser hantieren gesehen hat, entflohen ist. Der Affe hat die beiden Frauen getötet, als er den Vorgang des Rasierens nachäffen wollte. Eine Rasierszene spielt auch im Dracula-Roman und vor allem in den Verfilmungen eine wichtige Rolle, wie wir noch sehen werden.

Poe hat mit C. Auguste Dupin das Vorbild für alle Gentleman-Detektive geschaffen. Obwohl er insgesamt nur drei Geschichten geschrieben hat, in denen der Detektiv rätselhafte Fälle aufklärt, ist sein Dupin eine der wichtigsten Figuren der Kriminalliteratur, denn er ist der geistige Vater von Sherlock Holmes.

Vernunft und Fanatismus

Während Bram Stoker noch über seinem Vampirroman brütet, veröffentlicht der schottische Arzt Arthur Conan Doyle seinen ersten Roman über einen Meisterdetektiv, den er Sherlock Holmes nennt. Doyle schrieb vier Romane und sechsundfünfzig Geschichten, in denen Holmes mysteriöse Verbrechen mithilfe seines brillanten Verstandes aufklärt.

Der erste Holmes-Roman *Eine Studie in Scharlachrot* ist 1887 erschienen, zehn Jahre vor Stokers *Dracula*.

Van Helsing ist die Verkörperung der Antiaufklärung, Sherlock Holmes die der wissenschaftlichen Vernunft. Van Helsing behauptet, er benutze wissenschaftliche Quellen bei seiner Jagd auf Dracula, aber er verhält sich fanatisch und unwissenschaftlich. Wenn van Helsing einem Vampir gegenübersteht, greift er zum Pfahl. Wenn Sherlock Holmes mit einem Vampir konfrontiert wird, vertraut er auf sein Gehirn. Sherlock Holmes ist der wahre van Swieten, wie er in dem Abenteuer mit der Vampirin von Sussex zeigt. Der Fall *The Adventure of the Sussex Vampire* spielt im Jahre 1896, also kurz nach den Ereignissen, die in Stokers *Dracula* beschrieben werden.

In dieser Erzählung ertappt ein Kindermädchen die Mutter dabei, wie sie am Hals ihres Babys Blut saugt. Alle Indizien deuten auf Vampirismus hin. Noch dazu ist die Verdächtige eine Ausländerin und gehört einer fremden Religion an. Alle sind sich einig: Die Mutter hat das Blut des Babys ausgesaugt! Sogar Holmes stimmt zu, aber er beweist, dass die Mutter keine Vampirin ist.

Schon zu Beginn der Geschichte knurrt Holmes den treuen Dr. Watson mürrisch an: »Was kümmern uns die umgehenden Leichen, die nur dann im Grab bleiben, wenn man ihnen einen Pfahl durchs Herz treibt?« Holmes ist sich absolut sicher, dass es keine Vampire gibt, die Idee allein erscheint ihm »absurd«. Sherlock Holmes löst den Fall rasch und souverän. Er benötigt nur drei Tage, um zu beweisen, dass der Schein trügt. Wie könnte es auch anders sein! Das Baby war von seinem eifersüchtigen Stiefbruder mit einem vergifteten Pfeil am Hals verletzt worden. Als die Mutter versuchte, das Gift aus der Wunde zu saugen, wurde sie vom Kindermädchen dabei beobachtet. Holmes, die Verkörperung der Vernunft, beweist es zweifelsfrei: Es gibt keine Vampire – außer in unserer Phantasie.

Man kann den Unterschied zwischen van Helsing und Sherlock Holmes am besten an dem berühmten Fall des Hundes der Baskervilles erkennen, einer Geschichte, die kurz nach *Dracula* als Fortsetzungsroman im *Strand Magazine* 1901/02 erschienen ist. Die Geschichte spielt im Moor von Dartmoor, im Transsilvanien Englands. Es gibt darin eine Szene, die an die Wolfsszene in Stokers *Walpurgisnacht* erinnert. In einer gottverlassenen und nebeligen Gegend liegt ein Mann wie tot auf dem Boden. Ein riesiger Hund steht über ihm, sein Maul an der Gurgel des Mannes. Bei Stoker flüchtet der Wolf, ohne den Mann zu verletzen, bei Doyle reißt der Hund dem Mann die Kehle auf und verschwindet dann spurlos in die Nacht. Nach diesem Ereignis lebt die Mär vom Höllenhund von Baskerville wieder auf, einem übernatürlichen Biest, das die Baskervilles verfolgt. Van Helsing würde in dieser Situation zu einer geweihten Kugel raten, zu einem magischen Kreis, den der Hund nicht überschreiten kann, zu Gebeten, Knoblauch, einem Pfahl und einem Hammer. Holmes löst den Fall mit seinem Intellekt. Es gibt keinen Höllenhund. Ein heimtückischer Mörder hat seinen riesigen Hund zu einer aggressiven Bestie abgerichtet und ihn zusätzlich mit Phosphor eingerieben, damit er in der Nacht gespenstisch leuchtet. Nur Narren glauben an Vampire oder Höllenhunde, an böse Geister oder gute Feen: »*It's pure lunacy*«, sagt Sherlock Holmes, reine Verblendung.

Als *The Adventure of the Sussex Vampire* 1924 in *The Strand Magazine* erschien, hatte der Autor schon längst das Interesse am größten Detektiv der Welt verloren. Arthur Conan Doyle war schon 1893 der von ihm erfundenen Verkörperung der Vernunft so überdrüssig geworden, dass er Holmes in die Reichenbachfälle hatte stürzen lassen. Doyle hatte eine Allergie gegen Sherlock Holmes entwickelt; allein die Erwähnung des Namens verursachte ihm

Übelkeit. Doyles innerer Vampir hatte Sherlock Holmes getötet, er musste jedoch den Detektiv wie einen Untoten wiederauferstehen lassen, denn Holmes' Tod hatte weltweit für Aufruhr unter seinen Lesern gesorgt. In Amerika waren »Lets-Keep-Holmes-Alive«-Clubs gegründet worden. Der Druck der Leser und außerordentlich gut dotierte Verträge überzeugten Doyle davon, dass es in seinem eigenen Interesse sei, die Personifikation der Ratio wieder zum Leben zu erwecken.

Aber er war nicht mehr mit dem Herzen dabei. Mit dem Verstand schon gar nicht. Als *The Adventure of the Sussex Vampire* erschien, hatte sich Arthur Conan Doyle schon vom Rationalismus ab- und dem Irrationalismus zugewandt. Seit 1916 bekannte er sich öffentlich zum Spiritismus; schon 1885 hatte er an spiritistischem »Tischerücken« teilgenommen. Der geistige Vater von Sherlock Holmes beim Hokuspokus! Es lässt sich kaum ein schärferer Gegensatz zwischen einem Autor und dem von ihm kreierten Serienhelden denken. Das ist nicht bloß so, als würde ein Pfarrer jeden Sonntag den Teufel statt des lieben Gottes zum positiven Helden seiner Predigten machen. Denn da gehören beide Figuren zum selben Spiel. Der Gegensatz zwischen Holmes und seinem Autor liegt auf einer anderen Ebene: Materialismus versus Spiritualismus; Holmes glaubt nicht an Vampire, Feen, gute oder böse Geister. Arthur Conan Doyle ist gegenteiliger Auffassung.

Der erfolgreiche Schriftsteller Doyle ließ seinen Sherlock Holmes sterben, um sich, wie er meinte, wichtigeren Themen widmen zu können. Der Erfinder des genialen Detektivs verbrachte die letzten Jahre seines Lebens damit, für den Spiritismus zu werben. Er reiste als Propagandist des Übernatürlichen um die Welt. Die Hauptmaxime des Spiritismus ist: »The spirit never dies!« Wir können mit den Geistern der Toten Kontakt aufnehmen und sie mit uns.

Im Jahre 1917 hatten zwei englische Schulmädchen einander fotografiert. Überraschenderweise waren auf den Fotos nicht nur die Mädchen, sondern auch kleine geflügelte Wesen zu sehen. Angeblich hatten die beiden Mädchen noch nie zuvor eine Kamera in der Hand gehabt; eine Fotomontage schien unwahrscheinlich. Trotzdem ließ man die Fotos von einem Fälschungsexperten überprüfen, der aber keinen Beweis für eine Fälschung der Bilder erbringen konnte. Wenn man den Fall aufklären wollte, blieb keine andere Wahl als »Sherlock Holmes« damit zu beauftragen. Tatsächlich bat das berühmte *Strand Magazine* den Erfinder von Sherlock Holmes, über diese Feen oder Elfen auf den Fotos zu schreiben. Holmes selbst hätte in dieser Situation wohl nur unwirsch *»absurd«* geknurrt. Doyle untersuchte die Angelegenheit und kam zu dem Schluss, dass auf den Fotos echte Feen abgebildet seien! Die Medien witterten eine Sensation.

»Innerhalb weniger Tage war die Zeitschrift mit den Bildern und [Doyles] Artikel über die Feen von Cottingley ausverkauft. Die Nachricht von den Fotografien ging um die Welt und löste eine Kontroverse aus, die bis heute nicht beendet ist«, schreibt Daniel Farson in seinem Buch *Vampire und andere Monster* (S. 89). Natürlich ist die Kontroverse längst beendet, aber sie löst bis heute ein Kopfschütteln aus. Wie konnte der geistige Vater einer Detektivfigur, die das Übernatürliche immer als Wahn und Einbildung abgetan hat, selbst an Feen glauben? Vielleicht hat Sigmund Freud auf Doyle angespielt, als er 1919, nur zwei Jahre nach Beginn der Feenaffäre, in seinem Text *Das Unheimliche* schrieb: »Auf den Anschlagsäulen unserer Großstädte werden Vorträge angekündigt, welche Belehrungen spenden wollen, wie man sich mit den Seelen der Verstorbenen in Verbindung setzen kann, und es ist unleugbar, dass mehrere der feinsten Köpfe und schärfsten Denker unter den Männern der Wissenschaft, zumal gegen Ende ihrer eigenen Lebenszeit, geurteilt haben, dass es an Möglichkeiten für solchen Verkehr nicht fehle.« (GWF, Bd. 12, S. 255) Aber um die Jahrhundertwende gab es zwischen Wissenschaft und Parapsychologie eine breite Grauzone. Sogar Alexander Graham Bell, der das erste praktikable Telefon erfunden hat, soll der Meinung gewesen sein, man könne mit diesem neuen Apparat vielleicht mit den Verstorbenen kommunizieren, wie Brenda Maddox in ihrer Biografie des Freud-Jüngers Ernest Jones schreibt. (Maddox, *Freud's Wizard*, S. 57)

Arthur Conan Doyle hat den Typus des Detektivs ebenso wenig erfunden wie Stoker den adeligen Vampir. Von Stokers *Dracula* (1897) kann man die Spur zurückverfolgen zu Sheridan Le Fanus *Carmilla* (1872) und Lord Ruthven in Polidoris *The Vampyre* (1816). Die Vorfahren des Sherlock Holmes (1887) sind der Detektiv Dupin (1841) und das kluge Fräulein von Scuderi (1819). Es ist auf den ersten Blick verblüffend, dass die beiden Spätgeburten Dracula und Sherlock Holmes Zeitgenossen sind, die Weltstars geworden und geblieben sind, es sei denn, man bedenkt, dass es sich in beiden Fällen um Archetypen handelt, die elementare Aspekte unserer Psyche verkörpern.

Deshalb wurden Sherlock Holmes und Dracula bekannter als ihre Schöpfer, deshalb sind beide Ikonen der populären Mythologie geworden, der aristokratische Blutsauger mit den weißen Fangzähnen und der hagere Meisterdetektiv, der seine Umwelt durch die Lupe betrachtet. Einerseits sind Dracula und Sherlock Holmes in den Augen des Publikums unsterblich, immer jung und daher zeitlos. Andererseits haben die Fans von Dracula und Holmes eine überaus starke Sehnsucht nach außerliterarischer Realität. Sie wollen, dass diese Figuren wirklich leben bzw. gelebt haben. Akribisch werden vermeintliche Spuren von Dracula und Holmes in der Realität verzeichnet. Doyle gab die Baker Street 221b als Adresse des Meisterdetektivs an, obwohl diese Hausnummer nie existiert hat. Zahllose Menschen haben Briefe an diese Adresse geschrieben, um Holmes um Hilfe zu bitten. Angeblich haben sogar manche Polizeibehörden Doyles Detektivgeschichten als inoffizielles Handbuch verwendet. Obwohl Holmes' Ruhm Ende des 20. Jahrhunderts stark verblasst ist, bleibt Baker Street 221b wohl die bekannteste Adresse Großbritanniens, bekannter als Downing Street 10, die Adresse des Premierministers.

Da Dracula und Sherlock Holmes zu den berühmtesten Figuren der Populärkultur gehören, verwundert es nicht, dass viele Autoren auf die Idee kamen, die beiden aufeinandertreffen zu lassen. Die Idee klingt gut, ist aber schwer umzusetzen. Bei dieser Konfrontation muss entweder Dracula oder Sherlock Holmes sein Gesicht verlieren. Wenn Holmes seinen eigenen Prinzipien treu bleibt, kann und darf er nicht an Vampire glauben. Wenn er auf Dracula trifft, dann muss er ihn entlarven und hinter dem Vampir einen normalen Verbrecher entdecken. Die Fähigkeiten, mit denen er die mysteriösesten Fälle aufklärt, haben nichts mit Magie zu tun, sondern nur mit logischem Denken. Trotz der Unvereinbarkeit der beiden Welten hat der amerikanische Autor Loren Estleman versucht, einen Roman zu schreiben, in dem der »echte« Sherlock Holmes auf den »echten« Dracula trifft. Natürlich wagt Estleman es nicht, Holmes so weit zu erniedrigen, dass er sich einen Pfahl schnappt und Dracula durchbohrt. Das hätten ihm die Holmes-Fans in aller Welt niemals verziehen. In Estlemans Roman *Sherlock Holmes versus Dracula* »glaubt« Holmes jedoch tatsächlich an Dracula und verjagt ihn aus England, ohne ihn weiter zu verfolgen. Man könnte dieses Ende auch so interpretieren: Die Vernunft muss vor dem Jenseits kapitulieren.

Edgar Allen Poe hat diesen Gedanken in der Erzählung *Der Maskenball des Roten Todes*, die ein Jahr nach seiner bahnbrechenden Detektivgeschichte über die Morde in der Rue Morgue erschien, unnachahmlich ausgedrückt. Diese

Erzählung ist ursprünglich unter dem Titel *The Mask of the Red Death* erschienen, wurde aber unter *The Masque of the Red Death* bekannt. »Mask« bedeutet Maske, »Masque« dagegen Maskerade, Maskenball.

Der Maskenball des Roten Todes findet in einem Land statt, das von einer tödlichen Seuche heimgesucht wird. Wer von dieser Seuche befallen wird, dem schießt das Blut aus allen Poren. Von der Ansteckung bis zum Tod vergeht kaum eine halbe Stunde. Der Regent des Landes, Prinz Prospero (nomen est omen), kümmert sich nicht um sein Volk, das vom Roten Tod dahingerafft wird. Er zieht sich mit seinen Freunden und den Damen hinter Festungsmauern zurück und feiert dort in phantasie- und geschmackvoll dekorierten Räumen einen rauschenden Maskenball. In einem schwarz ausgestatteten Raum mit blutroten Fenstern tickt jedoch eine riesige Pendeluhr aus schwarzem Ebenholz. Wenn diese Uhr schlägt, dann verstummt das lustige Treiben der maskierten Gäste. Das Orchester unterbricht mitten im Takt und die Tanzenden halten inne. Wenn die Glockenschläge verklungen sind, geht die Party munter weiter.

Plötzlich taucht ein Gast auf, der nicht eingeladen worden ist. Sein Kostüm sieht aus wie ein Leichentuch und ist über und über mit Blut befleckt. Seine Maske erweckt den Eindruck der Leichenstarre und ist ebenfalls blutig. Gemessenen Schrittes geht die Gestalt zwischen den Gästen umher. Prinz Prospero erschrickt zuerst, aber dann fordert er seine Gäste auf, den Roten festzuhalten und zu demaskieren. Da niemand es wagt, dem Roten näherzutreten, stürzt sich der Prinz selbst auf ihn. Kurz bevor er ihn erreicht, bricht der Prinz unter dem Blick des Roten tot zusammen. Die anderen Gäste stürzen sich nun auf die mysteriöse Gestalt und nehmen ihr die Maske ab. Entsetzt erkennen sie, dass sich hinter der Totenmaske nichts verbirgt. Es ist der Rote Tod selbst, der zum Maskenball erschienen ist.

Vampir-Viagra

Mehr als 180 Jahre nach der Gewitternacht am Genfer See ist der Vampir als Figur und als Metapher attraktiver denn je. Alle Sektoren der Kulturindustrie arbeiten auf Hochtouren, um unsere Sehnsucht nach Vampiren zu fördern und zu stillen. Schon lange, bevor *True Blood* und *Twilight* einen intermedialen Vampir-Tsunami ausgelöst haben, war die Vampirflut unüberblickbar geworden. Im *Vampir-Lexikon* von Erwin Jänsch werden 250 *Autoren des Schreckens und ihre blutsaugerischen Kreaturen* porträtiert. Jänsch ist Spezialist für Vampir-Heftromane (vulgo: Schundheftl), die von der Wissenschaft meist nur mit spitzen Fingern und spöttisch hochgezogener Augenbraue (daher der Ausdruck Hochkultur/*high-brow culture*) angefasst werden. *The Mammoth Book of Dracula* bietet auf mehr als 500 Seiten *Vampire Tales for the New Millenium* für den Vampir-Vielfraß, der *Vampir-Rabe* erlesene Kost für Feinschmecker. Für Kinder liegt *Dracula* als Bilderbuch auf, für Medienwissenschaftler Friedrich Kittlers Analyse *Draculas Vermächtnis.* Freunde kauziger Kunst können sich am Vampirhörspiel *Der Jodler vom Karpathenschloss* erfreuen, einem Werk des österreichischen Kabarettisten Otto Grünmandl, Kenner der Hochkultur an Marschners Oper *Der Vampyr*, die 1996 im Antonín-Dvořák-Theater in Ostrava und 1988 im Opernhaus in Halle inszeniert wurde. Schon 1992 war Marschners *Vampyr* von BBC2 als TV-Soap-Opera spektakulär wiederbelebt worden: *Videoclip meets Opera* – streckenweise ausgezeichnet, manchmal peinlich. Das Motto auf dem Markt der Vampire lautet *anything goes*: Alle können Vampire sein oder werden, Vampire können alles sein. Das hat schon früh zu abenteuerlichen Kombinationen wie *Billy the Kid jagt Dracula* (1966) und *Dracula versus Frankenstein* (1971) geführt. J. Gordon Melton hat eine anderthalb Kilo schwere *Encyclopedia of the Undead* zusammengestellt, die auf 852 Seiten Wissenswertes über Vampire und Vampirologen versammelt. Meltons Enzyklopädie enthält ein Adressenverzeichnis, ein Verzeichnis der Vampirdramen, -opern, -ballette und -romane sowie eine Filmografie mit über 650 Filmen! Und täglich werden es mehr. Ohne Vampire geht offenbar gar nichts mehr.

II

Der Vampir sind wir

Die Dramaturgie der Dämmerung

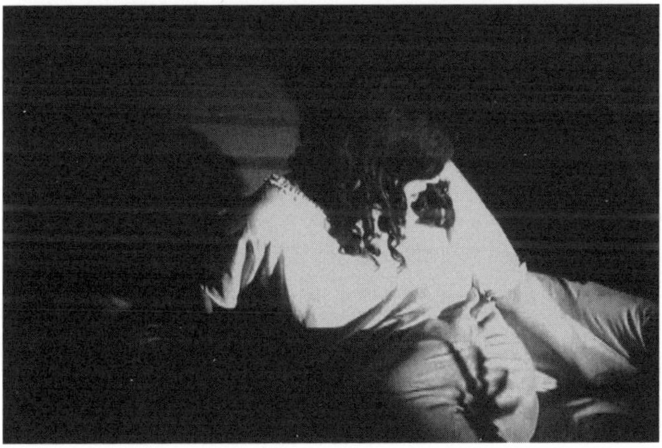

04 Türen ins Jenseits

There are things known and there are things unknown,
and in between are the doors of perception.

Jim Morrison auf die Frage, wie die Band *The Doors* auf ihren Namen gekommen sei. *The Doors of Perception (Die Pforten der Wahrnehmung)* ist der Titel eines Buches von Aldous Huxley, der diese Formulierung im Gedichtband *The Marriage of Heaven and Hell* des englischen Malerpoeten William Blake (1757–1827) gefunden hat.

Der Tod ist ein Rätsel und ein Ärgernis. Wir können machen, was wir wollen, irgendwann bricht Entscheidendes in uns, und das Leben verabschiedet sich. Unsere Körper werden leblos und verfaulen. Das ist ungerecht, und es ist zugleich die einzige Sicherheit, die wir im Leben haben: Komme, was wolle, wir werden sterben. Auch wenn die Wissenschaft in Quantensprüngen Fortschritte machen sollte. Das Problem ist: Wir sind sterblich und wir wissen es. Der altösterreichische Literaturnobelpreisträger Elias Canetti nannte die Menschen in seinem gleichnamigen Drama die *Befristeten* – eine treffende Bezeichnung für alle Lebewesen.

Alle »primitiven« Stämme, die jemals entdeckt worden sind, hatten eine Art von Glauben bzw. Spiritualität. Die Idee eines übergeordneten Wesens ist offenbar tief im Menschen verankert. Der Versuch, das Leben und den Tod zu verstehen und dieses Verstehen in eine Geschichte zu verpacken, ist offenbar ein Grundbedürfnis der Menschen seit Anbeginn.

Wenn man die Mythen und Religionen der Welt unvoreingenommen betrachtet, dann erkennt man zentrale Motive, die allen gemeinsam sind: die Idee, dass es Türen ins Jenseits gibt, und den Glauben, dass nach dem Ablauf der Lebensfrist nicht alles zu Ende sein kann. Die Befristeten hoffen auf das Paradies und fürchten die Hölle, in der die Sünder ewiglich brennen; wir sehnen uns nach den Ewigen

Jagdgründen oder dem Nirwana. Die Griechen wähnten ihre Toten im Hades, die Buddhisten erwarten eine Hölle mit neun kalten und neun heißen Kammern.

Überaus interessant ist auch die Frage der Kommunikation mit dem Jenseits. Können wir mit den Verstorbenen Kontakt aufnehmen, können sie mit uns kommunizieren? In vielen Religionen spielen Gebete eine Rolle. Wer (er)hört die Gebete? Wer hört mit? In einer Ausstellung in Bern mit dem Titel »Dialog mit dem Jenseits« (2009) waren dazu interessante Objekte zu sehen. Zum Beispiel ein sogenanntes Seelenlotto. Man wirft kleine Kärtchen mit den Namen derer, die verstorben sind und im Fegefeuer ihre Sünden abbüßen, in einen Korb. Dann zieht man einen Namen wie bei einer Lotterie und betet für den Verstorbenen auf dem Kärtchen. Dahinter stehen zwei Annahmen: 1) Gott lenkt die Ziehung und 2) die Gebete helfen, damit der Verstorbene nicht so lange im Fegefeuer leiden muss, bevor er ins Paradies kommt.

Fromme Wünsche

Unser Verhältnis zu den Verstorbenen ist seit jeher von Angst und Hoffnung geprägt. Sogar aus Zeichnungen, die vermutlich schon in der Steinzeit in Felsen geritzt wurden, lesen Historiker die Hoffnung auf ein Leben nach dem Tod heraus. Viele Kulturen rechnen mit einer Auferstehung des fleischlichen Körpers, den es bis dahin zu konservieren gilt. Mumien wurden in Ägypten ebenso gefunden wie in den alten Kulturen Perus.

Immer wieder stößt man auf dasselbe verzwickte Modell: Wir hoffen auf ein Leben nach dem Tode und fürchten zugleich die Toten, weil sie (hoffentlich) nicht ganz tot sind. Man gab den Verstorbenen Wasser und Nahrung mit ins Grab, Münzen und Schmuck, oder auch ihre gesamte Dienerschaft, damit die Geister der Verstorbenen nicht mehr im Reich der

Lebenden umgehen mussten. Man verbrennt die Witwen, damit sie mit ihren Ehegatten im Jenseits wieder vereint sind; man muss Totenwacht, Leichenreden und den Leichenschmaus halten, damit die Toten (und wir) Ruhe finden.

Viele Begräbnisrituale sind ganz offensichtlich darauf ausgelegt, die Toten im Grab zu halten. In Matthew Bunsons *Buch der Vampire* werden zahlreiche einschlägige Verfahren erwähnt: In manchen südlichen Gegenden wurden die Leichen mit Nägeln oder Nadeln durchbohrt und im Sarg angenagelt. Oft wurden die Grabhügel mit dornigem Gestrüpp bedeckt, damit sich das Leichentuch der Toten in den Dornen verfange, wenn sie versuchen, ihr Grab zu verlassen. In Nordeuropa war es üblich, die Leichen zu fesseln, damit sie ja nicht mehr aus dem Grab herauskommen könnten, am Balkan wiederum legte man Verstorbenen eine Sichel um den Hals, damit sie sich bei dem Versuch, aus dem Grabe aufzustehen, selbst die Kehle durchschneiden. Aus Rumänien wird berichtet, dass es dort üblich war, alle Leichen, die als potentielle Wiedergänger galten, vorsorglich zu durchbohren.

Im Wiener Bestattungsmuseum wird ein Original-Herzstichmesser ausgestellt. Man kann dieses Messer als Symbol für die zwiespältige Beziehung der Lebenden zum Tod sehen. Die Überlebenden haben Angst, der Verstorbene könnte als Vampir wiederkehren, deshalb pfählen sie ihn vorsichtshalber. Der Verstorbene hat zu Lebzeiten Angst gehabt, lebendig begraben zu werden, deshalb ordnet er an, dass er gepfählt wird.

Wir legen auch heute noch große Steine auf die Gräber. Das muss man dialektisch interpretieren: Die Steine sind dazu da, die Toten zu schützen. Aber sie sind auch dazu da, uns vor den Toten zu schützen. In vielen christlichen Ländern wickelt man einen Rosenkranz um die Handgelenke der Toten. Auch hier gelten beide Interpretationen:

Einerseits soll es den Toten damit ermöglicht werden, nach dem Tod im Sarg weiter zu beten. Andererseits kann man den Rosenkranz als Fessel, als Handschellen verstehen, die den Toten daran hindern, aus dem Sarg zu klettern.

Heutzutage kann man aus Asche der lieben Verstorbenen Diamanten machen lassen, vielleicht auch eine Methode, um die Toten für immer zu bannen.

Besonders deutlich wird die Angst der Überlebenden vor den Toten bei der Todesstrafe. Die Henkersmahlzeit, die jedem Todeskandidaten zusteht, soll den Delinquenten gnädig stimmen und sein Einverständnis mit dem Urteil dokumentieren. Satt und zufrieden (in Frieden mit sich selbst, seinen Mitmenschen und dem Urteil) soll er sterben. Wenn er das Henkersmahl ablehnt, führt das zu einem irrationalen Unbehagen bei den Behörden. Wahrscheinlich aus Angst, der unversöhnte Tote werde die Lebenden verfluchen und noch nach der Hinrichtung sein Unwesen treiben.

Wir erbitten für unsere Vorfahren (das sind die, die uns vorausfahren ins Jenseits) die ewige Ruhe. Im Flehen um Erlösung artikuliert sich auch unsere Angst vor ewiger Unruhe, die Schreckensvision, selbst als unruhiger Geist unerlöst zu sein, als Grenzgänger in einem Zwischenreich. Deshalb steht R.I.P. auf den Gräbern: *Requiescat In Pace – Rest In Peace,* deshalb schreibt man fromme Wünsche auf die Marterl am Wegesrand. »Marterl« ist österreichisch für »Bildstock«, sprachgeschichtlich ist das »Marterl« wohl die verkleinerte Form von Marter, eine kleine Folter; oft eine kleine Darstellung der großen Leiden Christi, meist mit einer besinnlichen Inschrift. »Hl. Familie sei immerwährender Schutz im Leben und im Tode« habe ich auf einem Marterl zwischen Purbach und Donnerskirchen, nahe dem Neusiedlersee, gelesen. Die Toten mögen in Frieden ruhen, und das ewige Licht leuchte ihnen. Das ist ein frommer Wunsch, der nicht nur den Verstorbenen gilt, sondern auch den Überlebenden. König Hamlet ist ermordet worden. Solange das Verbrechen an ihm nicht gesühnt ist, muss er in der Nacht umhergeistern. Solange Hamlets Vater durch die Nacht irrt, findet auch sein Sohn Prinz Hamlet keine Ruhe. Solange noch eine Rechnung offen ist, finden weder wir noch die Toten Ruhe. Aber es bleiben immer Rechnungen offen. Deswegen haben wir seit Beginn der Kultur ein ambivalentes Verhältnis zu den Verstorbenen: Totenverehrung und Angst. Im Englischen heißt der Totengräber »undertaker« (wörtlich: Unternehmer), er muss das erste Unternehmen der Zivilisation in Angriff nehmen: die Toten zur Ruhe zu legen. Das hat nur dann einen Sinn, wenn man an ein Jenseits glaubt. Die meisten Religionen behaupten: Es gibt ein Leben nach dem Tod. Im sogenannten heiligen Krieg der Religionen gegeneinander geht es nur darum, wer die bessere Geschichte vom Jenseits zu erzählen hat. Es geht immer um »Gut und Böse«, um »Blut«, »Jenseits«, »Tod« und »Auferstehung«, mit anderen Worten: Es geht immer auch um Untote.

Wie kommt das Böse in die Schöpfung?

Die meisten Menschen, die an einen gütigen Gott glauben, sehen auch die Kriege, die Hungersnöte, die Naturkatastrophen, die Ungerechtigkeit und den Tod. Nur Fundamentalisten glauben, dass Krankheiten und Naturkatastrophen, verkrüppelte Kinder und verhungernde Neugeborene eine Strafe Gottes für das sündige Verhalten der Menschen sind. Für die gemäßigten Gläubigen bietet die katholische Kirche ein dreistufiges Erklärungsmodell an: 1) Der Wille des Menschen ist frei, und daher ist er auch frei, Böses zu tun. 2) Die Welt ist schlecht, weil Gott die Menschen, die im Diesseits eine falsche Wahl treffen, erst im Jenseits strafen wird. 3) Gott hat von Beginn an einen mächtigen Gegenspieler auf Erden.

Der Gegenspieler des alten Mannes mit dem weißen Bart ist ein bocksbeiniger Kerl, der nach Schwefel stinkt und einen langen Schwanz hat. Wenn es »vernünftig« ist, an ein personifiziertes Gutes zu glauben, dann ist es ebenso vernünftig, an einen personifizierten Antagonisten zu glauben, zum Beispiel an den Antichristen. Nun sind wir vom Glauben an Vampire nicht mehr weit entfernt. In diesem Zusammenhang ist die Bemerkung des Philosophen Arthur Schopenhauer (1788–1860) interessant, dass die Kirche die Teufelsleugner noch viel verbissener verfolgt habe als die Gottesleugner.

Aber wie ist der Teufel, der mit Gott um die Welt spielt, überhaupt in die Welt gekommen? Eine Religion, die sich selbst ernst nimmt, braucht auch dafür eine Erklärung. Die katholische Kirche erklärt die Geburt des Bösen so: Bevor Gott den Menschen erschaffen hat, hat er »geistige, körperlose Wesen« geschaffen, »die von der Heiligen Schrift gewöhnlich ›Engel‹ genannt werden«. Das ist eine »Glaubenswahrheit«, wie der Katechismus auf S. 132 betont. (*Ecclesia Catholica*, S. 132) Offenbar hat Gott schon bei dieser Schöpfung nicht allzu viel Glück gehabt, denn einige der »körperlosen Wesen«, die er schuf, wenden sich von ihm ab. Sie wurden »selbst durch sich böse«, wie der Katechismus schreibt. Vielleicht ist Gott deshalb so wütend auf Adam und Eva, weil es ja nicht das erste Mal ist, dass seine Gebote nicht befolgt werden. Gott stürzt die Engel, die gesündigt haben, sogleich in die Hölle. Später wird Jesus laut dem Lukasevangelium ausrufen: »Ich sah den Satan wie einen Blitz vom Himmel fallen.« (Lk 10,18)

Von Luzifer, dem Lichtbringer, kann man eine direkte Linie zur Aufklärung ziehen. Luzifer ist die Schlange, die Eva zum Licht der Erkenntnis führt. Für diesen Akt werden Adam und Eva, aber auch der Teufel selbst bestraft. Ursprünglich waren Adam und Eva und mit ihnen alle Geschöpfe Gottes unsterblich gewesen. Adam und Eva lebten im Paradies.

Laut Joseph Campbell geht der Begriff auf das Altpersische zurück: *pairi,* »rundherum«, und *daeza,* »Mauer«. Der

Garten Eden ist von einer Mauer umgeben; man kann dabei auch an ein Gefängnis denken, in dem Gott der Aufseher ist. Dieser Gott hatte den ersten beiden Menschen unter Androhung der Todesstrafe verboten, vom Baum der Erkenntnis zu essen: »Davon dürft ihr nicht essen, und daran dürft ihr nicht rühren, sonst werdet ihr sterben.« (Gen 3,3) Kaum hatte sich Gott umgedreht, griff Eva unter dem Einfluss der Schlange zum Apfel und ließ Adam hineinbeißen. So sei der Tod in die Welt gekommen, heißt es in der Heiligen Schrift. Der Bissen blieb Adam im Hals stecken und bildete den Adamsapfel, den man bei vielen Männern deutlich sieht. Wenn man diese Geschichte beim Wort nimmt, dann zeigt sie einen kleinlichen Gott, der beleidigt ist, weil ihm seine Kinder nicht gehorchen. Dieser erste Ungehorsam wird sofort mit dem Tode, das heißt mit der Sterblichkeit bestraft. Weil Adam und Eva mehr wissen wollten, als Gott ihnen zu sagen bereit war, wurden sie zum Tode verurteilt. Diese Todesstrafe wurde über die Sippenhaft auf alle ihre Nachkommen und damit auch auf uns ausgedehnt. Nach Meinung der katholischen Kirche sind wir schon mit der Erbsünde befleckt, wenn wir auf die Welt kommen. Der *Katechismus der Katholischen Kirche* weist explizit darauf hin, dass erst durch diesen Sündenfall der Tod »Einzug in die Menschheitsgeschichte hält«. In derselben Quelle lesen wir über diesen Vorfall: »Der Bericht vom Sündenfall verwendet eine bildhafte Sprache, beschreibt jedoch ein Urereignis, das zu Beginn der Geschichte des Menschen stattgefunden hat.« (S. 130) Was genau sich hinter der bildhaften Sprache verbirgt, wird freilich nicht erklärt.

Schach dem Tode

Es ist ganz klar, dass es um mehr gehen muss als um einen Baum, eine Schlange und um einen Apfel. Es ist eine Geschichte, in der Ungehorsam und Wissensdurst mit dem Tod bestraft werden. Ein Hohelied gegen die Aufklärung. Wenn Adam und Eva nie vom Baum der Erkenntnis gegessen hätten, hätten sie nie erkannt, dass sie sterben müssen – und es gäbe keine Vampire. Manche Aspekte aus dem Roman *Dracula* erinnern an den Sündenfall im Paradies. Dracula hat seinem Gast Jonathan Harker verboten, die Räume, die er ihm zugewiesen hatte, zu verlassen. Aber Harker hält sich nicht an dieses Verbot. Er will wissen, wer oder was sich in den anderen Räumen verbirgt. Als er in die verbotene Zone eindringt, wollen die drei Schlangen (= Vampirinnen) Harker verführen. Harker wähnt sich im Garten der Lüste und spürt schon die Zähne einer Vampirin an seinem Adamsapfel – als Dracula plötzlich wütend dazwischenfährt. Adam und Eva haben aus freiem Willen gegen Gottes Gesetz verstoßen. Es wäre interessant, einen katholischen Theologen zu fragen, ob auch Dracula einen freien Willen hat. Könnte er zur Beichte gehen, bereuen und büßen? Vielleicht sitzen wir gemeinsam mit Dracula im Fegefeuer? Draculas Boss, der Engel, der mit seinen Mitstreitern gegen Gott rebellierte und zum Fürsten der Hölle wurde, kann nie erlöst werden. Uns Menschen hat der Herrgott mit dem Tod bestraft, aber nach dem Tod verzeiht er uns vielleicht. Dem Satan verzeiht er nie.

Es hat keinen Sinn, die biblischen Erzählungen von den gefallenen Engeln und dem Paradies nach logischen Kriterien zu beurteilen. Diese Geschichten über das Jenseits sind dazu da, zu erklären, warum das Diesseits so chaotisch und ungerecht ist. Gott lässt das Böse zu, obwohl er allmächtig ist. Er kann, obwohl er doch unendlich gütig ist, den Menschen die Unsterblichkeit nicht zurückgeben und den gefallenen Engeln nicht verzeihen. Logisch ist das nicht, auch das haben die Theologen erkannt: »Dass Gott das Tun des Teufels zulässt, ist ein großes Geheimnis«, lesen wir im Katechismus, aber der Gegenspieler Gottes ist notwendig, damit die Religion den Lauf der Welt irgendwie sinnvoll erklären kann.

Stellen wir uns eine Schachpartie zwischen Gott und dem Teufel vor. Gott hat die weißen Figuren und den ersten Zug, die Schöpfung. Der Teufel spielt in und mit Schwarz. Die beiden Kontrahenten haben Hilfstruppen. Es gibt schwarze und weiße Türme, Pferde und Läufer. Wir Menschen sind Bauern, die schwächsten Figuren. Wenn der Teufel am Zug ist, greifen böse Mächte und böse Menschen (= schwarze Bauern) ins Geschehen ein.

Christus gehört zu den mächtigsten weißen Figuren. Er ist jemand, der sogar den Tod überwunden hat. Jesus ist mit seinem Körper von den Toten auferstanden und hat versprochen, seine Jünger mit dem ewigen Leben anzustecken. Die Jünger erkennen ihn zuerst gar nicht und halten ihn dann für einen Geist. Jesus aber sagt zu ihnen: »Seht meine Hände und meine Füße an: Ich bin es selbst. Fasst mich doch an und begreift: kein Geist hat Fleisch und Knochen, wie ihr es bei mir seht. » (Lk 24,39)

Aus Gründen der Symmetrie und des Wettkampfes muss es auch unter den schwarzen Figuren eine geben, die den Tod überwinden kann. Das ist der Vampir, er ist, wie Bram Stoker in seinem Roman *Dracula* schreibt, »der Untote des Teufels«. Er steckt uns nicht mit dem ewigen Leben an, sondern mit ewiger Verdammnis.

Die Kirche will uns einreden, dass wir selbst Schuld daran sind, dass die Schöpfung der Knechtschaft der Vergänglichkeit unterworfen ist. Die aufmüpfigen Vampire versuchen, sich dieser Knechtschaft zu entziehen. Auch das macht sie so interessant für uns.

Der Seufzer der bedrängten Kreatur

Religionskritiker werfen den Religionen vor, sie würden ihre Mitglieder knechten. Der französische Aufklärer Voltaire (1694–1778), ein furioser Religions- und Vampirkritiker, meinte gar, die katholische Kirche würde ihre Gläubigen in Vieh zurückverwandeln wollen: »Muss man nicht zum Vieh geworden sein, um sich einzubilden, weißes Brot und roter Wein würden in Gott verwandelt?«, fragte er als Gast eines Diners beim Grafen Bougainvilliers. An diesem fiktiven Diner nehmen Voltaires Lieblingsgesprächspartner teil: der Adelige, der Abt und der scharfzüngige Philosoph – er selbst. Voltaire, dessen Einfluss auf die Aufklärung so bedeutend war, dass man in Frankreich das gesamte Zeitalter als »le siècle de Voltaire« bezeichnet, gerät beim Thema Religion immer in Rage, weil er von der Vorstellung besessen ist, man könnte ihn zwingen, an einen Herrgott aus Teig zu glauben. »Teig, Teig, Teig«, empört er sich immer wieder, Herrgott aus Mehl und Wasser, den man sich einverleibt, verdaut und später »seinem Nachtgeschirr (...) überlässt«. Ebenso attackiert er den Götzendienst der Kirche, die etwa die Vorhaut Christi als Reliquie verehrt. Immer wieder landet Voltaire bei dem »Stück Teig«, das die Pfaffen der Mäuse wegen in einem Kästchen verschließen. »Eure römischen Katholiken in ihrer katholischen Überspanntheit behaupten gar, sie verwandelten dieses Stück Teig durch die Kraft einiger lateinischer Wörter in Gott und aus jedem Bröckchen dieses Teiges würde ein Gott und Schöpfer des Alls«, wirft Voltaire dem Adeligen und dem Abt an den Kopf. Freilich konnte Voltaire sein imaginäres Streitgespräch mit der weltlichen und kirchlichen Obrigkeit nur unter einem Pseudonym veröffentlichen. Die Teig-Tiraden des großen Aufklärers sind wohl auch ein Ausdruck seiner Machtlosigkeit dem Glauben gegenüber; vielleicht auch ein Zeichen der Unsicherheit oder gar der Angst.

Überraschenderweise reagiert Karl Marx in dieser Beziehung viel entspannter. Er nimmt die befristeten und ängstlichen Geschöpfe in Schutz, die sich durch sorgfältige und gewissenhafte Befolgung übergeordneter Regeln, durch Religion also, vor den Untoten schützen und einen angenehmen

Platz im Jenseits sichern wollen: »Die Religion ist der Seufzer der bedrängten Kreatur«, schreibt er in einem seiner verständnisvollsten Texte. »Das religiöse Elend ist in einem der Ausdruck des wirklichen Elends und in einem die Protestation gegen das wirkliche Elend. Sie [die Religion] ist der Seufzer der bedrängten Kreatur, das Gemüt einer herzlosen Welt, wie sie der Geist geistloser Zustände ist. Sie ist das Opium des Volks.« (MEW, Bd. I, S. 378–391) Religionen leben von der Hoffnung, dass es einen Ort im Universum gebe, den die Reichen und Mächtigen nicht unter Kontrolle haben. Es ist tröstlich, zu wissen, dass eher ein Kamel durch ein Nadelöhr geht, als dass ein Reicher in den Himmel kommt (Lk 18,25) – und wenn doch, dann kann er sich wenigstens nichts von seinem Reichtum mitnehmen, wie Georg Ringsgwandl in seiner Nachdichtung von Bob Dylans »Your Gotta Serve Somebody«, »Nix Mitnehma«, sagt:

Hey, du konnst Ministerpräsident sei von an Staat,
der im Rüstungsgschäft prozentual de Finger hot.
Du konnst Kardinal sei, schee feierlich und fett,
oder frommer Pfarrer, mit Zölibat und Doppelbett,

Hey, du konnst ein Bäcker sei, der guate Brezn bacht,
oder bist cin Metzger, der fette Drecksei schlacht,
ja du konnst ein Säufer sei, im Mantl a Flaschn Sprit,
oder Zeuge Jehova, Mormone oder Schiit,

doch du konnst da nix mitnehma,
naa, du konnst da nix mitnehma.
Frag amoi an Teife, frog an liabn Gott,
naa, du konnst da nix mitnehma.

Schon 1834 hatte Karl Marx in seinem Text *Zur Judenfrage* geschrieben: »Die Religion ist eben die Anerkennung des Menschen auf einem Umweg.« (MEW, Bd. I, S. 353). Wie so oft ist Friedrich Engels weniger nachgiebig und stellt klar, dass der Marxismus diesen Umweg nicht braucht:

»Wir brauchen dem wahrhaft Menschlichen nicht erst den Stempel des Göttlichen aufzudrücken, um seiner Größe und Herrlichkeit sicher zu sein«, schreibt er in *Die Lage Englands*. Er setzt »göttlich« mit »unmenschlich« gleich und meint, dass nur »der *menschliche* Ursprung des Inhalts aller Religionen« es sinnvoll mache, sich mit den Göttern zu beschäftigen. »Nur das Bewusstsein, dass selbst der tollste Aberglaube doch im Grunde die ewigen Bestimmungen des menschlichen Wesens enthalte, wenn auch in noch so verrenkter und verzerrter Form (...), rettet die Geschichte der Religion (...) vor der totalen Verwerfung und vor dem ewigen Vergessen.« (MEW, Bd. I, S. 546)

Ausgehend vom »Seufzer der bedrängten Kreatur«, dem »Umweg zur Anerkennung« und dem »verrenkten« und »verzerrten« Bewusstsein kommt man direkt zu Sigmund Freud, der ebenfalls ein hellsichtiger Religionskritiker ist. Freud erkennt, dass jede Religion Illusion ist, wie der Titel eines seiner wichtigsten Texte sagt. Auf dem Umweg über die verrenkten und verzerrten Formen des Bewusstseins versucht er die wahren Triebe und Wünsche des Menschen zu erkunden.

05 Der Vampir auf der Couch

Klopf die
Lichtkeile weg:
Das schwimmende Wort
Hat der Dämmer.

Paul Celan, *Lichtzwang*

Der linke Liedermacher Wolf Biermann hat einer seiner Schallplatten den Titel gegeben: *Es gibt ein Leben vor dem Tod.* Das könnte auch das Motto des Gesamtwerks von Sigmund Freud (1856–1939) sein. Stellen wir uns das literarische Leben in Europa um 1890 vor: Bram Stoker arbeitet an *Dracula,* Conan Doyle hat die ersten Sherlock-Holmes-Abenteuer publiziert und Sigmund Freud bereitet die Übersiedelung seiner Privatpraxis in die Berggasse 19 vor, eine Adresse, die so berühmt werden sollte wie Sherlock Holmes' Privatanschrift in der Baker Street. Als Begründer der Psychoanalyse ist Freud ist doppelter Hinsicht eine zentrale Figur des Vampirmythos. Einerseits hat er sich in mehreren Schriften mit den zentralen Themen des Vampirismus beschäftigt, andererseits ist der Vampirmythos wie geschaffen für eine psychoanalytische Interpretation.

In seinem Text *Die Zukunft einer Illusion* weist Freud der Religion drei Aufgaben zu: 1) »Die Schrecken der Natur zu bannen«, 2) uns mit dem Tode zu versöhnen und 3) uns für die Leiden und Entbehrungen zu entschädigen, die dem Menschen durch das kulturelle Zusammenleben auferlegt werden – der Seufzer der bedrängten Kreatur eben.

Nach Freuds Ansicht schaffen wir uns unsere Götter nach dem Vorbild unserer Väter: starke Personen, die uns trösten, vor denen wir uns aber auch fürchten. Diese Gottvaterfiguren werden »geboren aus dem Bedürfnis, die menschliche

Hilflosigkeit erträglich zu machen, erbaut aus dem Material der Erinnerungen an die Hilflosigkeit der eigenen und der Kindheit des Menschengeschlechts.« (GWF, Bd. 14, S. 340)

Daher erzählen uns fast alle Mythen und Religionen tröstliche Geschichten von einem Leben nach dem Tod und von einer ausgleichenden Gerechtigkeit im Jenseits. Es ist tröstlich zu glauben, dass der Tod keine Vernichtung ist, keine »Rückkehr zum Leblosen«, sondern der Anfang einer neuen Existenz in einer besseren Welt. Es ist tröstlich zu glauben, dass alles Gute im Jenseits seinen Lohn findet, alles Böse seine Strafe.

Aber wir wissen auch, dass Religionen repressiv sein können und die jeweils Andersgläubigen in »heiligen Kriegen« verfolgen, dass sie Trost versprechen und Terror ausüben. Freud schreibt dazu: »[Alle Religionen] sind Illusionen, unbeweisbar, niemand darf gezwungen werden, sie für wahr zu halten, an sie zu glauben.« (S. 345) Freud schlägt vor, dass die Menschheit sich von diesen »kindlichen« Illusionen lösen solle. Er drückt das in einer wunderbar einfachen und einprägsamen Bildsprache aus. Da der Mensch nicht ewig Kind bleiben kann, muss er ohnehin hinaus ins feindliche Leben. Als ehrlicher Kleinbauer soll er auf dieser Erde seine Scholle bearbeiten. »Was soll ihm die Vorspiegelung eines Großgrundbesitzes auf dem Mond, von dessen Ertrag noch nie jemand etwas gesehen hat?« (S. 373)

Nur wenn der Mensch endlich lernt, seine Erwartungen vom Jenseits abzuziehen und sich auf das Diesseits zu konzentrieren, dann kann das Leben für alle erträglich werden, da die Kultur sich dann so entwickeln könnte, dass sie »keinen mehr erdrückt«. Die Psychoanalyse schlägt eine »Erziehung zur Realität« vor und die Abschaffung der traditionellen Pädagogik, deren Hauptziele nur die »Verzögerung der sexuellen Entwicklung und Verfrühung des religiösen Einflusses« seien, der die Denkfunktion schwäche. (S. 371) Wie man aus der Geschichte vom »Baum der Erkenntnis« lernt, wird der Wunsch nach Wissen mit dem Tod und der ewigen Höllenstrafe bedroht.

Freud führt den »betrübenden Kontrast zwischen der strahlenden Intelligenz eines gesunden Kindes und der Denkschwäche des durchschnittlichen Erwachsenen« zu einem Großteil auf religiöse Erziehung zurück, die Leben und Tod mithilfe eines Schöpfers zu erklären versucht, der in einem Jenseits herrscht, das unserem irdischen Ich, unserer Vernunft und Wahrnehmung nicht direkt zugänglich ist.

Auch Freud selbst sieht sich als Schöpfer. Er ist der Gottvater der Psychoanalyse – »es ist ja nicht zu leugnen, dass sie meine Schöpfung ist«, schreibt er selbst darüber. Auch die Psychoanalyse basiert auf dem Gedanken eines Jenseits. Dieses Jenseits ist allerdings nicht außerhalb unserer Welt, sondern in uns selbst. Auch dieses Jenseits ist unserem Ich nicht ohne weiteres zugänglich. Erst die Psychoanalyse kann es erschließen. Wenn man Sigmund Freuds Buch *Totem und Tabu* aus dem Jahre 1913 liest (GWF, Bd. 9), bekommt man eine Ahnung davon, warum sich auch Menschen, die nicht an einen Gott oder einen Teufel glauben, vor Vampiren fürchten.

Fürchte deinen Nächsten wie dich selbst

Tabu ist ein in sich widersprüchliches Wort. Es bedeutet »heilig« und »unrein« zugleich. Mit beiden Bedeutungsschattierungen ist der Umgang vieler früher Zivilisationen mit ihren Toten sehr gut beschrieben.

In *Totem und Tabu* untersucht Freud unseren zwiespältigen Umgang mit dem Tod und geht dabei von Untersuchungen aus, die zeigen, dass der Tod in vielen »primitiven« Gesellschaften von strengen Vorschriften begleitet wird, mit denen man sich offenbar gegen die Wiederkehr der Toten schützen will. Das Jenseits ist ursprünglich ein Ort, wohin die Menschen, als sie aufhörten, Tiere zu sein, ihre

Verstorbenen brachten. Jenseits bedeutet oft »jenseits des Wassers«, auf der anderen Seite des Flusses, auf einer Toteninsel. Die Überlebenden begleiten die Verstorbenen auf dem Weg ins Jenseits und legen ihnen zum Beispiel eine Münze in den Mund, einen Obolus, mit dem sie den Fährmann Charon bezahlen können. Aber ist dieser Weg eine Einbahnstraße oder ein Kreisverkehr? Gibt es Türen, die vom Jenseits zurück ins Diesseits führen? Wer kann durch diese Pforten hindurchkommen: die Seele, der Körper oder gar beide? Dass der Eingang zur Unterwelt in beide Richtungen passiert werden kann, zeigen die klassischen Helden, die in die Unterwelt abgestiegen und wieder zurückgekommen sind. Orpheus wollte Eurydike aus dem Reich der Toten zurückholen, Odysseus hat sich dort Auskunft über sein weiteres Schicksal geholt und ist zurückgekehrt. Schon im babylonischen Gilgamesch-Epos, einer der ältesten mythischen Erzählungen der Welt, steigt der Held in die Unterwelt hinab und kehrt wieder zurück. Jesus ist einer seiner Nachfahren.

Wenn es ein Diesseits und ein Jenseits gibt, dann kann es ebenso eine Zwischenwelt geben, in der unruhige Figuren wie Dracula ihren Platz haben. Schon die alten Griechen dachten, dass die Toten, die ihren Obolus nicht bezahlen können, zwischen dem Totenreich Hades und der Oberwelt umherirren müssen.

Damit die bösen Geister nicht als Untote umgehen, müssen die Verwandten des Toten bestraft, gereinigt oder zeitweise aus der Gruppe und der Kommunikation ausgestoßen werden, bevor sie wieder am Alltagsleben des Stammes teilnehmen dürfen. Die engen Verwandten müssen zum Beispiel fasten oder in die Einöde gehen; es gilt als gefährlich, wenn der Schatten eines Trauernden auf einen fällt. In manchen Gesellschaften darf man den Namen des Toten nie mehr aussprechen. Wenn sich der Name des Toten mit dem Namen eines Tieres oder Gegenstandes deckt, müssen das Tier oder der Gegenstand neu benannt werden. Freud zitiert historische Quellen, aus denen hervorgeht, dass ein Indianerstamm in Paraguay innerhalb von sieben Jahren den Namen für Jaguar dreimal abändern musste, auch die Worte für Krokodil und Dornen habe man ändern müssen. Manche dieser archaischen Verfahren erscheinen uns »Aufgeklärten« maßlos übertrieben, aber sie werden auch in der jüngeren Literatur bestätigt:

»Die Guaranis, eine kleine Gruppe von Indios an der brasilianischen Atlantikküste, haben schreckliche Angst vor den Toten und verleihen dem Anliegen, sie zum Weggang in die Nachtod-Sphäre zu ermuntern, einen extremen, wenn auch nicht ungewöhnlichen Ausdruck. Wenn einer der Ihren stirbt, ändern die Hinterbliebenen ihre Namen, stecken ihre Häuser in Brand, packen ihre Habe zusammen und verlassen die Gegend – auf diese Weise wollen sie es dem Geist, dem der Abschied schwerfällt, unmöglich machen, ihnen zu folgen und sie zu belästigen.« (Miller, *Nach dem Tod*, S. 85)

Den für die psychoanalytische Interpretation des Vampirmythos entscheidenden Gedanken zitiert Freud aus der Studie *Die Lebendigen und die Toten in Volksglauben, Religion und Sage* (1898) von Rudolf Kleinpaul: In frühen Kulturen »waren alle Toten Vampyre«. (GWF, Bd. 9, S. 75)

Freud stellt sich nun die Frage, wieso wir uns vor der Wiederkehr der Verstorbenen als Vampire sogar dann fürchten, wenn wir sie geliebt haben. Weil es, zumindest nach Freud, keine reine Liebe gibt. Seiner Meinung nach sind unsere eigenen ambivalenten Gefühle, die wir den Mitmenschen gegenüber hegen, die »geheimen Triebfedern« unserer Angst vor Vampiren. Freud geht davon aus, dass sich in unserem Unbewussten hinter der zärtlichen Liebe zu einem Menschen immer auch Feindseligkeit versteckt. Diese Feindseligkeit ist latent, wir wissen davon nichts, aber es gibt sie. Freud bezeichnet unsere zwiespältige Haltung den geliebten

Lebenden = gefürchteten Toten gegenüber sogar als »den klassischen Fall, das Vorbild« für die Ambivalenz menschlicher Gefühlsregungen. (GWF, Bd. 9, S. 76)

Wenn eine Person, der wir unbewusst feindselig gegenüberstehen, stirbt, dann mischt sich der bewusste Schmerz mit der unbewussten Befriedigung über den Todesfall. Der Konflikt zwischen bewusster Liebe und latentem Hass wird akut. Den Schmerz durch den Verlust der geliebten Person arbeiten wir dadurch ab, indem wir trauern. Aber was passiert mit unserer latenten Feindseligkeit? »Diese im Unbewussten als Befriedigung über den Todesfall peinlich [= zum Schämen und peinigend – Anm. R.M.K.] verspürte Feindseligkeit (...) wird abgewehrt, indem sie auf das Objekt der Feindseligkeit, auf den Toten verschoben wird.« (GWF, Bd. 9, S. 77) In der Psychoanalyse nennt man diesen Mechanismus der Verschiebung »Projektion«.

Damit lösen wir unsere eigene Feindseligkeit, von der wir nichts wissen und auch nichts wissen wollen, aus unserer inneren Wahrnehmung und projizieren sie in die Außenwelt. Wir schieben den anderen die Schuld zu. Wir, die Überlebenden, freuen uns nicht darüber, dass wir den Verstorbenen losgeworden sind, nein, wir trauern um ihn, »aber er ist merkwürdigerweise ein böser Dämon geworden« (GWF, Bd. 9, S. 79), der uns gegenüber feindselige Gefühle hegt, man könnte auch sagen: ein Vampir. Freud nennt diesen Vorgang zusammengefasst: »Verdrängung der unbewussten Feindseligkeit auf dem Wege der Projektion.« (S. 80) Der österreichische Psychiater Erwin Ringel hat das im Titel eines seiner Bücher so ausgedrückt: *Fürchte den anderen wie dich selbst.* Im Kontext des Vampirmythos könnte man das zuspitzen auf: Fürchte deinen Nächsten wie dich selbst!

Freud schreibt zwar, dass diese einfache Projektion der eigenen Feindseligkeit auf den Toten nur »beim Primitiven« stattfinde, aber darauf kann man mit einem Zitat aus einem

Text antworten, den er ein paar Jahre nach *Totem und Tabu* veröffentlicht hat: »Auf kaum einem anderen Gebiete hat sich unser Denken und Fühlen seit den Urzeiten so wenig verändert, ist das Alte unter dünner Decke so gut erhalten geblieben, wie in unserer Beziehung zum Tode.« Diesen Satz findet man in Freuds berühmter Schrift *Das Unheimliche*, in der er diesem Begriff auf den Grund geht und eine interessante Analyse von E.T.A. Hoffmanns Erzählung *Der Sandmann* liefert. (GWF, Bd. 12, S. 225)

Seit Beginn unseres individuellen Lebens und seit die Menschen sich als Stamm von den Affen abgespalten haben (Fachleute sagen statt individuell »ontogenetisch« und statt stammesgeschichtlich »phylogenetisch«), ist der Tod »unser immerwährender Begleiter«, wie der weise Indianer Don Juan dem Anthropologen Carlos Castaneda erklärt: »Er ist immer an unseren linken Seite, nur eine Armlänge weg (...), bis er uns eines Tages berührt.« (Castaneda, *Journey to Ixtlan*, S. 54) Wir verdrängen den Tod und wir verdrängen die Tatsache, dass wir anderen Menschen den Tod wünschen, aber unsere verdrängten Triebe, Ängste und Wünsche suchen sich ein Ventil. Ein Witz kann so ein Ventil sein, wie Freud gezeigt hat. Der folgende Witz ist alt, nur die Speichermedien, die erwähnt werden, ändern sich: Früher war es eine Ansichtskarte, dann eine Stimme auf dem Anrufbeantworter, heute eine E-Mail oder ein SMS.

Ein Mann fährt auf Urlaub. Seine Frau soll später nachkommen. Er schickt seiner Frau eine Ansichtskarte, die jedoch durch einen Fehler an eine falsche Adresse zugestellt wird. Eine Frau, deren Mann vor Kurzem verstorben ist, erhält die Nachricht. Der Text lautet: »Liebste Gattin! Alles ist hier schon für Deine Ankunft am kommenden Wochenende vorbereitet. Liebe Grüße. P.S. Es ist sehr heiß hier.«

Die versteckten Hassgefühle, die sich in obigem Witz entladen, treten »in fast allen Fällen von intensiver

Bindung des Gefühls an eine bestimmte Person« auf. (GWF, Bd. 9, S. 76) Damit schaffen wir uns die Vampire, vor denen wir uns fürchten, selbst. Deswegen kann die Aufklärung ihr Versprechen, dass das Licht (der Sonne/der Vernunft) Monster wie Dracula zum Verschwinden bringt, nicht einlösen. Weder die Aufklärung noch das elektrische Licht kann die Vampire vertreiben. In den Vampirgeschichten und -filmen zerbröseln die Vampire zwar in der Sonne, aber in unserer Psyche bleiben sie lebendig, denn was den Tod anbelangt, denken wir noch »wie die Wilden«, schreibt Freud über das Unheimliche. (GWF, Bd. 12, S. 256)

Im Zusammenhang mit der Religion und den Mythen haben wir uns die Frage gestellt, wie denn das Böse in die Welt kommt. Die Religionen verweisen zur Antwort auf ein Jenseits, das unserer Vernunft nicht zugänglich ist. Mit Freud könnte man auf diese Frage antworten: Macht euch keine Illusionen! Das Böse kommt aus uns selbst, wir alle sind vom Bösen getrieben, wir alle haben »destruktive, also antisoziale und antikulturelle Tendenzen«. (GWF, Bd. 14, S. 328) Diese Tendenzen kommen nicht aus der Hölle und werden uns nicht vom Satan eingeflüstert, obwohl sie aus einem Jenseits kommen. Auch dieses Jenseits ist unserer Vernunft, unserem Ich, nicht zugänglich. Freud nennt dieses Jenseits in uns selbst unser »Unbewusstes«, und er sucht einen Weg, um in dieses Jenseits einzudringen.

Das Jenseits in uns

Wie bereits erwähnt, arbeiten Bram Stoker, Arthur Conan Doyle und Sigmund Freud gleichzeitig daran, Probleme zu lösen. Stokers Vampirjäger van Helsing vertraut auf einen spitzen Pfahl, Sherlock Holmes klärt mysteriöse Fälle mittels Vernunft auf, und Freud versucht, die wirren Träume seiner Patienten zu entschlüsseln.

In Jonathan Harkers Tagebuch ist so oft von Traum, Angst und Lust die Rede, dass man gar nicht anders kann, als an Freud zu denken, dessen epochale *Traumdeutung* Ende 1899 erschienen ist, zwei Jahre nach Stokers Roman *Dracula*. Freud ließ das Buch auf 1900 vordatieren, damit es ein Buch des 20. Jahrhunderts werde. Es wurde eines der einflussreichsten Bücher überhaupt, obwohl seine Theorien umstritten waren und es bis heute sind. Erinnern wir uns daran, dass Harker auf Draculas Schloss einen Nervenzusammenbruch erlitt. Nach seiner Flucht landet er in Budapest in einem Sanatorium, die Diagnose lautet: Delirium, Schock, Gehirnfieber – ein idealer Patient für Dr. Freud. Stellen wir uns vor, Harker und Mina hätten auf ihrer Rückreise von Budapest bei Dr. Freud in Wien Station gemacht und ihm von Harkers Erlebnissen erzählt.

Als Mina in Budapest ihren kranken Bräutigam abholt, macht dieser ihr sofort einen Heiratsantrag. Harker ist den Attacken des Grafen und der Vampirinnen nur mit knapper Not entgangen, jetzt will er nichts mehr davon wissen und beharrt darauf, »Gehirnfieber« gehabt zu haben und nicht zurechnungsfähig gewesen zu sein. Die Aufzeichnungen in seinem Tagebuch machen ihm Angst: »Das Geheimnis ist hier, und ich will es nicht wissen.« Harker will die vorehelichen Versuchungen vergessen und Mina sofort heiraten. Er will auch nicht, dass sie Einblick in seine inneren Welten erhält. »Wilhelmina, willst du meine Unwissenheit mit mir teilen?«, fragt er sie suggestiv. Ein »Nein« so knapp vor der Hochzeit würde wie ein »Nein« vor dem Traualtar klingen. Er bietet Mina zwar an, in seinem Tagebuch zu lesen, allerdings so, dass für sie deutlich wird, dass er dies trotzdem als Vertrauensbruch interpretieren würde. Da Mina darauf verzichtet, sein Tagebuch zu lesen, steht einer Hochzeit nichts mehr im Weg. So wird das Tagebuch, von dem beide nichts wissen wollen, zum Symbol für das gegenseitige Vertrauen.

Mina wickelt es in weißes Papier (die Farbe der Unschuld), bindet es mit einem hellblauen Band zu und träufelt sogar Siegellack auf den Knoten. Als Siegelring verwendet sie – Achtung, Symbol!, möchte man ausrufen – ihren Ehering.

In der Psychoanalyse finden wir zu dieser Vorgehensweise den Begriff der Verdrängung. Verdrängung ist eine »Operation, wodurch das Subjekt versucht, mit einem Trieb zusammenhängende Vorstellungen (Gedanken, Bilder, Erinnerungen) in das Unbewusste zurückzustoßen oder dort festzuhalten«, erklärt das *Wörterbuch der Psychoanalyse*, das von den französischen Psychoanalytikern Laplanche und Pontalis in jahrelanger Arbeit zusammengestellt worden ist. Statt »zurückstoßen oder dort festhalten«könnte man auch sagen: versiegeln. Dr. Freud hätte wohl vermutet, dass Harker nur deswegen Gehirnfieber-Symptome entwickelt, um die schrecklichen Ereignisse zu verdrängen. Aus demselben Grund will er auch sein Tagebuch versiegelt lassen.

Der Vampir und die Traumdeutung

Im Roman bleibt Harkers Tagebuch so lange verschlossen, bis Dracula selbst in London auftaucht und Harker einen »Rückfall« erleidet. Dann erst beschließt Mina, das Tagebuch ihres Mannes zu öffnen. Stellen wir uns vor, sie hätte dieses Tagebuch nicht als Reisejournal gelesen, sondern als Traumtagebuch. Der Gedanke liegt nahe, denn sogar Harker selbst schreibt, er wisse nicht, ob die Ereignisse »wirklich oder der Traum eines Verrückten« waren. Stellen wir uns vor, Harker hätte die ganze Geschichte nur geträumt und Mina hätte sein Traumtagebuch zu Freud nach Wien gebracht. Wie hätte Freud diese Träume deuten können? Obwohl Freuds *Traumdeutung* kein Langenscheidt ist, mit dem man die Fremdsprache der Träume im Handumdrehen in die Muttersprache übersetzen könnte, will ich versuchen, mit Freuds *Traumdeutung* an der Oberfläche von

Harkers Träumen zu kratzen. Ich bin weder Psychoanalytiker noch Neurologe, daher will und kann ich nicht darüber spekulieren, ob Freuds Theorien dem heutigen Stand der Traumforschung noch entsprechen. Es hat mich gereizt, seine *Traumdeutung* als Schlüssel zu verwenden, um weitere Interpretationsspielräume zu öffnen.

Es ist auffällig, dass in Harkers Aufzeichnungen (und in vielen Dracula-Filmen) Stiegen eine große Rolle spielen. In der *Traumdeutung* finden wir Hinweise darauf, dass Träume von Stiegen und vom Treppensteigen oft für sexuelle Aktivität stehen. Umgangssprachlich nennt man einen Frauenhelden auch einen »Steiger«, weil er Frauen nachsteigt. Oft auch auf Treppen, um ihnen unter den Rock zu schauen.

Das rhythmische Treppauf-Treppab kann eine vom Über-Ich entstellte Darstellung des Geschlechtsakts sein. »Im Schlafzustand erwacht die sexuelle Erregung (im Träume dargestellt durch das Hinuntereilen – rutschen – über die Stiege)«, lesen wir in der *Traumdeutung* eines Stiegentraums. (S. 371) In Harkers »Träumen« finden wir zwei wichtige Szenen, in denen er über eine steile Wendeltreppe in die Unterwelt des Schlosses absteigt.

Am Fuß der Treppe muss er sich in einen dunklen Tunnel zwängen, aus dem ein schlechter, fauler Geruch strömt, »a dark, tunnel-like passage«. Hier kann man an den Spruch »inter faeces et urinam nascimur« denken, der dem heiligen Augustinus zugeschrieben wird und der uns drastisch daran erinnert, dass wir, wenn wir den Geburtskanal, wie die Mediziner sagen, passiert haben, das Licht der Welt zwischen den Ausgängen für »Urin und Kot« erblicken. Harkers Aufzeichnungen über seinen Abstieg in die Unterwelt sind so formuliert, dass man kaum um eine sexuelle Interpretation umhinkommt. Durch den Tunnel gelangt Harker zu einer Tür, die einen Spalt offen steht. Schließlich kommt er zu einer Gruft, in der Kisten lagern, die mit alter, übelriechender

Erde gefüllt sind. Man kann hier an übelriechenden Kompost und an Kot denken. Kot wird als Bezeichnung von Erde, Schmutz oder Schlamm verwendet (vgl. Kotflügel), aber auch als Umschreibung von Exkrementen. In einer dieser kotgefüllten Kisten liegt Dracula.

Als Harker sich über Dracula beugt, fallen ihm dessen Augen auf: »offen, versteinert, und doch lebendig«. In der bereits erwähnten Studie über *das Unheimliche* verweist Freud im Zusammenhang mit der Kastrationsangst auf eine Ersatzbeziehung, die sich »in Traum, Phantasie und Mythus zwischen Auge und männlichem Glied kundgibt«. (GWF, Bd. 12, S. 243) Betrachten wir den weiteren Verlauf von Harkers Traum unter diesem Vorzeichen. Angesichts von Draculas offenen Augen flüchtet Harker zuerst, dann überkommt ihn jedoch »ein wildes Begehren«, er wagt sich nochmals in die Gruft, um den Schlüssel zu finden, mit dem er aus Draculas Schloss flüchten kann. Zuerst schreckt er wieder vor Draculas brennenden Augen zurück, aber dann wird er von dem schrecklichen Verlangen gepackt (»a terrible desire«), Dracula zu töten. In vielen Albträumen fühlt der Träumende sich macht- und hilflos: Harker ist durch Draculas Blick wie gelähmt, und der Spaten, mit dem er Dracula töten will, gehorcht ihm nicht.

Es ist interessant, dass diese Passage in Harkers Aufzeichnungen passiv formuliert ist: »The sight seemed to paralyze me«, »Der Anblick schien mich zu lähmen«. Harker ist nicht Herr der Lage, »der Anblick« ist das sprachliche Subjekt, Harker ist zum willenlosen Objekt geworden. Weder kann er Dracula töten, noch findet er den Schlüssel zur Freiheit. Es liegt nahe, den Schlüssel und das versperrte Schloss als Penis und Vagina zu interpretieren. Wenn man jedoch alle Begriffe sexuell auflädt, kommt man in einen Teufelskreis: Wer überall Sex sucht, findet überall Sex. Dass die Beziehung von Dracula und Harker als libidinöse Beziehung verstanden werden kann, ist jedoch offensichtlich. Draculas

Drohung »Tonight is mine«, »Heute Nacht gehört mir!«, hat eine so deutliche homosexuelle Komponente, dass dieser Satz in den frühen britischen *Dracula*-Ausgaben gestrichen wurde. In den amerikanischen Editionen ist dieser Satz seit 1899 enthalten, wie eine Anmerkung in der von Nina Auerbach und David Skal herausgegebenen und kommentierten *Dracula*-Ausgabe von 1997 erklärt (S. 52, Anm. 2).

Als Dracula aus seiner Untotenstarre erwacht und in die Oberwelt des Schlosses zurückkehrt, fleht Harker den Grafen an, ihn freizulassen, um jeden Preis. Zynisch lächelnd gewährt Dracula ihm diese Bitte, aber schon ist das wütende Geheul eines Wolfsrudels vor dem Schloss zu hören. Schon bei der ersten Begegnung mit Harker hatte Dracula das Wolfsgeheul als »Musik der Kinder der Nacht« bewundert, jetzt erklingt das Wolfsgeheul auf einen Wink Draculas hin, »so wie die Musik eines Orchesters unter dem Stab eines Dirigenten zum Leben erwacht«. Als Dracula das Tor zu Harkers Freiheit eine Handbreit öffnet, zwängen sich die Bestien mit gefletschten Lefzen sofort in den Spalt. Harker fleht Dracula an, das Tor zu schließen. So muss Harker zwar gegen seinen Willen, aber doch auf eigenen Wunsch im Schloss bleiben. Dracula genießt sein Machtspiel »mit dem roten Glimmen des Triumphs in seinen Augen« und wirft Harker spöttisch eine Kusshand zu – jeder Traum ist eine Wunscherfüllung, könnte man mit Freud dazu anmerken. Zur Gleichung Auge = Penis passt auch, dass die Augen des ersten Hollywood-Draculas Béla Lugosi extra mit kleinen Scheinwerfern ausgeleuchtet wurden, um sie noch kraftvoller und magnetisch anziehend erscheinen zu lassen. Lugosi hat immer wieder behauptet, er habe massenhaft Liebesbriefe von Frauen erhalten, die sich ein intimes Verhältnis mit Dracula wünschten.

Es lohnt sich, auch die Szene mit den drei lüsternen Vampirinnen aus dem Blickwinkel »Auge = Sex« zu betrachten.

Harker hat ein starkes Verlangen, und obwohl er zugleich eine tödliche Angst empfindet, gibt er sich seinem brennenden Wunsch hin. Kurz vor Beginn der Orgie öffnet Harker seine Augen – ohne es zu wollen –, und da sieht er, wie Dracula wütend eingreift. Draculas Augen blitzen, als würde hinter ihnen das Höllenfeuer brennen. Der Graf und Übervater stellt seine Vampirinnen mit den Worten zur Rede: »Wie könnt ihr es wagen, ein Auge auf ihn zu werfen, obwohl ich es euch verboten habe!«

Angesichts von Draculas Augen fühlt Harker sich immer wieder machtlos: »I felt impotent«, notiert er. Als Mina ihren geliebten Harker nach seinem Nervenzusammenbruch in Budapest abholt, bemerkt sie, dass all die resolute Entschlusskraft, die ihn ausgezeichnet hat, wie weggewischt ist: »All the resolution has gone out of his dear eyes.«

Wer mit Freuds Theorie der Traumdeutung nicht vertraut ist, wird sich die berechtigte Frage stellen: Warum zeigt ein Traum nicht direkt, was er bedeutet? Freud bezeichnet den Vorgang der Verschlüsselung von Trauminhalten als »Traumentstellung«. Diese Entstellung »erweist sich (…) als absichtlich, als ein Mittel der Verstellung«. (*Die Traumdeutung*, S. 149) Er meint, dass wir nicht einmal im Traum offen zeigen können, wovon wir wirklich träumen, weil eine innere Zensurinstanz unsere wahren Wünsche verkleidet: So muss das Auge für den Penis stehen, die Stiege für den Geschlechtsverkehr herhalten. In einer ausführlichen Erklärung vergleicht Freud unsere Träume mit den Werken eines politischen Schriftstellers, der ein Veröffentlichungsverbot dadurch umgeht, indem er seine Stoffe und Figuren verkleidet.

Logischerweise kann dieses Modell der Verkleidung und Zensur nur dann die Traumwelten erklären, wenn man wie Freud davon ausgeht, dass es im Innern des Träumers zumindest »zwei Seelen gibt«: eine, die träumt, und eine, die den Traum entstellt. In der *Traumdeutung* spricht Freud von den drei Sphären Unbewusst – Vorbewusst – Bewusst. Diese Unterscheidung wird als Freuds »erste Theorie des psychischen Apparates« bezeichnet. Nach der *Traumdeutung* entwickelt Freud eine zweite Theorie, in der er die Instanzen Es – Ich – Über-Ich unterscheidet. Das »Es« ist das Triebwerk, es befeuert uns mit psychischer Energie. Das Über-Ich ist der Zensor, der eine ähnliche Funktion wie das Gewissen ausübt. Das Gewissen ist das, was wir gewiss wissen. Wir wissen, »Du sollst nicht stehlen«. Wenn wir trotzdem stehlen, haben wir ein schlechtes Gewissen. Die Verbote und Idealvorstellungen unseres Über-Ichs sind uns jedoch nicht gewiss. Das Über-Ich lenkt und beschränkt uns, ohne dass uns seine Tätigkeit bewusst ist. Zwischen dem Es und dem Über-Ich steht das Ich, das von beiden in die Zange genommen wird. Das Ich ist nicht Herr im eigenen Haus. Nicht einmal im Traum. Das »Es« träumt, das »Über-Ich« verkleidet die Träume, das »Ich« nimmt die Träume wahr und rätselt, was sie bedeuten mögen. Wenn Harker sich in psychoanalytische Behandlung begäbe, könnte er seine Träume unter Freuds Anleitung entschlüsseln, damit, nach Freuds berühmtem Diktum, dort »ich« werde, wo bisher »es« war.

Im Keller haust das Es

In einem frühen Text über die Mechanismen der Verdrängung vergleicht Freud den psychischen Apparat mit einer Wohnung bzw. einem Haus. Wenn ich einen Trieb verdränge, schreibt Freud, dann ist es so, als beförderte ich »einen unliebsamen Gast aus meinem Salon« oder aus meinem Vorzimmer hinaus oder ließe ihn, nachdem ich ihn erkannt habe, überhaupt nicht über die Schwelle der Wohnungstür treten. (GWF, Bd. 10, S. 248–261) In einer Fußnote fügt Freud hinzu, dass man die Haus- bzw. Wohnungstür möglicherweise »durch einen ständigen Wächter bewachen lassen muss, weil der Abgewiesene sie sonst aufsprengen würde«.

Wenn man dieses Bild auf Draculas Schloss überträgt, dann wird das Schloss zum Abbild von Harkers Psyche. Es ist nach Freud zum geflügelten Wort geworden, dass das Ich nicht Herr im eigenen Haus ist, Schlossherr ist Dracula, der Über-Vater. Er hat Harker (dem Ich) Räume zugewiesen, in denen dieser sich frei bewegen kann, und ihn davor gewarnt, verbotene Räume zu betreten oder dort gar einzuschlafen. Das Über-Ich warnt das Ich davor, die Begierden auszuleben, die aus dem Es aufsteigen. Harker begibt sich trotzdem in den verbotenen Raum, schläft ein, gibt die Kontrolle auf und will sich seinen Träumen hingeben. Der verbotene Raum, in dem die drei Vampirinnen Harker verführen wollen, entspricht dem Es, dem Bereich der ungezügelten Begierden. Aber die »niemals schlafende Zensur« (*Die Traumdeutung*, S. 482) greift ein: Dracula macht dem wilden Treiben ein Ende und zensiert den Traum. Harker bleibt am Ende dieser Szene bewusstlos (unconscious) zurück, das Über-Ich triumphiert: »This man belongs to me!«, sagt Dracula triumphierend.

Es ist in diesem Zusammenhang interessant, dass Freud eine Verbindung zwischen dem Über-Ich und dem Ödipuskomplex sieht. Das Kind, das begriffen hat, dass es nicht mit seiner leiblichen Mutter schlafen und seinen Vater nicht töten darf, verinnerlicht diese Verbote und schafft sich so sein Über-Ich. Man könnte daraus schließen, dass Harkers Träume Ausdruck seines Wunsches sind, in den ödipalen Zustand zurückzukehren. Er träumt davon, seinen Übervater zu töten, aber seine ersten Versuche scheitern, weil Draculas Augen ihn immer wieder schwächen und bannen. Noch ist ihm der Übervater an Potenz überlegen.

Wie bereits erwähnt, ist die *Traumdeutung* kein Übersetzungsprogramm, das eindeutige Ergebnisse liefern könnte. Freuds Theorien liefern jedoch interessante Interpretationsmöglichkeiten, die zeigen, wie vielschichtig die Figuren im

Vampirmythos gesehen werden können. Man kann Dracula nicht nur als Harkers Über-Ich verstehen, sondern auch als personifizierten Trieb, der in Harkers Es beheimatet ist. Davon ausgehend lässt sich die Gleichung Schloss = Psyche so aufbauen: Wenn Harker oben in seinen Räumen ist, wird er vom Über-Ich beherrscht. In Draculas Schloss liegen Harkers Zimmer über dem Salon. Dort oben kann er seine Lage rational analysieren. Sein Ich entfaltet sich eine Ebene darunter, im Speisesaal, in der Bibliothek und im Salon. Auf dieser Ebene führt er die geschäftlichen Besprechungen mit Dracula. Im Untergrund des Schlosses hat Harker keine Kontrolle. Wenn er über die enge Treppe in den Keller des Schlosses steigt, verliert das Ich die Beherrschung durch das Über-Ich.

Wenn Harker im Untergrund, wo Dracula auf ihn mit starren Augen wartet, zu Bewusstsein kommt, dass er dabei ist, sich seinem Es auszuliefern, dann flüchtet er zurück in sein Oberstübchen, zum Über-Ich. In dieser Topografie gehört Dracula in das Reich des Es und verkörpert unterdrücktes sexuelles Begehren. Dass Dracula auch der verdrängte Teil von Harkers psychischer Topografie ist, wird in der Szene deutlich, in der Harker sieht, dass Dracula das Schloss in Harkers Kleidern verlässt. Die Einheimischen werden sicher behaupten, sie hätten Harker herumgehen gesehen, während er darauf beharrt, dass ein anderer sich seine Kleider angezogen hat, während er im Schloss eingesperrt war. Harker lagert seine unterdrückten Wünsche in den Doppelgänger Dracula aus.

Wir könnten Dracula auch als personifiziertes Reptiliengehirn sehen. Das Reptiliengehirn ist für primitive Regungen und Verhaltensweisen zuständig, für das Fressen von Nahrung, die Vernichtung von Feinden und für die Fortpflanzung. Gehirnforscher bezeichnen den ältesten Teil unseres Gehirns auch als Reptiliengehirn, weil er noch immer ähnlich wie das Gehirn von Schlangen und Echsen reagiert. Dass Dracula sein Schloss Hals über Kopf verlässt, indem er die steile Außenmauer des Schlosses wie eine Echse hinunterklettert, kommt dieser Interpretation entgegen.

Da die menschliche Zivilisation auf Triebverzicht aufgebaut ist, müssen wir der Kultur »Triebopfer« bringen, wie Freud schreibt. Harker und Mina bringen Triebopfer, indem sie ihre Triebe auf Dracula projizieren, anstatt sie bewusst auszuleben.

Wenn wir Dracula als Harkers und Minas Es verstehen, dann kann van Helsing die Rolle des Über-Ich einnehmen. Mit van Helsings Hilfe bringen die beiden ihr zwielichtiges Es unter Kontrolle, das sich in der Dämmerung erheben will, wenn das Licht der Vernunft schwächer wird. Als personifiziertes Es ist jeder Vampir ein »Diábolos«, wörtlich ein »Durcheinanderwerfer« und »Verwirrer«, der die Sinne der Männer und der Frauen durcheinanderbringt. Übersinnlich ist dieser Vampir im Sinne von Nietzsches Übermensch: Sinnlichkeit, die keine Triebopfer bringen will, wildes Begehren, entfesseltes Verlangen und zügellose Sexualität.

Diabolisch verworrene Figuren, die zwischen ihren Trieben und der Moral hin- und hergerissen werden, spielen in allen Vampirgeschichten eine Hauptrolle. Polidori hat in *The Vampyre* die Sitte junger Engländer, vor der Ehe eine Reise nach Europa zu machen – angeblich um ihren gesellschaftlichen und kulturellen Horizont zu erweitern –, als »Tour der Laster« beschrieben. Junge Männer wie Aubrey und Harker sollten Gelegenheit erhalten, sich vor der Ehe auszutoben. Aubrey, der mit Ruthven diese »Bildungsreise« macht, wendet sich angewidert von dem zügellosen Vampir ab und verliebt sich in Griechenland in ein Mädchen, das dem Klischee der edlen Wilden entspricht.

Carmilla wagt zu tun, wovon Laura nicht einmal zu träumen wagt. Lauras Vater, das klassische Über-Ich, verfolgt die

Vampirin und will sie vernichten, aber Laura kann weder ihr Verlangen noch die Angst völlig aus ihrem Bewusstsein verdrängen. Man geht wahrscheinlich zu weit, wenn man Carmillas Pfählung (»aus dem Hals quoll ein Blutstrom«) als erste Regelblutung von Laura interpretiert, die damit ins heterosexuelle Leben eintreten soll. Obwohl Lauras Vater sie auf eine Reise nach Italien mitnimmt, damit sie auf andere Gedanken kommt, wird sie immer wieder von der Erinnerung an Carmilla heimgesucht. Wenn Laura sich gedankenlos, ohne Über-Ich, ihren Tagträumen hingibt, glaubt sie immer noch, den leichten Schritt Carmillas zu hören. Mit diesem Bekenntnis zum eigenen Es endet Lauras Erzählung.

Harker und Mina, Laura und Carmilla, Ruthven und Aubrey, van Helsing und Dracula sind Figuren, die der Phantasie von Schriftstellern entsprungen sind. Der Versuch einer psychoanalytischen Interpretation dieser Figuren führt logischerweise zurück zu den Autoren, den echten Über-Vätern dieser Figuren, und zu uns, dem Publikum, denn wir sind es, die Dracula und van Helsing am Leben erhalten.

Wir sind Voyeure, Vampirjäger und Vampire

Vampirgeschichten und Vampirfilme leben von unserer Lust, den Vampiren und Vampirjägern bei der Arbeit zuzusehen. Die amerikanische Intellektuelle Susan Sontag, eine der einflussreichsten Medientheoretikerinnen des 20. Jahrhunderts, hat sich die berechtigte Frage gestellt, warum Menschen so gerne das Leiden anderer betrachten. »Anscheinend ist der Appetit auf Bilder, die Schmerzen leidende Leiber zeigen, fast so stark wie das Verlangen nach Bildern, auf denen nackte Leiber zu sehen sind«, schreibt sie in ihrem Buch *Das Leiden anderer betrachten* (S. 25) und stellt einen Zusammenhang zwischen moderner Kriegsfotografie und alter sakraler Kunst her. In vielen katholischen Kirchen sind fast genüsslich ausführliche Darstellungen der Leiden Christi und der Märtyrer zu finden oder bis ins kleinste sadistische Detail ausgemalte Schrecken, die Sünder und Ungläubige in der Hölle erwarten.

Der Vampirmythos hält uns beides vor Augen: Nacktheit und Gewalt, Leid und Lust. Wenn wir Vampirbücher lesen und uns Vampirfilme ansehen, werden wir zu Voyeuren, die lustvoll zusehen, wie geküsst, gebissen und gepfählt wird. Wenn wir Lauras Geschichte verfolgen, werden wir Zeugen einer unerhörten Begebenheit: »Mein Herz schlug schneller«, erzählt sie, »ich atmete immer rascher und tiefer, bis mich schließlich ein schrecklicher Krampf schüttelte und ich das Bewusstsein verlor.« Das ist die kaum verhüllte Beschreibung eines Orgasmus.

Bei den Pfählungen rückt die sexuelle Komponente unübersehbar in den Vordergrund. In den Berichten aus dem 18. Jahrhundert wurde das erigierte Glied der Untoten als »wildes Zeichen« umschrieben und damit sprachlich umhüllt. Dem »wilden« Zeichen des Vampirs treten die Vampirjäger mit ihrem großen Pfahl entgegen, besonders gerne in der Walpurgisnacht. In ländlichen Gebieten Mitteleuropas stellen die Männer noch heute in der Nacht zum ersten Mai einen Maibaum auf. Oben auf dem Baum ist ein Kranz (die Vorhaut Christi, würde Voltaire vermuten), manchmal hängt auch noch eine Wurst auf dem Wipfel. Männer aus den Nachbardörfern versuchen den Baum zu stehlen. Der Maibaum erinnert an einen überdimensionalen Vampirpfahl, mit dem die bösen Mächte des Winters vertrieben werden sollen. Man muss kein Psychoanalytiker sein, um die Gleichung Maibaum = Frühling = Kraft = erigiertes Glied herzustellen. Die katholische Kirche hat versucht, die Walpurgisnacht vom Frühling in den Winter zu verlegen, wohl in der Hoffnung, damit die phallischen Exzesse am Vorabend des 1. Mai zu unterbinden, wie Barbara Walker in ihrem

Lexikon *Das geheime Wissen der Frauen* unter der Eintragung »Walpurgis, Heilige« meint. Mephistopheles bringt es in Goethes *Faust* (Vers 3659f.) auf den Punkt: »Ein bisschen Diebsgelüst, ein bisschen Rammelei. | So spukt mir schon durch alle Glieder | die herrliche Walpurgisnacht.«

In Stokers *Dracula* pfählt Arthur seine Verlobte Lucy, weil sie ihm untreu geworden, zu Dracula übergelaufen, d.h. »läufig« geworden ist. Er durchbohrt sie mit sadistischer Hingabe, so lange, bis ihr Mund mit blutigem Schaum bedeckt ist. Der bekannte Psychoanalytiker Erich Fromm (1900–1980), der sich lange mit der *Anatomie der menschlichen Destruktivität* beschäftigt hat, war davon überzeugt, »dass der Kern des Sadismus, der allen seinen Manifestationen gemein ist, die Leidenschaft ist, absolute und uneingeschränkte Herrschaft über ein lebendes Wesen auszuüben, ob es sich nun um ein Tier, ein Kind, einen Mann oder eine Frau handelt«. (S. 326) Wenn Stoker die Pfählungen genüsslich beschreibt, verwendet er beinahe zynische Formulierungen wie »gnade-bringender Pfahl«.

Die läufige Lucy wird ebenso wie Carmilla vor den Augen mehrerer Männer gepfählt. Dr. Seward, der Lucys Pfählung beschreibt, zieht eine Parallele zum germanischen Donnergott Thor, so als hätte Arthur ein archaisches Recht oder gar die Pflicht, seine untreue Verlobte vor Augenzeugen zu durchbohren. Aus psychoanalytischer Sicht könnten die blindwütigen Pfählungen der Frauen Ausdruck des männlichen Horrors vor der Vagina dentata der Vampirinnen sein. Die Vagina dentata (= gezähnte Vagina) ist das wohl schärfste Bild männlicher Kastrations- und Versagensangst.

Wären diese Pfählungen echt, würden wir wahrscheinlich panisch flüchten oder empört eingreifen, den medialen Pfählungen sehen wir jedoch zu. Bedeutet das, dass wir alle nekrophile Sadisten sind? Die berühmten Begründer der Kritischen Theorie Max Horkheimer und Theodor W. Adorno haben das im Kapitel »Leeres Erschrecken« in der *Dialektik der Aufklärung* so formuliert: »Das Hinstarren aufs Unheil hat etwas von Faszination. Damit aber etwas vom geheimen Einverständnis.« (S. 206)

Zuschauen ist immer auch ein »Einverstanden-Sein«. Wenn wir Vampirfilme ansehen, dann versetzen wir uns in eine oder mehrere der Figuren hinein, wir identifizieren uns, das heißt: wir werden eins mit ihnen. Wir wünschen uns Figuren, die unsere Wünsche stellvertretend für uns ausleben. Die Wünschträume, zu denen wir uns nicht bekennen, oder im Sinne von Freuds »Kulturopfern« nicht bekennen dürfen, halsen wir jemand anderem auf. Der Russe Ilja Ehrenburg (1891–1967) war der erste, der Hollywood als *Traumfabrik* bezeichnet hat, seither ist diese Bezeichnung zum Allgemeingut geworden. Sein Buch Фабрика снов ist unter dem Titel *Die Traumfabrik* 1931 in Berlin erschienen.

»Wunscherfüllung ist der Sinn eines *jeden* Traumes«, betont Freud in der *Traumdeutung* und setzt das Wort »jeden« kursiv. (S. 147) Böse Träume sind keine Botschaften aus dem transzendentalen Jenseits, die von den Göttern geschickt werden, um uns zu warnen, zu drohen oder zu lenken. Sie zeigen auch nicht, was die Zukunft bringen wird, sondern sie kommen aus dem psychischen Jenseits in uns und halten uns immer unsere innersten Wünsche vor Augen. Das ist eine der umstrittensten Aussagen von Freud. Aber er beharrt darauf, dass wir nur davon träumen, wovon wir unbewusst »träumen« – auch wenn unsere Wünsche im Traum in der Gestalt des Schrecklichen, Abscheulichen und Furchterregenden erscheinen. Um den Kampf zwischen Wunsch und Zensur zu beschreiben, verwendet Freud die Begriffe »Strömung« und »System«: »Wir dürfen also als die Urheber der Traumgestaltung zwei psychische Mächte (Strömungen, Systeme) im Einzelmenschen annehmen, von denen der eine den durch den Traum zum Ausdruck gebrachten Wunsch bildet, während die andere eine Zensur an diesem Traumwunsch übt und durch diese Zensur eine Entstellung seiner Äußerung erzwingt.« (*Die Traumdeutung*, S. 157)

Es ist wohl kein Zufall, dass Freud einerseits von Strömung und andererseits von System spricht. So können wir die Wünsche als »Strömung« verstehen und die Zensur als »System«. Aus dem dunklen, mächtigen Strom des Unbewussten tauchen Wünsche auf, die wir uns erfüllen wollen, wenn wir in die Buchhandlungen und Kinos strömen. Aber auch in der Welt der Vampirbücher und -filme agiert eine zweite Macht, ein System, das unsere Träume »systematisch« verkleidet. So werden in Dracula die Vergewaltigungen als Pfählungen verkleidet, die Pfählungen als notwendige Akte der Liebe und Erlösung. Man kann *Dracula* auch als Hymne an die Lynchjustiz lesen. Lucy wird von Arthur ermordet, die drei Frauen auf dem Schloss fallen van Helsing zum Opfer, *Dracula* wird von Harker getötet, all diese Morde sind durch kein Gesetz gerechtfertigt. Van Helsing ist Polizist, Richter und Henker zugleich. Vorehelicher Sex (Harker), Ehebruch (Mina), Homosexualität (Harker/Dracula), Gruppensex (die drei Frauen) – all diese Versuchungen werden von Harker, van Helsing & Co. mit nicht legitimierter Gewalt abgewehrt. Die bleichen Angelsachsen nehmen das Recht selbst in die Hand und töten den blutvollen Latin Lover. Der Vampirjäger ist ein Zwangsneurotiker, der sich als Hand Gottes ausgibt. Er führt die Thesen der Aufklärung im Mund, hat aber immer Hammer und Pfahl in der Hand.

Prof. Dr. Abraham van Helsing ist eine Verkörperung unserer aggressiven, sadistischen und nekrophilen Triebe. Sehen wir uns diese drei Begriffe näher an: »Aggression« bedeutet wörtlich »auf etwas oder auf jemanden zugehen«. Van Helsing geht immer wieder mit erhobenem Pfahl auf Dracula zu, erst recht, wenn Dracula zu fliehen versucht. »Der Sadismus ist eine der Antworten auf das Problem, als

Mensch geboren zu sein, wenn keine besseren Lösungen zur Verfügung stehen. Das Erlebnis der absoluten Herrschaft über ein anderes Wesen, das Erlebnis der Allmacht gegenüber diesem Wesen schafft die Illusion, die Grenzen der menschlichen Existenz zu überschreiten (...). Er ist die Verwandlung der Ohnmacht in das Erlebnis der Allmacht«, schreibt Erich Fromm über die menschliche Lust an der Vernichtung anderer. (*Anatomie der menschlichen Destruktivität*, S. 327) Im Vampirjäger können wir unsere sadistischen Wünsche und Allmachtsphantasien ausleben.

»Nekrophil« ist eine Kombination aus »nekros« (tot) und »phil« (liebend). Der Philosoph liebt die Weisheit, Philipp die Pferde, der Nekrophile die Leichen. Nekrophile werden von allem angezogen, was vermodert, verwest, tot oder gerade noch nicht tot ist. Nekrophilie kommt aber auch im Gegenteil zum Ausdruck, als Angst vor dem Schmutz, als Bedürfnis, alles Unreine auszurotten. Nekrophile wie van Helsing sind Rassisten und Befürworter von Blutvergießen. Laut Erich Fromm gehört zum nekrophilen Charakter auch »die Überzeugung, dass sich Probleme und Konflikte nur mit Gewalt und Gewalttätigkeit lösen lassen«. (S. 380) Deshalb wollen die Vampirjäger (und ihr Publikum) immer das Blut aus den noch elastischen Körpern der Untoten spritzen sehen. Als Sadist will der Vampirjäger die lebendigen Leichen in »pulsierende Objekte der Herrschaft« verwandeln, wie Fromm schreibt. (S. 328 f.)

Besser könnte man die Umtriebe der Vampirjäger nicht beschreiben. »Es war die Arbeit eines Metzgers!«, sagt van Helsing selbst, als er erzählt, dass er drei Vampirinnen gepfählt hat. So wie der Gott des Alten Testaments dem Teufel nie verzeihen wird, so wird auch van Helsing den Vampiren niemals die Chance zur Reue, Buße oder Resozialisierung geben. Dracula muss zu Staub zerfallen. »Der Sadist würde *Unterwerfung* verlangen; nur der Nekrophile verlangt die *Vernichtung*.« (Fromm, *Anatomie*, S. 457, Hervorhebung im Original)

Thanatos und Eros, der Todestrieb und der Lebenstrieb bestimmen nach Freud unser Innerstes. Im Gegensatz zur allgemeinen Ansicht verkörpert van Helsing Thanatos, den Todestrieb, Dracula ist Eros, weil er sogar über den Tod hinaus leben und lieben will. Van Helsing will den Untoten den Rest des Lebens austreiben und sie auf einen anorganischen Zustand reduzieren. Wir sehen das immer wieder in Filmen, in denen Dracula von van Helsing in die Sonne getrieben wird und dort zu Staub zerfällt.

Dracula ist eindeutig die attraktivere Figur. Natürlich ist er eine verkleidete Wunscherfüllung des Eros. Nach Freud sind wir schon als Kinder »polymorph pervers« und wollen auch als Erwachsene ohne Rücksicht auf Gesetze, Moral und Religion unsere Triebe ausleben, wollen hemmungslos beißen, Blut trinken, übermenschliche Kräfte haben und unsterblich sein. Aber wir können nur dann zivilisiert zusammenleben, wenn wir diese Triebe unterdrücken. Jede Kultur ist auf »Zwang und Triebverzicht« (Freud, GWF, Bd. 14, S. 328) aufgebaut, nur Dracula darf alles! Er hat keine Beißhemmung. Er verkörpert die Lust am Übergriff, seine Zähne sind Reißzähne. Wenn Dracula einen weißen Hals sieht, sieht er rot, er ist ein Aufreißer-Typ, der Männer und Frauen aufreißt.

Wenn wir unseren oralsadistischen Trieben Draculas Cape anziehen, dann kann er sie stellvertretend für uns ausleben. Draculas Cape ist außen schwarz wie die Nacht, die das Licht der Aufklärung verschluckt. Innen ist das Cape rot wie das Blut, das Leben und das Feuer, das ihn vernichten wird, weil er der Untote, der Unheilige, der Unreine ist, den der Unmensch van Helsing hasst. Sigmund Freud hat in seinem Text »Das Unheimliche« darauf hingewiesen, dass die Bedeutung des Wortes »unheimlich« teilweise mit dem Wort »heimlich« zusammenfällt. Unheimlich ist das, was heimlich passiert, im Heim, hinter den dicken Vorhängen, den versperrten Türen und in den Kellern der Häuser. Dracula ist uns unheimlich, weil er in uns selbst heimisch ist, deshalb lassen wir unseren inneren Vandalen van Helsing auf ihn los, den gefährlichen Irren, der sich als Vernunft ausgibt und verbissen den Vampiren hinterherhechelt – den nekrophilen Narren in uns, der Gespenster sieht, wo es Lebenslust gibt.

Wir sind van Helsing und Dracula, Vampirjäger und Vampir, sind Yin (der Schatten) und Yang (die Sonne), Thanatos und Eros. In der heute schon legendären Filmversion von *Dracula* aus dem Jahre 1958, die von der Firma Hammer produziert wurde, treibt van Helsing den Grafen Dracula ins Sonnenlicht. Dracula zerfällt zu Staub, der aussieht wie ein Exkrement, das van Helsing selbst ausgeschieden hat.

Dracula als kollektives Unwesen

Stokers *Dracula* ist eine Abfolge von Tagebucheinträgen, Briefen, Telegrammen, Zeitungsausschnitten und Tonaufnahmen. Aus diesen Einzelteilen entsteht ein Bild von Dracula, das mehr ist als die Summe der Teile. Was Dracula tut, sagt und denkt, erfahren wir nur aus zweiter Hand. Dracula selbst kommt im Roman *Dracula* nicht zu Wort. Diese Erzählstruktur erinnert an Hitchcocks Filmklassiker *North by Northwest*. In diesem Film erfindet der amerikanische Geheimdienst einen Agenten mit dem Namen George Kaplan, um die gegnerischen Geheimdienstleute zu verwirren. Dieser Kaplan existiert nicht, aber er hinterlässt überall Spuren – die natürlich vom amerikanischen Geheimdienst fabriziert worden sind. Das Spiel fliegt auf, als der Werbefachmann Roger O. Thornhill (Cary Grant) von den Bösen tatsächlich für George Kaplan gehalten wird. Der amerikanische Geheimdienst ist davon begeistert, dass seine Kopfgeburt nun zum Leben erwacht ist. Aber Thornhill muss um sein Leben fürchten, da er vom gegnerischen

Geheimdienst und der amerikanischen Polizei gejagt wird. Thornhill will beweisen, dass er nicht der echte Kaplan ist, und macht sich auf die Suche nach diesem. Er findet schließlich heraus, dass der echte Kaplan nicht existiert, er ist – wie der deutsche Filmtitel es formuliert – *Der unsichtbare Dritte.* Auch Dracula ist der unsichtbare Dritte, der fabriziert worden ist, um uns hinters Licht zu führen.

Er existiert, weil Harker, Mina, Lucy und van Helsing wollen, dass er existiert. Wir wollen Vampire. Dieses kollektive Verlangen treibt die Massen dazu, in die Kinos und Buchhandlungen zu strömen. Freud hat in der *Traumdeutung* von einer »Strömung« gesprochen, sein Konkurrent Carl Gustav Jung, der sich ebenfalls mit Traumdeutung beschäftigt hat, spricht von »Archetypen«.

Das sind Grundmuster, die in ihrer Ausführung variieren, aber einen gleichbleibenden Kern haben. Wir werden diesem Gedanken später noch in Joseph Campbells Mythen-Dramaturgie über den »Helden mit tausend Gesichtern« begegnen. Der Vampir ist eine Variation des Grundmusters »Schatten«. Dieser Archetypus repräsentiert die von uns abgelehnten Teile unserer Persönlichkeit. Der Schatten ist das unterdrückte Untier in uns. C. G. Jung führt dazu aus: »Eine dunkle Ahnung sagt uns, dass wir ja nicht ganz sind ohne dieses Negative, dass wir einen Körper haben, der wie der Körper überhaupt unweigerlich einen Schatten wirft, und dass wir diesen Körper leugnen. Dieser Körper aber ist ein Tier mit einer Tierseele, d.h. ein dem Trieb unbedingt gehorchendes lebendes System. Mit diesem Schatten sich zu vereinigen, heißt Ja sagen zum Trieb und damit auch Ja zu jener ungeheuerlichen Dynamik, welche im Hintergrund droht.« (Jung, *Zwei Schriften über Analytische Psychologie*, S. 81f.) Das Ungeheuer lässt seinen Trieben freien Lauf und reißt die Körper der Menschen auf wie ein tollwütiger Hund. Van Helsing »muss« es töten. Draculas Schatten ist in uns und wartet nur auf eine Gelegenheit, seine »ungeheuerliche Dynamik« zu entfalten, van Helsings Schatten vernebelt uns das Gehirn. Gelegenheit macht Diebe/Liebe: Wer unter die Vampire fällt, wird zum Vampir, wer sich mit Vampirjägern einlässt, wird selbst zum Pfähler.

Sigmund Freud hat auf unsere destruktiven, asozialen und antikulturellen Triebe hingewiesen, die wir unterdrücken, bis wir die Gelegenheit bekommen, sie straflos auszuleben. Das wird in Untersuchungen wie dem Stanford-Prison-Experiment, das Prof. Philip Zimbardo von der Stanford University erstmals im Jahre 1971 durchgeführt hat, nur zu deutlich. Dazu wurden die Versuchsteilnehmer nach einem Zufallsprinzip in Gefangene und Aufseher eingeteilt. Schon nach kurzer Zeit verinnerlichten beide Gruppen ihre Rollen. Die Menschen, die zufällig Gefangene geworden sind, werden zu Gefangenen ihrer Rolle; die Aufseher beginnen, ihre Untergebenen wie Sklaven oder Fleischstücke zu behandeln. Das erste derartige Experiment musste nach wenigen Tagen abgebrochen werden, weil es außer Kontrolle geraten war. Zimbardo hat die Tatsache, dass wir der Strömung unserer Triebe freien Lauf lassen, wenn uns ein System die Chance dazu gibt, als Lucifer-Effekt bezeichnet. Dieser Effekt, der sich von den historischen Folterexzessen bis zu den Gräueltaten im Gefängnis von Abu Ghraib zeigt, wird auch bei Dracula und bei van Helsing wirksam.

Im ersten Teil von Stokers Roman ist Harker der Gefangene, Dracula ist der Aufseher, der ihn erniedrigt. Im zweiten Teil sind die Rollen vertauscht. Dracula ist der flüchtige Gefangene, der nun vom Oberaufseher van Helsing gnadenlos zur Strecke gebracht wird. Wir spielen beide Rollen. Wir lieben Dracula und van Helsing, weil beide Berserker sind, die in einen Blutrausch verfallen. Das Wort setzt sich aus den altnordischen Begriffen *beri* »Bär« und *serkr* »Gewand« zusammen und bezeichnet Menschen, die in Gewaltekstase verfallen. Dracula saugt ekstatisch an den Hälsen, und van Helsing pfählt pochende Herzen in wilder Raserei. Mit ihnen können wir wieder zum Tier werden, den Mantel der Zivilisation abstreifen und in das Fell des Bären schlüpfen (vgl. Fromm, *Anatomie*, S. 311). Historische Gräueltaten, Lynchjustiz und wissenschaftliche Experimente, die trotz der Überwachung durch Ärzte und Psychologen außer Kontrolle geraten sind, haben die uralte Einsicht bestätigt, dass der Mensch zum Werwolf wird, wenn man ihm die Gelegenheit dazu gibt, »Homo homini lupus est« sagten die Lateiner dazu.

Da Vampire und Vampirjäger Figuren aus unserem Schattenbereich sind, die durch den Luzifer-Effekt die Gewalt über uns an sich reißen können, fehlt im Vampirmythos die Stimme der Vernunft vollkommen.

Sherlock Holmes kann Vampire mit einem Achselzucken als Unsinn abtun, in *Dracula* gibt es niemanden, der die Stimme der Vernunft verkörpert, weder Jonathan noch van Helsing, weder Mina noch Dr. Seward. Und einen vernünftigen Erzähler wie Dr. Watson gibt es in *Dracula* erst recht nicht.

Harker, Mina, Lucy, van Helsing & Co. haben Dracula in einer kollektiven Selbstbenebelung herbeiphantasiert. Vampire sind eine Halluzination, ein kollektives Hirngespinst, das aus »den Atomen des Nebels« entsteht, wie Bram Stoker schreibt.

06 Herrgott, hilf!

frau mama und herr papa,
vampirlein will mich beißen.
nimm ein kreuzlein,
schlag's auf's schnäuzlein,
wird's dich nicht mehr beißen!

H. C. Artmann, *Allerleirausch. Neue schöne Kinderreime*

Stellen wir uns vor, das Grauen wäre namenlos und unberechenbar, immer und überall in uns und um uns. Stellen wir uns vor, unsere destruktiven, antisozialen und antikulturellen Triebe würden uns völlig beherrschen. Wir wären hilflos und in Panik, ständig auf der Flucht. Da Dracula in uns selbst haust, ist es nicht leicht, ihm aus dem Weg zu gehen, deshalb müssen wir andere Möglichkeiten erfinden, uns vor ihm zu schützen. Damit wir uns im Unheimlichen halbwegs heimisch fühlen können, müssen wir den Teufel an die Wand malen.

Benennen und Provozieren

Wenn wir das Böse bannen wollen, dann geben wir ihm einen Namen oder wir machen uns ein Bild davon. Benennen ist bannen und beschwören. Wer »Zum Teufel!« ruft, zähmt *und* provoziert ihn. Provozieren bedeutet eigentlich hervorrufen (vgl. *vox* »die Stimme«). Es ist gefährlich und zugleich beruhigend, den Teufel an die Wand zu malen. Man muss auf der Hut sein, wenn man die Namen der Geister ausspricht, alle heiligen und unheiligen Namen sind tabu, hilfreich aber eben auch gefährlich. Man darf den Namen Gottes – wenn überhaupt – nur ehrfürchtig erwähnen. Man darf den Namen Dracula – wenn überhaupt – nur flüstern, sonst erwacht er und sucht uns heim.

Wenn wir das Böse »formulieren«, dann können wir es in die Schranken weisen, denn nur das namenlose und unaussprechliche Grauen ist unbezwingbar. Diesen Gedanken finden wir in allen Religionen, die es verbieten, den Namen Gottes auszusprechen, oder glauben, dass ihr Gott gar keinen Namen habe. Auch das biblische Bilderverbot ist in diesem Zusammenhang zu verstehen: »Du sollst dir kein Gottesbild machen und keine Darstellung von irgendetwas am Himmel droben, auf der Erde unten oder im Wasser unter der Erde«, heißt es im 2. Buch Mose (Ex 20,4). Üblicherweise wird dieses Verbot auf die Ablehnung der Götzenverehrung zurückgeführt, aber ich halte das für ein schwaches Argument. »Götze« ist die Verkleinerung von Gott, man könnte stattdessen auch Göttchen schreiben. Götzenverehrung bedeutet, dass man ein Goldenes Kalb anbetet anstelle der Gottheit, für die das Kalb steht. In der Sprache der Zeichentheorie würde man sagen: Götzendienst ist die Anbetung des Signifikanten, der bezeichnenden Form, anstelle des Signifikats, der bezeichneten Idee. Unter diesem Blickwinkel wird klar, dass das Bilder- oder Bezeichnungsverbot vor allem dazu dient, die Götter vor den Formulierungen zu schützen. Jede Idee, die wir formulieren, wird in eine Form gepresst, sei es ein Bild oder ein Wort. Formen sind erfahrbar, greifbar und damit angreifbar. Was man nicht angreifen kann, kann man nicht beschädigen oder zerstören, besudeln oder bespucken. Bilder kann man übermalen oder bekritzeln.

Wenn man die Gedanken »Was man formulieren kann, kann man deformieren« und »Was man angreifen kann, kann man auch attackieren« zu Ende denkt, dann ist es nur logisch, dass man den Namen Gottes nicht aussprechen soll. Als Moses fragt: »Was soll ich den Leuten sagen, wenn sie wissen wollen, wie Du heißt?« (in der Annahme, dass Moses mit dem Herrgott auf Du und Du war), antwortet Gott kryptisch: »Ich bin, der ich bin.«

Wenn man einer Gottheit einen Namen gibt, kann man aus ihr einen Götzen machen, ein kleines Göttchen. Nach derselben Methode können wir auch die Macht des Bösen einschränken. Alle Zeichen nageln das Bezeichnete fest. Bezeichnen bedeutet immer auch verkleinern, auf den Punkt bringen, kontrollieren, klassifizieren, einordnen.

Wenn wir uns ein Bild vom Bösen machen, sind wir besser im Bilde, anstatt orientierungslos umherzuirren. Wenn wir das Böse in ein Koordinatensystem aus Raum und Zeit, Ursache und Wirkung einordnen, dann übernehmen wir die Kontrolle. Wenn wir das namenlose Grauen personifizieren und dem Unheimlichen ein Gesicht und eine Geschichte geben, dann können wir spielend mit ihm fertig werden. Der Eigenname Dracula, den die alten Weiber zitternd hinter vorgehaltener Hand flüstern, schwächt den Vampir, da er ihn zum Individuum macht. So wird der Kampf eins gegen eins erst möglich.

Verbannen und Verwünschen

Da wir das Böse kontrollieren wollen, weisen wir ihm einen eigenen geographischen Bereich zu, sei es das Jenseits oder eine verbotene Zone im Diesseits. Wir können hier wieder an Freuds »heimlich/unheimlich« und an seine Frage: »Wen lassen wir über die Schwelle unseres Heimes?« denken sowie an die *Traumdeutung*, in der jeder Traum als Wunscherfüllung beschrieben wird. Auch in »verwunschen« steckt der Wunsch. Wir erfüllen uns den Wunsch nach wohligem Gruseln, wenn wir in die verwunschene Zone eindringen, in die wir den Vampir verbannt haben.

Solange Dracula in Transsilvanien bleibt, ist er nicht ganz so bedrohlich. Erst als er nach London kommt, schrillen alle Alarmglocken. In Estlemans Roman *Sherlock Holmes versus Dracula* muss sogar Sherlock Holmes (unser rationales Über-Ich) eingreifen, um den Grafen aus England zu verjagen. Aubrey trifft den Vampir in einer einsamen Gegend in Griechenland, Harker in Transsilvanien. In den traditionellen Abenteuergeschichten gehen die jungen Männer in die weite Welt hinaus, die Mädchen bleiben zu Hause. Im 19. Jahrhundert kann Laura, die Erzählerin in *Carmilla*, noch nicht allein in die weite Welt hinaus fahren. Sie ist als Mädchen an Haus und Hof, an Kinder, Küche und Kirche gefesselt. Damit sie ihr Vampirabenteuer erleben kann, muss Carmilla zu ihr in das Schloss kommen.

»Muss i denn, muss i denn | Zum Städtele hinaus, | Städtele hinaus | Und du, mein Schatz, bleibst hier« wird von einem Mann gesungen, nicht von einer Frau.

Dass wir Dracula schwächen wollen, indem wir ihm einen Platz in der Fremde zuweisen, wird in den Varianten deutlich, in denen er immer verrottete Heimaterde mit sich herumschleppen muss, um seine Kräfte ausspielen zu können. Nur wenn er in verfaulter Erde liegt, ist er in seinem Element. Nur dann kann er sich in eine Fledermaus verwandeln, über Wind und Wellen gebieten oder sich im Mondlicht auflösen.

Gute Vampir-Schauplätze findet man an jedem beliebigen Ort. Transsilvanien ist als Vampirhochburg genauso gut geeignet wie London, die Steiermark ist darin um nichts besser oder schlechter als New Orleans. Überall geht die Sonne irgendwann unter. Auch in den neueren Versionen des Vampirmythos wird das Motiv der Fremde beibehalten, wie wir unten im Kapitel über Vampire in Film und Fernsehen sehen werden.

Der traditionelle Vampirmythos versichert uns, dass der Vampir aus seiner verwunschenen Zone nur dann zu uns kommen kann, wenn wir ihn einladen. Der Vampir ist nie ein ungebetener Gast, denn wir müssen ihn zuerst willkommen heißen. Wir müssen das Unbewusste zumindest einmal über »die Schwelle der Wohnungstür treten« lassen, nach dieser Initiation kann der Vampir – zumindest in der Stokerschen Variante – immer wieder eindringen. »He can come as he pleases«, sagt van Helsing. Die psychoanalytische Lesart dieses Gebots ist ebenso offensichtlich wie seine Funktion, das Böse zu kontrollieren.

Knoblauch und Pfahl, Hostie und Kreuz

Selbst dann, wenn wir den Vampir willkommen geheißen haben, sind wir ihm nicht hilflos ausgeliefert, wenn wir Knoblauch zur Hand haben. Warum eigentlich Knoblauch? Die Volkskundler und Ethnomediziner sagen, dass es sich dabei um eine alte Heilpflanze handelt, die desinfizierend wirkt. Ich habe schon erwähnt, dass ich als Kind immer eine Knoblauchzehe als stinkenden Talisman tragen musste. Das einfache Volk war schon immer davon überzeugt, dass Knoblauch vor Grippe, Schnupfen oder Masern schützt. Die desinfizierende Wirkung von Knoblauch ist mittlerweile auch schulmedizinisch bestätigt. Dazu kommt, dass man aus dem Mund stinkt, wenn man Knoblauch gegessen hat. Da auch Dracula übel aus dem Mund riecht, wie wir bei Bram Stoker nachlesen können, wäre Knoblauch eine Art homöopathische Medizin gegen Dracula, die Gleiches mit Gleichem bekämpft.

Viel wichtiger ist, dass die Knoblauchknollen weiß sind, denn das ist die Farbe der Unschuld. So werden unsterbliche Engel und der auferstandene Christus auf den meisten Abbildungen in einem weißen Gewand dargestellt. Auch die Form der Knoblauchzehen ist bedeutsam, da sie an einen Hodensack erinnert. Ich glaube, dass die Knoblauchknolle den Hodensack des weißen Vampirs Jesus Christus repräsentiert, der von den Toten auferstanden ist und dessen Blut wir trinken. Ich vermute, dass die Kombination von Knoblauch und Pfahl auf die Zeit vor Christi Geburt zurückgeht und auf den griechischen Gott Pan verweist. Pan, der Gott des Waldes und der Natur, hat den Oberkörper eines Menschen und den Unterleib einer weißen Ziege. Er liebt das Leben, spielt auf der Panflöte, tanzt ausgelassen und erschreckt gerne die

Hirten und ihre Herden mit seinem erigierten Penis. Wenn wir dem untoten Dracula den Hodensack des Heilands und den erigierten Penis des Gottes Pan entgegenrecken, dann erstarrt Dracula, bevor er Hals über Kopf flieht.

Van Helsings Pfahl ist natürlich nicht nur ein Symbol, sondern auch eine handfeste Waffe, er ist ein härterer und besser zugespitzter Finger oder, wie Elias Canetti in *Masse und Macht* schreibt, ein »Arm, der in einen einzigen Finger ausläuft«. Canetti weiter: »Allen Waffen dieser Art gemeinsam ist die Konzentration auf einen Punkt.« (Bd. I, S. 242) In der Szene, in der Arthur die zu Dracula übergelaufene Lucy pfählt, beschreibt Stoker den Effekt, den diese Konzentration auf einen Punkt hat, mit Liebe zum Detail. Er erwähnt »die kleine Einbuchtung in Lucys weißem Fleisch«, die von Arthurs spitz zulaufendem Pfahl erzeugt wird, bevor der Pfahl die Haut aufreißt, das Fleisch durchdringt und das Herz der Vampirin durchbohrt.

Anstelle des stinkenden Knoblauchs und des spitzen Pfahls kann man auch eine Hostie verwenden, um die Vampire zu kennzeichnen. Als van Helsing der von Dracula durch die Bluttaufe zur Bundesgenossin gemachten Mina eine Hostie auf die Stirn drückt, brennt sie sich als Kainsmal in Minas Haut ein. Damit ist die Vampirin erkannt, markiert und gebannt. Während Knoblauch und Pfahl heidnischen Ursprungs sind, gehören Hostie und Kreuz zum christlichen Symbolkreis.

»Das Kreuz ist in der christlichen Religion ein bedeutungsvolles Symbol, das eine Vielfalt von Aspekten, Vorstellungen und Emotionen zum Ausdruck bringt, aber ein Kreuz hinter einem Personennamen heißt einfach, dass das Individuum tot ist«, schreibt C. G. Jung in seinem Buch über *Traum und Traumdeutung* (S. 73).

Einerseits scheut der Vampir das Kreuz, andererseits treibt er sich gerne auf christlichen Friedhöfen und in alten

Kapellen herum. Zum Themenkreis von Kreuz und Hostie gehört auch das bereits erwähnte Motiv der Gewehrkugel, die geweiht sein muss und aus einem besonderen Metall hergestellt ist. Auch damit schränken wir die Allmacht des Bösen ein. Christliche Vampire schrecken vor dem Kruzifix so zurück, wie der Satan vor dem Herrgott. Roman Polanski hat in *Tanz der Vampire* eine großartige Szene eingebaut, in der ein jüdischer Vampir angesichts des gekreuzigten Christus auflacht und antwortet: »You've got the wrong vampire«, »Da hast du den falschen Vampir erwischt« – einem jüdischem Vampir kann der gekreuzigte Christus keinen Schreck einjagen. Leider ist diese Szene in der deutschen Synchronisation verweihwässert worden: Das Kreuz erschrecke nur »alte Vampire«, heißt es in der deutschen Fassung des Films.

Des Pudels Kern und Draculas Drahtbürste

Es gibt genügend christliche und unchristliche Methoden, um sich einen Vampir vom Leib zu halten. Um Mina zu schützen, zieht van Helsing einen magischen Kreis um sie, den Dracula und die Vampirinnen nicht übertreten können. Es stellt sich allerdings heraus, dass Mina den Untoten schon so hörig ist, dass sie auch nicht mehr aus dem heiligen Kreis heraustreten kann, bis Dracula gepfählt ist. Bekannt ist das Motiv der Einladung und des magischen Zeichens aus Goethes *Faust*. Dr. Faust nimmt den schwarzen Pudel in sein Studierzimmer mit. Als »willkommner stiller Gast« kann Mephisto in Pudelgestalt über die Türschwelle springen, da das Pentagramm, das Faust vor bösen Geistern schützen soll, nicht gut gezeichnet und nach außen offen ist. Als sich herausgestellt hat, dass der Teufel selbst »des Pudels Kern ist«, kann er ohne Fausts Zustimmung jedoch nicht mehr hinaus, da das Pentagramm nach innen geschlossen ist: »'s ist ein Gesetz der Teufel und Gespenster«, sagt Mephisto. Mit solchen Gesetzen weisen wir das Böse in die Schranken.

In früheren Zeiten haben sich die Bergbauern in der Schweiz eine Art Drahtbürste oder Fakirbrett mit den Zähnen nach oben auf die Brust geschnallt, um die bösen Wesen davon abzuhalten, sich nachts auf die Brust des Schlafenden zu setzen. Man ist ja besessen, wenn ein böser Geist auf einem sitzt. In »nightmare«, dem englischen Wort für Albtraum, hören wir noch das deutsche Wort Nachtmahr, ein böses Wesen, das sich nachts dem Schlafenden auf die Brust setzt. Handfeste Maßnahmen wie das Nagelbrett muss man üblicherweise durch spirituelle Verfahren unterstützen. Deshalb lassen die Katholiken ihre Kinder taufen, um mit diesem Ritual das angeborene Böse, die Erbsünde, aus den Neugeborenen zu vertreiben. Jede Taufe ist ein kleiner Exorzismus, der jedoch nur ein bisschen vor dem Vampirbiss schützt. Nur van Helsings großer Exorzismus mit Knoblauch, Kreuz und Pfahl treibt den unheimlichen Geist Draculas, der sich in uns eingenistet hat, aus. Angeblich will der Vatikan zu diesem Zweck in den nächsten Jahren 3000 neue Teufelsaustreiber ausbilden, wie *Der Spiegel* berichtete (www.spiegel.de/video/video-27861.html).

Der Spiegeltest

Wenn wir befürchten, dass Vampire trotz Knoblauch, Nagelbrett und Hostien zu uns gekommen sind, weil wir ihnen die Türen geöffnet haben, dann kann man sie dem Spiegeltest unterziehen und damit entlarven. Das ist auch so eine Geschichte, die wir erfunden haben, um die Vampire zu schwächen.

Im Spiegeltest werden Tiere vor einen Spiegel gestellt. Manche ignorieren das Spiegelbild, manche halten das gespiegelte Wesen für ein anderes Tier, einen Konkurrenten oder Partner. Konkurrenten werden bedroht und attackiert,

Partner umschmeichelt. Nur wenige Tierarten erkennen sich selbst im Spiegel. Affenarten, die sich selbst erkennen, beginnen Grimassen zu schneiden, damit sie ihre Zähne besser sehen, die sie sonst nie zu Gesicht bekommen. Wir Menschen erkennen uns frühestens ab dem sechsten Lebensmonat im Spiegel. Diese »Selbsterkenntnis« muss natürlich auch im übertragenen Sinn verstanden werden. In der Psychoanalyse nach Freud ist das Konzept des *Stade du miroir*, des Spiegelstadiums, vor allem durch den französischen Psychoanalytiker Jacques Lacan (1901–1981) bekannt geworden. Lacans Theorien sind komplex und lassen sich schwer ins Deutsche übertragen, da sie stark in Sprachspielen der französischen Sprache verwurzelt sind. Ein Kind kommt dann ins Spiegelstadium, wenn es sein Spiegelbild erstmals als Abbild von sich selbst identifiziert. Bei einer normalen Entwicklung findet dieses Erkennen zwischen dem 6. und 18. Lebensmonat statt. Lacan stellt sich die Frage, was dieses »Aha-Erlebnis« für die Entwicklung der kindlichen Psyche bedeutet. (Lacan benutzt in seinen Schriften den deutschen Ausdruck Aha-Erlebnis!) Einerseits sieht das Kind im Spiegel seinen Körper in einer Gesamtheit, die es sonst nicht sehen kann. Man kann ja sein eigenes Gesicht immer nur in einer Spiegelung sehen, sei es auf dem Wasser, in einer Fensterscheibe oder auf einem Foto. Andererseits ist diese Gesamtheit im Spiegel laut Lacan nur vorgespiegelt und schafft daher das Bewusstsein einer Entfremdung oder Spaltung. Sieht Dracula im Spiegel etwas, das wir nicht sehen können oder sehen wollen? Zeigt der Spiegel den grässlichen Grafen, der hinter der Verkleidung als Gentleman steckt?

Bevor E. T. A. Hoffmann an dem Kriminalfall um den Serienmörder Cardillac zu arbeiten begann, schrieb er eine phantastische Geschichte, die unter dem Titel *Die Abenteuer der Sylvester-Nacht* (1815) veröffentlicht wurde. Die darin beschriebenen Abenteuer sind vor allem durch Offenbachs Oper *Hoffmanns Erzählungen* bekannt geworden. In Hoffmanns *Sylvester-Nacht* lernen wir einen Mann ohne Schatten kennen und einen Mann ohne Spiegelbild. Der Mann ohne Schatten ist Peter Schlemihl, die berühmte Figur aus Adelbert von Chamissos gleichnamiger Erzählung. Schlemihl hat seinen Schlagschatten dem Teufel vermacht und muss seither schattenlos durch die Welt streifen. Er findet keine Ruhe, weil er von überall vertrieben wird, sobald die Mitmenschen sehen, dass er keinen Schatten wirft. Hoffmanns Mann ohne Spiegelbild heißt Erasmus Spikher. Er hat in Deutschland Frau und Kind zurückgelassen, um sich den Herzenswunsch zu erfüllen, nach Italien zu reisen. Dort verliebt er sich in die bezaubernde Giulietta. Als Erasmus' schlechtes Gewissen bzw. Über-Ich ihn doch wieder zu Frau und Kind zurückruft, bittet Giulietta ihn, wenigstens sein Spiegelbild zurückzulassen. Er tut ihr den Gefallen und ist fortan eine ebenso gespaltene Existenz wie Schlemihl. Der Mann ohne Schatten und der Mann ohne Spiegelbild finden keine Ruhe, weil ihren Mitmenschen ihr offensichtlicher Mangel auffällt.

In Hoffmanns Geschichte werden sowohl die psychologische als auch die dramaturgische Funktion des Spiegelbildes und des Schattens sichtbar. Erinnern wir uns an C. G. Jungs These, dass der Schatten als Archetyp ein Teil von uns ist, ohne den wir nicht ganz sind. Spikher kann sich nach seiner Rückkehr von Italien »nicht mehr in den Spiegel schauen«. Der Spiegel sagt ihm die Wahrheit: Du hast Frau und Kind verlassen, um deine Triebe auszuleben. Wir kennen den Spiegel, der die Wahrheit sagt, aus dem Märchen *Schneewittchen,* das besonders viele vampirische, sadistische und nekrophile Elemente hat.

Das Märchen beginnt mit der klassischen Verbindung von Geburt und Tod und dem auch in Vampirgeschichten immer wieder auftauchenden Motiv einer nicht mehr intakten Familie.

Es war einmal mitten im Winter und dichte Schneeflocken fielen vom Himmel. Da saß eine Königin an einem Fenster, das einen Rahmen aus schwarzem Ebenholz hatte, und nähte. Und wie sie so nähte und nach dem Schnee aufblickte, stach sie sich mit der Nadel in den Finger, und es fielen drei Tropfen Blut in den Schnee. Und weil das Rote im weißen Schnee im schwarzen Rahmen so schön aussah, dachte sie bei sich: »Ach, hätt' ich doch ein Kind, so weiß wie Schnee, so rot wie Blut und so schwarz wie Ebenholz.« Bald darauf bekam sie eine Tochter mit roten Lippen, schwarzen Haaren und schneeweißer Haut. Das Kind wurde Schneewittchen (Schneeweißchen) genannt.

Als das Kind geboren war, starb die Königin. Das junge Schneewittchen bekommt – wie könnte es anders sein – eine böse Stiefmutter. Die Stiefmutter besitzt einen Spiegel, der immer die Wahrheit sagt. Jedes Kind kennt den Reim: »Spieglein, Spieglein an der Wand, wer ist die Schönste im ganzen Land?« Und die Antwort kennen wir ebenso:

»Frau Königin, Ihr seid die Schönste hier. Aber Schneewittchen ist tausendmal schöner als Ihr.«

Da die Königin es nicht ertragen kann, dass der Spiegel (ihr Unbewusstes?) ihre Stieftochter bevorzugt, beschließt sie, das Kind ermorden zu lassen. Sie beauftragt einen Jäger, Schneewittchen zu entführen und im Wald zu töten. Als Beweis dafür, dass Schneewittchen tot ist, soll der Mörder Schneewittchen Lunge und Leber herausschneiden und seiner Auftraggeberin bringen. Grausigere Ideen hat nicht einmal die Mafia. Der Jäger lässt Schneewittchen jedoch laufen und erlegt stattdessen ein junges Wildschwein, dessen Innereien er zur Königin bringt. Die Königin will sich Schneewittchen einverleiben, lässt Lunge und Leber kochen und verspeist sie. Aber die Wahrheit kommt an den Tag, als der Spiegel ihr trotzdem wieder antwortet: »Schneewittchen ist tausendmal schöner als Ihr.« Nun will die Königin selbst Schneewittchen töten. Zuerst versucht sie, ihre Stieftochter mit einem zu fest geschnürten Mieder zu ersticken, dann verwendet sie einen vergifteten Kamm, dessen Gift Schneewittchen über die Kopfhaut aufnehmen soll. Da Schneewittchen beide Mordanschläge überlebt, reicht die Stiefmutter ihr einen vergifteten Apfel. Schneewittchen fällt tot um, aber sie verwest nicht. Wie eine Vampirin liegt sie frisch und mit roten Backen in ihrem durchsichtigen Sarg aus Glas. Die Zwerge halten Totenwache, und sogar die Tiere des Waldes kommen und beweinen Schneewittchen. Nach langer Zeit kommt ein Prinz und verliebt sich in das scheintote Mädchen. Als die Diener den Sarg wegtragen, stolpert einer, und Schneewittchen spuckt das Apfelstück aus, das ihr im Halse stecken geblieben war. Einem Happy End steht nichts mehr im Wege – nur die böse Stiefmutter, die sogar zur Hochzeit der beiden kommt. Aber dort warten rote Schuhe der besonderen Art auf sie: In eisernen Pantoffeln, die im Feuer glühend gemacht worden sind, muss sie tanzen, bis sie tot umfällt.

Der Schneewittchenspiegel erfüllt verschiedene Funktionen. Er zeigt der bösen Stiefmutter, dass sie hässlich ist, weil sie das Böse verkörpert. Sie geht an ihrer eigenen Bosheit zugrunde, die im Spiegel sichtbar wird. Das erinnert an die Sage vom Basilisken, dessen Blicke töten können, der jedoch das eigene Spiegelbild nicht ertragen kann. Angeblich sehen wir statt Draculas Spiegelbild nur gähnende Leere, wo doch der Vampir reflektiert sein sollte. Da wir selbst der Vampir sind, stellt sich die Frage, ob wir unser Spiegelbild als Vampir nicht erkennen wollen oder nicht ertragen können. Vielleicht erscheint Dracula nicht im Spiegel, weil er nur unsere Einbildung ist. Das Spiegelbild bildet die äußere Realität ab und nicht unsere Phantasien. Andererseits gilt der Spiegel oft auch als Tor in eine andere Welt. Vielleicht fürchtet Dracula das Silber, das den Hintergrund des Spiegels bildet, weil es ihn an geweihte Silberkugeln erinnert. Fest steht, dass die Spiegelszene eines der beeindruckendsten Elemente des Vampirmythos bildet.

In Stokers Roman hatte Harker bei seiner Ankunft auf dem Schloss bemerkt, dass dieses reich ausgestattet ist. Kostbare Möbel, prunkvolle Vorhänge, goldenes Tafelservice, aber in keinem einzigen Zimmer hängt ein Spiegel. Zum Glück hat er seinen eigenen Rasierspiegel mitgebracht, den er am Fensterkreuz aufhängt, als er sich vor dem Frühstück rasieren will. Plötzlich spürt er Draculas Hand auf seiner Schulter. Harker erschrickt und verletzt sich. Harker blickt sich um, hinter ihm steht Dracula. Harker will seinen Augen nicht trauen. Er dreht den Rasierspiegel so, dass sich der Graf darin spiegeln müsste, aber entsetzt sieht er: »There was no reflection of him in the mirror!«

Aus Harkers Schnittwunde tropft Blut. Für einen Augenblick sieht es so aus, als wolle Dracula mit wilder Wut über ihn herfallen. Er packt Harker am Hals, schreckt aber vor dem Kruzifix zurück, das die Alte in Bistritz dem unwilligen Harker aufgedrängt hatte. Dracula bekommt einen Wutanfall. Statt Harkers Hals packt Dracula den Spiegel, öffnet das Fenster und wirft ihn hinaus. Tief unten zerschellt der Spiegel in tausend Stücke. Dracula projiziert seine Triebe auf den Spiegel und schiebt ihm die Schuld daran zu, dass er sein Es nicht unter Kontrolle hat: »Und das ist das elende Ding, das an dem Unheil schuld ist.« Mediziner würden diesen Ausbruch in das Krankheitsbild der Tollwut einordnen, zu deren Symptomen es gehört, dass die Kranken vor Spiegeln zurückschrecken.

Die Spiegelszene regt zu verschiedensten Interpretationen an, je nachdem, ob man annimmt, dass Dracula nichts im Spiegel erkennt oder dass er vor seiner eigenen Fratze zurückschreckt. Vielleicht sagt der Spiegel im Vampirmythos dadurch die Wahrheit, dass er nur »physikalische Objekte« abbildet und unsere Einbildungen nicht zeigt. Metaphysisches hat kein optisches Spiegelbild. Vielleicht schreckt der Vampir auch deshalb vor seinem grässlichen Spiegelbild zurück, weil es ihm den himmelhohen Unterschied zu dem gekreuzigten und wiederauferstandenen Christus zeigt, den er gerne als sein Spiegelbild hätte. Wenn man diesem Gedanken nachgeht, dann wird Dracula zur bösen Stiefmutter, Jesus zu Schneewittchen.

In einer Sherlock-Holmes-Geschichte mit dem Titel *Silver Blaze* findet ein berühmt gewordener Dialog zwischen dem Meisterdetektiv und einem Polizeiinspektor Gregory statt.

Gregory: »Gibt es noch einen Punkt, auf den Sie meine Aufmerksamkeit lenken möchten?«

Holmes: »Auf den seltsamen Vorfall mit dem Hund in der Nacht.«

Gregory: »Der Hund hat doch nichts gemacht.«

Holmes: »Das ist eben das Seltsame.«

Holmes kann das Rätsel lösen, weil ihn die Tatsache, dass der Hund nichts gemacht hat, auf die richtige Spur bringt. Ebenso erkennen wir den Vampir in einem Spiegel, der nicht zeigt, was wir sehen wollen.

Die Regel, dass Vampire kein Spiegelbild haben, hat offensichtlich auch eine dramaturgische Funktion. Am fehlenden Spiegelbild erkennen wir die Vampire – wieder eine Möglichkeit, sie zu beherrschen. Roman Polanski hat auch dieses Element des Vampirmythos genial ironisiert. Prof. Ambronsius und sein Gehilfe haben sich unter die Vampire gemischt. Beim Tanz im Spiegelsaal erkennen die Vampire die Eindringlinge daran, dass die beiden Menschen die einzigen sind, die ein Spiegelbild haben.

Superhelden: Dracula, Siegfried, Superman

In vielen Vampirerzählungen können Vampire fließendes Wasser nicht überqueren. Diese Beschränkung erinnert einerseits daran, dass Tollwutkranke eine Scheu vor fließendem Wasser haben können, und andererseits daran, dass das »Jenseits« in alten Kulturen oft ein konkreter Ort »jenseits des Wassers« war, etwa auf der anderen Seite eines Flusses. Auch in der griechischen Mythologie trennt ein Fluss die Welt der Lebenden vom Reich der Toten. Bei den Griechen ist es der Styx. Achilles wurde von seiner Mutter im Styx gebadet, um ihn unsterblich zu machen, aber die Stelle, an der sie ihn festhielt, bleibt verwundbar. So entstand die sprichwörtliche Achillesferse. Dasselbe Motiv finden wir bei dem germanischen Helden Siegfried. Als er in Drachenblut badet, um sich einen undurchdringlichen Panzer zuzulegen, landet ein Lindenblatt auf seiner Schulter. An dieser Stelle bleibt er verwundbar. Sogar Superman, der Superheld aus einer anderen Welt, wird schwach, wenn er mit Kryptonit in Kontakt kommt.

Stärken und Schwächen sind dramaturgische Energie, die unsere Geschichten antreibt. Der Held und seine Gegner müssen Schwächen haben, damit man eine spannende Geschichte erzählen kann. Damit eine Handlung uns packt, müssen alle Figuren verwundbar sein: Unverwundbare Helden, gleichgültig, ob gut oder böse, sind dramaturgisch unbrauchbar. Die Gegenspieler müssen einander auf einem Terrain begegnen, auf dem zumindest punktuell Chancengleichheit besteht; nur dann wird Spannung erzeugt. Es ist eines der ehernen Gesetze der Dramaturgie, dass die Helden nicht völlig »unkaputtbar« sein dürfen, wie sollten sie sonst je in Bedrängnis kommen? Deswegen steht der Denkmaschine Sherlock Holmes der ebenbürtige Verbrecher Professor Moriarty gegenüber. Aus diesem Grund haben Siegfried, Achilles und Superman Schwächen. Und auch Popeyes

Spinat, dessen Wirkung eben nur ein kleines Quäntchen Zeit anhält, hat damit zu tun.

Mit seinen übermenschlichen Fähigkeiten ist Dracula ein Superheld. Weil wir im Kampf gegen ihn Chancen haben wollen und weil wir unsere Träume und Ängste in eine möglichst gute Geschichte verpacken wollen, haben wir ihm eine Achillesferse gegeben: die Sonne. Damit weisen wir dem Bösen nicht nur einen spezifischen Ort zu, sondern auch eine bestimmte Zeit: das Dunkel der Nacht. Dracula wäre nur irgendein x-beliebiges Monster, wenn da nicht die Sache mit der Sonne wäre: Die Sonne ist Draculas Kryptonit. Auch hier stellt der Vampirmythos einen Zusammenhang von Psyche und Physis her: Wenn Tollwutkranke in grelles Licht kommen, werden sie rasend und schlagen wild um sich.

07 Zeitreisen ins Zwielicht

You know the day destroys the night
Night divides the day
Tried to run
Tried to hide
Break on through to the other side
Break on through to the other side
Break on through to the other side!

The Doors auf ihrem ersten Album, veröffentlicht am 1. Jänner 1967

Ein Vierteljahrhundert später als *The Doors* und bedeutend lauter haben es die Heavy-Metal-Rabauken von *Metallica* verknappt so ausgedrückt: »Exit: light | enter: night.« Damit beginnt das Lied *Enter Sandman* auf dem sogenannten *Black Album* (1991). Mit diesem minimalistischen Dramolett hat die Band unsere Urangst auf den Punkt gebracht. Das Licht geht und die Nacht kommt. Mit der Nacht kommen die Monster.

Der Begriff »Drama« stammt aus dem Griechischen und bedeutet »Handlung«. Unter Dramaturgie versteht man die Prinzipien und Regeln, nach denen eine Handlung aufgebaut ist. Klassische Vampirerzählungen folgen einem Modell, das ich »Dramaturgie der Dämmerung« nennen werde. Diese Dramaturgie geht von dem Gegensatzpaar »hell« und »dunkel« aus. Das sind nicht nur physikalische Zustände der Natur, sondern Begriffe, die kulturell vielfältig konnotiert sind und psychische Wirkung entfalten. Vereinfacht gesagt: Das Gute ist hell, das Böse ist dunkel, im Hellen fühlen wir uns sicher, im Dunkeln tappen wir verzweifelt herum. Sheridan Le Fanu, der Vater der steirischen Vampirgräfin *Carmilla,* hat das in seinem Mystery-Thriller *Uncle Silas* so formuliert: »*The mind is a different organ by night and by day.*« (*Carmilla and 12 Other Classic Tales of Mystery*, S. VII)

Einfache Schwarz-Weiß-Zeichnung findet man überall in der Mythologie und Populärkultur. In den europäischen Volksmärchen sind Prinz und Prinzessin blond, die Bösen haben schwarze Augen, Haare, Mäntel und Gedanken. Deswegen muss Dracula ein schwarzes Cape tragen, das innen natürlich blutrot ist.

Licht und Schatten

Bekanntlich werden wir leichter mit einer Bedrohung fertig, wenn wir ihr einen konkreten Zeitpunkt und eine ungefähre Dauer zuweisen können. Wenn wir um 13.00 Uhr einen Termin beim Zahnarzt haben, dann wissen wir, dass kurz vorher die Angst kommen wird, dass aber nach einer guten Stunde alles wieder vorbei sein wird. Da sie untot sind, entziehen die Vampire sich eigentlich einer zeitlichen Beschränkung. Fast alle Vampirgeschichten haben etwas von Zeitreisen. Um diese zeitlose Bedrohung einzuschränken, legt die Dramaturgie der Dämmerung dem Vampir ein Zeitkorsett an.

Diese Dramaturgie gliedert sich in vier Phasen: die Abenddämmerung, die Nacht, die Morgendämmerung und den Tag. Diese vier Phasen gehen ebenso vorhersehbar wie unerbittlich ineinander über. Der Mond bescheint und erweckt das Böse, das Tageslicht erhellt das Königreich der Vernunft. Mit der sinkenden Sonne wird die Herrschaft der Vernunft schwächer und geht über in die Abenddämmerung, das Terrain der Chancengleichheit. Wenn die Sonne sinkt, läuft die Zeit für die Vampire und gegen die Menschen. Jede Verspätung ist gefährlich für Leib und Seelenheil, jede Verzögerung macht uns verzagt. Die Nacht bricht herein mit dem Vollmond als Energiespender für die Untoten, verschärft durch die Steigerungsstufe der Walpurgis- und St.-Georgs- oder Raunacht mit dem Höhepunkt um Mitternacht: freier Lauf für das Böse! Wer jedoch dem Angriff und den Verlockungen des Bösen widersteht, wird durch die Göttin Aurora belohnt.

Die Morgenröte bringt die Renaissance der Vernunft, die Wiedergeburt des Lichts, das für die Vampire tödlich ist.

Die Dramaturgie der Dämmerung verbindet Natur und Kultur auf einzigartige und doch naheliegende Weise. Wir Menschen sind aufgrund unserer Natur eher tagaktiv, was sich unter anderem daran zeigt, dass wir Farben sehen können. Hätten wir uns in der Natur als nachtaktive Wesen etabliert, hätten wir keinen Farbsinn entwickelt. Aus diesen biologischen Voraussetzungen folgt eine psychische Ebene: Jedem Kind ist die Nacht unheimlich. Viele Kinder können nur dann einschlafen, wenn Licht in ihrem Schlafzimmer brennt. Die Nacht gehört den Monstern.

Licht und Dunkelheit sind nicht nur Zustände der Natur (Physik), sondern auch Zustände des Geistes (Psyche). Es ist passend, dass das Zeitalter, in dem die Vernunft die Herrschaft übernehmen will, mit der Lichtmetapher »Aufklärung« bezeichnet wird. Die englische Bezeichnung lautet noch deutlicher »enlightenment«, das französische Pendant heißt »siècle des lumières«, das Zeitalter der Lichter. Im Zeitalter der Aufklärung geht der Menschheit ein Licht auf, das Zeitalter der Vernunft dämmert herauf. Das Licht des eigenen Verstandes ersetzt »das ewige Licht«, das uns nach Ansicht der Religion in den früheren Jahrhunderten hätte leuchten sollen.

Der Vampirmythos erzählt vom Zweikampf zwischen den Kräften des Lichts (Gott, Vernunft, Mensch, mit der Sonne als Energiequelle) und den Kräften der Dunkelheit (Teufel, Chaos, Vampir, mit dem Mond als Energiequelle). Wobei man natürlich betonen muss, dass diese Zuteilung nur innerhalb des klassischen Vampirmythos gilt. Rational betrachtet sind van Helsing und seine Helfer wahnsinnige Mörder und Leichenschänder. Vampirjäger sind keine Lichtgestalten, sondern hässliche Ausgeburten einer fehlgeleiteten Aufklärung: »Seit je hat Aufklärung im umfassendsten

Sinn fortschreitenden Denkens das Ziel verfolgt, von den Menschen die Furcht zu nehmen und sie als Herren einzusetzen. Aber die vollends aufgeklärte Erde strahlt im Zeichen triumphalen Unheils«, schreiben Horkheimer und Adorno unter dem Eindruck des Zweiten Weltkrieges in ihrer *Dialektik der Aufklärung* (S. 7). »Triumphales Unheil« – ich kann mir keine bessere Charakterisierung von van Helsing & Co. denken.

Zweimal täglich gehen Licht und Finsternis in der Natur dynamisch ineinander über. Deswegen kommt der Dämmerung, in der Licht und Dunkelheit sich mischen, eine besondere dramaturgische Bedeutung zu. Stoker hat die entscheidenden Szenen seines Romans im Zwielicht angesiedelt. Damit stehen die handelnden Figuren immer unter Zeitdruck. Erst die Dämmerung macht den Zweikampf zwischen Vampiren und Vampirjägern interessant, denn nur in der Dämmerung besteht Chancengleichheit zwischen der Lichtgestalt Harker und dem Dunkelmann Dracula, wenn auch nur für kurze Zeit. Duelle sind dann am interessantesten, wenn die Gegner gleich stark sind, da die Dämmerung jedoch kein stabiler Zustand ist, verschieben sich die Kräfteverhältnisse unerbittlich. In Vampirgeschichten ist der Kampf zwischen Gut und Böse immer auch ein Wettlauf gegen die Zeit, mit natürlicher Dramaturgie und unerbittlicher Dynamik. Niemand kann den Lauf der Sonne beeinflussen. Unter Zeitdruck müssen die Figuren zeigen, was sie können.

Es entspricht den Naturgesetzen und kommt unserer psychischen Verfassung entgegen, dass diese Dramaturgie kreisförmig ist. Nach jeder finsteren Nacht geht die Sonne auf, nach jedem hellen Tag geht sie wieder unter. Das ist ein hervorragendes Konzept, um immer wieder Spannung aufzubauen, ohne dass die Protagonisten selbst eingreifen müssen. Die Dramaturgie der Dämmerung ist allen Modellen der künstlichen Dynamik, die wir aus Thrillern kennen, überlegen. In vielen Hollywood-Filmen droht ein böser Kerl mit einer bösen Tat, auf deren Ausführung er nur dann verzichtet, wenn er etwas bekommt, das ihm besonders am Herzen liegt. Oft geht es um eine absurd hohe Geldsumme oder um die Weltherrschaft. Damit die Guten genügend Zeit haben, das Geld zu besorgen, räumt der Böse ihnen eine Frist ein.

Im Vergleich zur Dramaturgie der Dämmerung hat dieses Modell den großen Nachteil, dass das Ultimatum im Prinzip immer verhandelbar ist. Die Bösen können entscheiden, ob sie ihre Drohung in die Tat umsetzen oder eine Nachfrist einräumen. Mit Entführern und Terroristen kann man verhandeln, aber Sonne und Mond sind unerbittlich, sie kann man nicht um eine Nachfrist bitten. Im Vampirmythos sorgt die Dramaturgie der Dämmerung für ein zyklisches und autonomes Ultimatum, das weder für Vampire noch für Vampirjäger verhandelbar ist. Erinnern wir uns an van Swieten, der den geordneten Lauf der Planeten als Gottesbeweis verwendet hat: »Wir bewundern ganz ruhig die Allmacht des Schöpfers, welcher diese großen Körper in einem so unendlich weiten Raume mit solcher Richtigkeit, durch so viele Jahrhunderte herumwälzet, dass sogar der schwache Menschenwitz es zuwege gebracht hat, derselben Wiederkunft auch auf zukünftige Jahrhunderte bis auf eine gewisse und gesetzte Zeit ausrechnen zu können.« (Swieten, *Vampyrismus*, S. 38)

Mondlicht für die Monster

Im archaischen Vampirmythos bildet die Dramaturgie der Dämmerung einen göttlichen Teufelskreis. Sie ist ein Perpetuum mobile, das man nur dann stoppen könnte, wenn man die Bewegung der Gestirne anhielte. Aber dann steht wohl auch die Zeit still, und wir, unsere Götter und unsere Teufel hören auf zu existieren. Bis dahin mahlen Gottes Mühlen langsam, aber unerbittlich. Erdumdrehung, Sonne und Mond bestimmen die innere Dynamik des Vampirmythos, die »großen Körper« ziehen ruhig, unaufhaltsam und berechenbar ihre Bahnen – von kleinen Überraschungen abgesehen. In einer Geschichte von Woody Allen gerät Dracula in eine üble Situation, weil er geglaubt hat, es sei schon Nacht und er könne endlich die Frau des Bäckers anknabbern. Aber es stellt sich heraus, dass Dracula sich geirrt hat. Es war nicht der Einbruch der Nacht, sondern nur eine kurze Sonnenfinsternis.

Wir erkennen die Gleichung Nacht = Monster beinahe intuitiv als richtig an. Man braucht dazu keine langen Erklärungen. In der Nacht schläft die Vernunft ein, erst wenn die Sonne zurückkommt, dämmert uns, dass die Monster der Nacht nur Schatten waren. Wenn die Sonne aufgeht, geht auch uns ein Licht auf, und die Untoten zerfallen zu Staub. In der Nacht tut es gut, ans Licht zu glauben.

Maria Theresias Vampirjäger van Swieten hat den Lauf der Planeten als Beispiel verwendet, um die Kirchenfürsten zu beruhigen und die »Allmacht des Schöpfers« zu ehren. Aber die Tatsache, dass Gott »diese großen Körper in einem so unendlich weiten Raume mit solcher Richtigkeit herumwälzet«, ist auch beunruhigend. Die Dramaturgie der Dämmerung ist natürlich und unerbittlich, dynamisch und zyklisch. Sie gibt uns Verschnaufpausen, aber bald wird es wieder dunkel. Wenn Dracula heute Nacht noch nicht ans Ziel seiner Träume gelangt, wird er es morgen Nacht wieder versuchen. Er kommt ganz bestimmt.

Bei Tageslicht sind wir alle Sherlock Holmes, aber nachts werden wir zu Harker, der zum Rosenkranz greift, um sich vor den Kindern der Nacht zu schützen. Kaum dämmert der Morgen, sind wir wieder überzeugt: *absurd!* In unseren hellen Momenten wissen wir, dass es keine verfluchten Kreaturen zwischen Leben und Tod gibt, die der Erlösung durch einen Pfahl bedürfen; in der Nacht macht uns der Mond jedoch zu blöden Mondkälbern. Der Mond ist das Gestirn der Vampire, Mondlicht ist der magische Quell ihrer Kraft. Der Mond, *la luna*, ist verantwortlich für unsere Laune. Das Wort *Laune* leitet sich tatsächlich von *luna* ab. Bei Vollmond sind viele Leute schlecht gelaunt und möchten ihren Mitmenschen an die Kehle springen. Im englischen Wort *lunacy*, zu Deutsch »Wahnsinn«, »Verrücktheit«, »Verblendung«, steckt das Wort *luna*. Stoker beschreibt in *Dracula* ausführlich das »lunatic asylum« von Dr. Seward, in dem der Patient Renfield behandelt wird, ein ungeduldiger Dracula-Jünger, der Fliegen an Spinnen verfüttern will, dann die Spinnen an Vögel und die Vögel an eine Katze, die er schließlich selbst fressen will, um so auf einen Bissen möglichst rasch möglichst viele Leben in sich aufzusaugen. Selbst die Vernünftigsten unter uns gebärden sich unter Umständen wie »lunatics«, wenn Vollmond ist. Das Mondlicht gehört einerseits zu den Irrlichtern, die uns in der Nacht in die Irre führen, andererseits ist es nur reflektiertes Sonnenlicht, auch die Kreaturen des Mondlichts sind letztlich Geschöpfe der Sonne. Wenn die Sonne der Vernunft einschläft, projizieren wir unsere unterdrückten Wünsche mittels des Mondlichts auf die verkleideten Traumgestalten Dracula und van Helsing.

Im Mondlicht erwacht der untote Ruthven in Polidoris *The Vampyre* zu neuem Leben. Im Mondlicht der Walpurgisnacht sieht der vorwitzige Engländer das gepfählte Grab der Vampirgräfin von Dolingen, aus dem Mondlicht materialisieren sich die drei sexy Vampirinnen in Stokers *Dracula*.

Aber das Mondlicht ist nicht für die Monster da: Wir brauchen Licht, um die Monster im physikalischen und psychischen Sinn zu sehen. Es gibt in unserem Universum nur Lichtquellen, aber keine Dunkelquellen. Dunkelheit ist die Abwesenheit von Feuer, Licht, Erleuchtung. Ohne Lichtquelle sind wir umnachtet und blind. Der Mond dient ganz profan auch dazu, die Monster zu beleuchten, damit wir sie sehen können. Ohne Phantasie gibt es keinen Horror, sagt Sherlock Holmes. Wenn es völlig dunkel ist, hat unsere Phantasie keinen Anhaltspunkt. So ist das Mondlicht eine doppelte Energiequelle: Es befeuert unsere Psyche und es erhellt die Schrecken der Nacht. Empfindliche Menschen schlafen bei Vollmond schlecht und »sehen« im Mondlicht Gespenster.

Ich halte es für kontraproduktiv, wenn moderne Autoren unüberlegt in das Räderwerk des alten Mythos eingreifen. Natürlich kann man Vampire erfinden, die nicht »lichtempfindlich« sind. Aber ich halte das für keine gute Idee, weil man damit die Dramaturgie der Dämmerung außer Kraft setzt. Wenn er ins Licht gezerrt wird, kann der Vampirmythos zum Spektakel verkommen und seine archetypische Kraft verlieren.

Im Zwielicht

»Zwie« bedeutet einerseits »gespalten, halb, geteilt« und andererseits »zweifach«, wie im doppelt gebackenen Zwieback oder im Biskuit, einem zweifach erhitzten Teig. Wenn die Sonne untergegangen ist und das reflektierte Mondlicht nicht ausreicht, muss eine zweite Lichtquelle her, um die Dinge zu beleuchten. Aber im Kerzenschein werden die Schatten erst recht lebendig.

In *Draculas Gast* sucht Harker Zuflucht vor dem Hagelsturm, der »entre chien et loup« heult, wie Stoker schreibt. Im Zwielicht von Mondschein und Blitzschlag macht er übersinnliche Erfahrungen. Die Formulierung »entre chien et loup«, was wörtlich »zwischen Hund und Wolf« bedeutet, gefällt mir besonders gut. Sie ist ein poetischer Ausdruck für die Dämmerung und passt perfekt zum Vampirmythos. Im Laufe des Romans *Dracula* fällt Harker die Wahl zwischen Hund und Wolf immer schwerer. Ist der zwielichtige Dracula ein exzentrischer Schlossherr oder ein Untoter? Sind die drei lüsternen Frauen Wirklichkeit oder nur ein

Traumgebilde? Wann dämmert Harker die Wahrheit? Hat er den Verstand verloren oder ist die Wirklichkeit verrückt?

Harker hat München bei strahlendem Sonnenschein verlassen, in Bistritz kommt er »on the dark side of twilight« an, wie Stoker schreibt. Von dieser »dunklen Seite des Zwielichts« wird es für ihn lange keine Rückkehr geben. Im Schloss gleitet er vom Zwielicht in die Dunkelheit, dämmert dahin und endet schließlich in geistiger Umnachtung.

Im diffusen Licht »entre chien et loup« beginnt der treue Wachhund wie ein Werwolf zu heulen, und der unauffällige Nachbar wird zum Vampir. Nur in der Dämmerung ist der Kampf der Ratio gegen das Irrationale für ein paar Augenblicke ausbalanciert. Im Abendrot »dunkelt die Luft«, wie Joseph von Eichendorff 1837 schrieb, und das Schattenreich gewinnt an Kraft. Nachts ist der Mensch ohnehin von allen guten Geistern verlassen und sieht überall Gespenster: »Ein Hund, eine Katz, über alles, wenn sie schwarz sind, und bei Nacht gesehen werden, sind jederzeit der Teufel, oder ein Gespenst (…). Sogar eine Sau, welche vor einem Hause vorbeigrunzete, wurde (wie einige Zeugenschaften es angeben) für einen aufgestandenen Vampyre gehalten«, schreibt van Swieten. Und er fügt erbost hinzu: »Ich müsste mich schämen, wenn ich all die Einfältigkeiten wiederhohlen würde, welche sich in diesen Zeugnissen befinden.« (*Vampyrismus*, S. 42f.)

Aus der Sicht des Patriarchats sind Frauen schon immer zwielichtig gewesen. Eva wollte uns das Licht der Erkenntnis bringen, das Gott uns verboten hat. Frauen sind den Männern überlegen, gefährlich, schnippisch – Mina Harker sagt über sich selbst, dass in den Mündern der Frauen noch heute etwas vom Geschmack des Paradiesapfels geblieben ist.

Dracula hat sich in London an Mina herangemacht. Mina schläft unruhig und nimmt Opium, damit sie besser schlafen kann, obwohl sie weiß, dass es unklug ist, sich zu berauschen, wenn Dracula in der Nähe ist. Während Jonathan wie von einem Albtraum gelähmt auf dem Bett liegt, materialisiert sich Dracula aus dem Nebel, der in das Schlafzimmer der Harkers eindringt, fällt über Mina her, reißt mit seinen spitzen Fingernägeln eine Vene in seiner Brust auf und zwingt Mina, sein Blut zu trinken.

Seit Dracula Mina dieser Bluttaufe unterzogen hat, ist sie eine besonders zwielichtige Figur, halb ihrem Mann treu, halb dem Vampir verfallen. Dr. van Helsing sieht nur einen Ausweg: Dracula muss »erlöst« werden, damit Mina sich von ihm lösen kann.

Dracula flieht, aber mit Mina als Medium kann van Helsing auf seiner Spur bleiben. Wenn van Helsing Mina hypnotisiert, wird sie eins mit Dracula. »Was machen Sie?«, fragt van Helsing Mina, während sie in Trance ist. »Ich bin ruhig, oh so ruhig. Wie tot.«

Dracula flieht in seine Heimat. Mit Minas Hilfe bleiben Harker und sein Team dem flüchtigen Vampir auf der Spur. Die Männer sind davon überzeugt, dass Dracula gefunden und getötet werden muss, nur dadurch könne der Bann, unter dem Mina steht, gebrochen werden. In ihren hellen Momenten leistet Mina zwar noch Widerstand, aber ihr Körper ist schon dem Vampir verfallen, wie im Roman drastisch gezeigt wird: Als van Helsing Minas Stirn mit einer Hostie berührt, um sie vor weiteren Angriffen des Grafen zu schützen, brennt sich die Hostie wie ein Stück glühendes Metall in ihre Haut ein. Sie wird bis zum Ende der Affäre mit Dracula diese Wunde als Kainsmal auf der Stirn tragen. Mina ist ein Medium, das Informationen in beide Richtungen weitergeben kann. Sie führt die Jäger auf die Fährte Draculas und warnt Dracula vor den nächsten Schritten seiner Verfolger. Da sie Dracula hörig ist, will sie ihn schützen. »Aber warum müssen wir ihn weiter suchen, wenn er doch von uns weggegangen ist?«, fragt sie immer wieder. Doch van Helsing kennt kein Erbarmen: »Wenn es sein muss, werden wir ihn bis ins Maul der Hölle verfolgen!«

Mina ist (sehn)süchtig, Dracula ist ihre Droge, die im Zwielicht am stärksten wirkt. Tagsüber dämmert Mina dahin, während Harker, van Helsing & Co. mit Mina im Schlepptau hinter dem Vampir herjagen. Erst in der Dämmerung werden Minas Sinne scharf. Sie wird sinnlich und übersinnlich, sie verkehrt geistig mit Dracula. Minas parapsychologischem Radar folgend, treffen die Vampirjäger bei Draculas Schloss ein. Dort erhält Dracula Hilfe von seinen drei Vampirinnen, die sich aus dem Schneegestöber materialisieren und an Mina heranmachen, weil sie erkannt haben, dass sie schon fast eine der Ihren ist. »Komm, Schwester, komm zu uns!«, locken sie. Aber Mina kann den magischen Ring nicht überschreiten, den van Helsing um sie gezogen hat, obwohl sie sich zu ihren Schwestern hingezogen fühlt. Als die Sonne aufgeht, verschwinden die Vampirinnen im Dunst des Morgens, aber das Kainsmal auf Minas Stirne bleibt, weil die Hostie von Mina, die schon eine halbe Vampirin geworden ist, als hostile (= feindlich) empfunden wird. In dieser allergischen Reaktion auf den Leib Christi zeigt sich der zwielichtige Zustand, in dem Mina sich bis zuletzt befindet.

Gehorsam und Ungehorsam

Es ist logisch, dass auch der Showdown von *Dracula* in der Dämmerung spielt. Draculas Sargdeckel geht auf, die Sonne geht unter. Im letzten Augenblick vor Einbruch der Nacht wirft der Vampir den Vampirjägern schon einen triumphierenden Blick zu – aber seine Zeit ist abgelaufen. Im letzten Sonnenstrahl blitzt das Messer auf, mit dem Harker ihm die Kehle durchschneidet. Als Dracula zu Staub zerfällt, verschwindet das Brandzeichen auf Minas Stirn. Der Bann ist gebrochen. Da Mina körperlich und seelisch wieder rein ist, kann sie den magischen Kreis verlassen. »Seht her! Frisch gefallner Schnee könnte nicht reiner sein als ihre Stirn«, ruft Quincey Morris aus, als er Minas makelloses Antlitz im Licht der untergehenden Sonne betrachtet.

Bis zuletzt hat Mina sich nicht entschieden, auf wessen Stimme sie hören, wem sie gehorchen soll. Van Helsing hat sie in den magischen Kreis eingesperrt, und Harker hat den Unreinen getötet, damit haben ihr die beiden Männer die Entscheidung abgenommen. Gehorsam und Ungehorsam sind zentrale Elemente im Vampirmythos und in der Geschichte der Menschheit. Der Teufel hat Gott den Gehorsam verweigert und ist in die Hölle verbannt worden. Eva hat auf den Teufel gehört und nicht Gott gehorcht, deswegen sind wir sterblich. Die Vampire verweigern Gott den Kadavergehorsam, als ungehorsame Kadaver stehen sie von ihren Gräbern auf.

Harker und seine männlichen Mitstreiter gehorchen dem Anführer van Helsing, der sich auf einen göttlichen Auftrag beruft. Van Helsings gehorsame Soldaten schlachten seinen Intimfeind Dracula auf Befehl ab. Die Frage von Gehorsam und Ungehorsam wird zu allen Zeiten in Extremsituationen virulent, wie zahlreiche Ereignisse und Experimente zeigen. Unter dem Eindruck des Zweiten Weltkrieges wollte der amerikanische Psychologieprofessor Stanley Milgram herausfinden, wie normale Menschen reagieren, wenn sie sich unter Druck zwischen »Gehorsam« und »Menschlichkeit« entscheiden müssen. Im Juli 1961 bat er deswegen »Menschen von der Straße«, für vier Dollar die Stunde an einem wissenschaftlichen Versuch über Lernen und Gedächtnis teilzunehmen. Die Teilnehmer wurden von Wissenschaftlern dazu aufgefordert, Schüler zu bestrafen, wenn diese sich den Lehrstoff nicht merken konnten. Die dummen Schüler mussten immer stärkere Elektroschocks ertragen. Obwohl die Schüler sich vor Schmerzen krümmten und schrien, waren zwei Drittel der Menschen bereit, die Stärke der

Elektroschocks im Dienste der Wissenschaft immer weiter zu erhöhen, bis zu einer Dosis von 450 Volt!

Die »Menschen von der Straße« waren entsetzt und verärgert, als sie erfuhren, dass sie selbst die Versuchskaninchen waren. Die »dummen Schüler« waren Schauspieler, die nur so getan hatten, als könnten sie sich den Stoff nicht merken, die Schmerzensschreie waren nur Theater. Für den Großteil der Menschen ist es leichter, menschenverachtende Befehle zu befolgen, als einen Befehl zu verweigern. Auch deswegen greift Harker ohne zu zögern zum Messer, um Draculas Kehle durchzuschneiden und den ungehorsamen Kadaver auf diese Weise zu bestrafen.

Natürlich kann man Minas Zwielichtigkeit psychologisch als innere Zerrissenheit interpretieren. Wenn der Vampir ein Schatten-Archetyp ist, dann sind wir alle zwielichtig, denn der Schatten ist jene dunkle Hälfte, »die den Menschen selbst ganz sein lässt, jener Teil, ohne den die menschliche Existenz gleichsam amputiert wäre«, wie C. G. Jung schreibt. (*Zwei Schriften*, S. 81) Mina nimmt unter Hypnose nicht mit Dracula Kontakt auf, sondern mit ihrem eigenen Unbewussten. Sie reagiert hysterisch auf die Hostie und den magischen Kreis. In der Medizin sind zahlreiche Fallgeschichten dokumentiert, in denen psychisch kranke Menschen eine Linie auf dem Boden nicht überschreiten »können«.

08 Ein Held mit tausend Gesichtern

Comes a nightmare, you can always stay awake
Comes depression, you may get another break
Comes love, nothing can be done

Gesungen von Billie Holiday auf der LP *All or Nothing at All*

Stellen wir uns vor, wir seien noch halbe Affen und säßen in unserer Höhle. Plötzlich schaut ein Affe den anderen an und »denkt« sich: Warum sagt der Affe nichts? In dieser magischen Nacht taucht die Sprache in unseren Gehirnen auf. Wissenschaftler glauben, dass dieses Ereignis, das möglicherweise auf eine Genmutation zurückzuführen ist, vor 200.000 Jahren stattgefunden haben könnte.

Wie lange dauert es vom ersten Wort bis zur ersten Geschichte? Wie lautet die erste Geschichte und wozu dient sie? Wir waren schwache und gehetzte Tiere, die weder ein besonders dickes Fell hatten, noch besonders kräftige Krallen, um mit großen Raubtieren fertig werden zu können. Im Vergleich zu den Tigern, Bären und Wölfen sind unsere Zähne eher Schmuck als Waffe.

Wenn wir zur Ruhe kommen wollten, mussten wir fliehen und unsere chaotisch-tierischen Erfahrungen sodann in berechenbare und entlastende Strukturen einordnen. Nur wir Menschen können das Grauen in Geschichte verwandeln, Tiere glauben nicht an Vampire. Geschichten geben den menschlichen Erfahrungen Anfang, Mitte und Ende, Ursache und Wirkung, Raum und Zeit. Wenn wir über ein Ereignis eine Geschichte erzählen können, dann haben wir überlebt.

Durch den Einsatz von Werkzeugen sind wir vom Affen zum Homo faber geworden, zu Wesen, die sich die Natur mithilfe der Technik untertan machen. Durch die Sprache sind wir zum »Homo fabula« geworden. Wir sind Menschen, weil wir uns die Welt in und durch Geschichten erklären. Wenn wir fabulieren können, dann können wir aufatmen, denn wir haben die Angst besiegt. Wenn wir unsere Ängste und Triebe als Götter und Teufel personifizieren und diese Figuren mit Eigenschaften ausstatten, die wir von uns und unseren Mitmenschen kennen, dann können wir unsere Angst »psychisch bearbeiten«, schreibt Freud (GWF, Bd. 14, S. 338) Als Schatten-Archetyp ist der Vampir in uns ein »wenn schon nicht beherrschbarer, so doch kontrollbedürftiger Teil der Seele«. (Jung, *Zwei Schriften*, S. 81) Wir können den Vampir in uns am besten ausleben und kontrollieren, wenn wir ihn in eine Geschichte verwandeln. Wenn wir den personifizierten Trieben eine Struktur geben, können wir unsere Wünsche in einem raum-zeitlichen Kontinuum lustvoll freilassen und wieder einfangen. Wenn wir das Unbewusste in Geschichten verwandeln, wird die Angst genießbar. Aus Panik wird Angstlust.

Dracula als Drama

Der Amerikaner Robert McKee ist ein Drehbuch-Guru, der durch seine Seminare und sein Buch *Story: Substance, Structure, Style, and the Principles of Screenwriting* international bekannt geworden ist. Laut seiner Website haben seine Drehbuch-Schüler 32 Oscars gewonnen. McKee schreibt, wir alle lechzten nach einer »good story well told« (S. 21). Wenn man die von McKee zusammengestellten Grundprinzipen auf Dracula & Co. anwendet, erkennt man, dass der Vampirmythos als solcher schon eine »verdammt gute Geschichte« ist. Auch McKee betont, dass gute Geschichten immer solche über Archetypen sind, nicht Stereotypen. Der Vampir, seine Opfer und seine Jäger sind Archetypen, wie wir gesehen haben.

Gute Geschichten sollen uns fremd und vertraut zugleich sein, sie sollen Konflikte behandeln, die so allgemein sind, dass die Geschichte kulturelle und soziale Grenzen, Raum und Zeit mühelos überwinden kann. Eine gute Geschichte soll aber zugleich jeden Einzelnen persönlich betreffen. Der Vampirmythos erfüllt diese Bedingungen optimal. Was könnte »allgemeiner« und zugleich persönlicher sein als die Frage: Gibt es ein Leben nach dem Tod? Dabei ist es unerheblich, wie die Handlung im Detail ausgeführt ist. Es ist gleichgültig, ob Jonathan Harker dem Vampir in einem fremden Land begegnet oder ob die Vampirin Carmilla zu Laura auf das Schloss kommt, ob wir uns in die Höhle des Löwen begeben oder ob das Biest zu uns kommt. Im klassischen Vampirmythos sind ohnehin beide Möglichkeiten vorhanden: Harker fährt zu Dracula nach Transsilvanien, Dracula kommt nach England, um sich an Lucy und Mina zu vergreifen. Auch das reflektiert eine allgemein gültige Erfahrung: Wir fühlen uns dem Bösen in der Fremde ausgeliefert, doch wir sind nicht einmal in den eigenen vier Wänden sicher.

McKee betont in seinen Seminaren den Wert, den »events« in einer Geschichte haben. Damit meint er nicht so sehr »Ereignisse«, sondern Entscheidungen, die sich in Handlungen ausdrücken. Eine gute *Story* ist eine logische und folgerichtige Kette von Handlungen, die mehr als bloße Action werden, wenn bei jeder Handlung etwas auf dem Spiel steht. Der Vampirmythos ist von Natur aus aktionsgeladen. Leichen erheben sich aus den Gräbern und fallen über die Lebenden her. Die Lebenden schlagen zurück. Wir müssen handeln, wenn die Blutsauger aggressiv auf uns zugehen. Harker muss sich entscheiden, ob er sich über die Warnungen der Einheimischen hinwegsetzt und zu Dracula in die Kutsche steigt, ob er den Warnungen und Verboten des Grafen gehorcht oder ob er aus den ihm zugewiesenen Räumen ausbricht, ob er seine Visionen als Albtraum oder Realität deutet, ob er sein Tagebuch versiegelt oder offenlegt. Auch

Mina muss sich entscheiden, ob sie Dracula hörig sein will oder van Helsing.

Szenen werden umso interessanter, je mehr auf dem Spiel steht. McKee stellt in diesem Zusammenhang die Frage: »What value is at stake«?, »Welcher Wert steht auf dem Spiel?« Vielleicht hat er dabei zumindest unbewusst an Vampirfilme gedacht: *stake* bedeutet »Stecken«, »Spieß« und »Pfahl«, *to be at stake* heißt »in Gefahr sein«. Diese Formulierung evoziert zwei Bilder: Wir sitzen ganz oben am Maibaum (*at stake*) und haben Angst, in die Tiefe zu fallen, oder wir liegen wie Vampire auf dem Boden, und van Helsing drückt uns den Pfahl (*stake*) in die Brust. Im Vampirmythos sind Leib und Seele der Opfer immer *at stake* – so lange, bis die Jäger den Spieß umdrehen und einen *stake* durch das Herz des Bösen treiben.

In allen guten Geschichten haben die Helden innere und äußere Konflikte, Probleme mit sich selbst und mit äußeren Mächten. Harker muss seine inneren Konflikte lösen, sich zwischen vorehelicher Keuschheit und wildem Sex entscheiden, Sicherheit oder Abenteuer wählen, sich ein rationales oder metaphysisches Weltbild zurechtlegen, Leib und Leben seiner Braut schützen, das British Empire, das christliche Abendland und zuletzt die gesamte zivilisierte Menschheit vor der Verdammnis bewahren.

Wie alle Skript-Doktoren betont auch McKee, dass jene Geschichten am besten funktionieren, bei denen man dem Publikum möglichst wenige Hintergrundinformationen geben muss. Wir haben noch nie eine Erklärung dafür gebraucht, dass die Dunkelheit bedrohlich ist und das Licht erleuchtend und erleichternd. Man muss niemandem erklären, was ein Untoter ist und was die Blutsauger von uns wollen.

Zusätzlich betont McKee das Prinzip des Antagonismus. Je hinterlistiger und stärker der Böse ist, desto listiger und stärker muss der Held sein. Im Vampirmythos stehen wir einem übermenschlich starken Feind gegenüber, der sogar dem Tod ein Schnippchen geschlagen hat. Wir brauchen starke Antagonisten für die Geschichte und für das psychische Wohlbefinden der Protagonisten. Van Helsings Leben erhält erst seinen Sinn durch Dracula. Sherlock Holmes verfällt in Depressionen, kratzt auf seiner Geige und nimmt Drogen, wenn er keinen verzwickten Fall zu lösen hat.

Wunsch, Begehren und Begierde sind Trieb- und Treibstoff guter Geschichten. Alle Figuren müssen ein Ziel haben. Macht, Reichtum, Liebe, ein lebendiges, totes oder untotes Objekt der Begierde. Harker will mit Mina eine Familie gründen und durch die Weitergabe seiner Gene »unsterblich« werden, Dracula braucht frisches Blut, um unsterblich zu bleiben. Van Helsing ist die gefährlichste Figur, er will die Welt retten. Er strebt weder nach Sex noch nach Reichtum, er will Macht und wissenschaftlichen Nachruhm, auch das eine Art von Unsterblichkeit.

Eine Geschichte erzeugt nur dann Spannung, wenn der Held zumindest eine geringe Chance hat, seine Ziele zu erreichen. Wir wollen niemandem zusehen, der überhaupt keine Chance hat. Es muss zumindest einen Funken Hoffnung für David geben, wenn er gegen Goliath antritt, sonst schalten wir ab. Im Vampirmythos stirbt die Hoffnung nie, weil sie durch die Dramaturgie der Dämmerung immer wieder neue Kraft erhält. Dazu kommen die gesegneten Steinschleudern, die dem Underdog Harker gegen Dracula zur Verfügung stehen, vom Knoblauch über das Kruzifix bis zum Pfahl.

Vampire und Vandalen

Helden sind bei Publikum und Kritik dann besonders erfolgreich, wenn sie in einer dreifachen Zwickmühle stecken. Wir identifizieren uns gerne mit Figuren, die innere

Konflikte, zwischenmenschliche Probleme und überindividuelle Fragen lösen müssen. Der Vampirmythos entsteht auf dem Nährboden innerer Konflikte, Harker wird darüber beinahe verrückt, Laura bleibt bis ans Ende schwermütig, Aubrey geht daran sogar zugrunde. Aus den inneren Konflikten entstehen die zwischenmenschlichen Probleme.

Aubrey entscheidet sich gegen seine Schwester und für den Vampir, Laura unterwirft sich ihrem strengen Vater, Mina entscheidet sich für Harker und gegen Dracula. Eingebettet sind diese Konflikte in allgemeine Fragen der menschlichen Existenz. Sollen wir dem Vampir und seinen Verlockungen gehorchen, auf den Vandalen van Helsing hören oder es wagen, wie von Kant empfohlen, unseren eigenen Verstand zu gebrauchen? Die zivilisierte Gesellschaft hat diese Fragen längst für uns entschieden und uns verpflichtet, Kulturopfer zu bringen. Wenn wir trotzdem nachts über Passanten herfallen, um ihr Blut zu saugen, werden wir zum Fall für die Psychiatrie. Wenn wir wie van Helsing agieren, Gräber öffnen und Leichen pfählen, kommen wir wegen Störung der Totenruhe mit dem Gesetz in Konflikt. Wenn wir uns wie Sherlock Holmes verhalten und die Möglichkeit von Wundern prinzipiell negieren, kommen wir mit den Religionen in Konflikt, die nach wie vor eine mächtige Rolle spielen. Zeichen dafür sind die »heiligen« Kriege, die Selbstmordattentate und die Tatsache, dass sogar in aufgeklärten Staaten wie den USA die Debatte geführt wird, ob in Schulen und Schulbüchern gelehrt werden muss, dass Gott die Welt in sieben Tagen geschaffen hat.

Gute Geschichten beginnen damit, dass wir den späteren Helden in seinem ruhigen Alltag kennenlernen. Noch ist nichts passiert, doch plötzlich kommt die Welt ins Wanken. McKee verwendet dafür den Begriff »inciting incident« (*Story*, S. 181), das bezeichnet ein auslösendes, erschütterndes und richtungsweisendes Ereignis. Alfred Hitchcock war ein Meister der Inszenierung des »inciting incident«, der die Welt seiner Helden völlig auf den Kopf stellt. In *The Thirty-nine Steps* muss Richard Hannay zu Beginn des Films vor der Polizei flüchten, die ihn fälschlicherweise für einen Mörder hält. Auch *North by Northwest* beginnt damit, dass Roger O. Thornhill vor der Polizei flüchten und hinter den Bösen herjagen muss, weil die Polizei ihn für einen Mörder hält. Beim Vampirmythos finden wir »richtungsweisende Ereignisse« auf mehreren Ebenen. Durch Zufall, Unfall oder eigene Schuld wird jemand aus der Bahn geworfen und zum Vampir. Ein zukünftiges Opfer gerät in eine vampirverseuchte Zone, oder der Vampir macht sich zu den Menschen auf. Manchmal fällt das auslösende Ereignis mit einer plötzlichen Einsicht zusammen: »Verdammt noch mal, das ist ja ein Vampir!«

Geschichten ziehen uns leichter in ihren Bann, wenn wir uns in alle Figuren hineinversetzen können. Sympathie ist optional, Mitfühlen ist notwendig. Robert McKees Zauberwort für gute Geschichten heißt »Empathie«, das bedeutet Einfühlung, Mitfühlen und Verstehen. Empathie ist der Klebstoff, der uns an gute Geschichten fesselt, schreibt McKee (*Story*, S. 141). E. T. A. Hoffmanns Held Spikher, der nicht mehr »in den Spiegel schauen kann«, seit er Frau und Kind verlassen hat, um sich in Italien zu vergnügen, ist keine sympathische Figur. Aber wir können seinen Liebeswahn und die Gewissensbisse, die ihn zurück nach Deutschland treiben, empathisch nachvollziehen. Wir müssen nicht gutheißen, dass Hoffmanns Goldschmied Cardillac seine Kundinnen tötet, aber wir können nachvollziehen, dass er von seinen Kreationen so besessen ist, dass er alles tut, um sie zurückzuholen.

Da Vampire und Vampirjäger Monster sind, die wir mit unseren Trieben und nach unseren Wünschen schaffen, können wir ihr Begehren und ihre Grausamkeit problemlos verstehen, auch wenn wir ihre Aktion nicht bewusst gutheißen. Wir können uns sogar in E. A. Poes Affen hineinversetzen, der die beiden Frauen in der Leichenschauhaus-Straße tötet, weil Poe Motivation und Hergang der Tag logisch und nachvollziehbar beschreibt.

Die äußere Logik der Gesetze, die im Universum einer Geschichte gelten, ist ebenso wichtig wie die innere Logik der Gefühle der Figuren. Wir fiebern mit, wenn glaubwürdige Figuren ihre glaubwürdigen Konflikte in einem glaubwürdigen Universum austragen. Glaubwürdigkeit hat dabei nichts mit Realismus zu tun. Natürlich widerspricht es den Naturgesetzen, dass Peter Schlemihl seinen Schatten an den Teufel verkaufen und daher ohne Schatten durch die Welt geistern kann, aber wenn der Autor seinen eigenen Gesetzen treu bleibt und für uns dadurch eine glaubwürdige Welt schafft, in der so etwas möglich ist, dann sind wir bereit, die Naturgesetze aufzuheben. Wenn die Geschichte überzeugend erzählt wird, glauben wir gerne daran, dass Erasmus Spikher sein Spiegelbild in Italien zurücklassen muss.

Die meisten Vampirgeschichten spielen in einer Welt, in der »unmögliche« Dinge am laufenden Band passieren. Wir haben damit kein Problem, solange diese Geschehnisse einer strengen kausalen und konsistenten Logik folgen. Wenn Vampire die Sonne nicht ertragen können, dann können sie eben nicht in der Mittagssonne spazieren gehen – es sei denn, wir erhalten dafür eine gute Erklärung: Der Vampir träumt bloß von der Sonne oder er hat eine spezielle Sonnencreme aufgetragen. Die verdreckte Atmosphäre, eine Mutation oder Kleidung mit UV-Schutz könnten ihn ebenfalls unempfindlich gegen das Licht gemacht haben. Im Lichte der Vernunft ist es unmöglich, dass sich ein Mensch in eine Fledermaus verwandelt; im Vampir-Kosmos ist eine derartige Verwandlung jedoch höchst »wahr-scheinlich« (= scheint wahr zu sein). Wie kommen wir auf die Idee mit der Fledermaus? Es könnte folgende Überlegung dahinterstehen: Fledermäuse kommen aus dunklen Gewölben und flattern auf der Suche nach Beute geisterhaft und doch präzise navigierend durch die Nacht. Wie bereits erwähnt, können bestimmte Arten mit ihrem Biss die Tollwut übertragen. Die Gebissenen bekommen die Wutkrankheit und fallen über ihre Mitmenschen her.

Strukturelle und emotionale Logik wirken beruhigend, weil sie zur Orientierung des Publikums beitragen. Wir können mit Untoten besser umgehen, wenn wir uns Geschichten ausdenken, die grundsätzliche Fragen à la »Wie wird man eigentlich zum Vampir?« möglichst »logisch« beantworten. Logischerweise kann der Vampir als Inkarnation des Bösen ein Gegenspieler Gottes sein. Es wäre auch logisch, dass ein Mensch, der sich versündigt hat, zur Strafe zum Vampir geworden ist. Oder die Menschheit hat sich kollektiv versündigt und Gott hat Vampire geschickt. Hollywood-Vampire können auch aus dem Weltall kommen oder das Resultat von verunglückten Experimenten sein, bei denen gewissenlose oder unvorsichtige Wissenschaftler Viren entwickelt haben, die Menschen zu blutsaugenden Ungeheuern machen. Man kann die Frage nach dem Ursprung der Vampire auch dadurch beantworten, dass man sie erst gar nicht stellt. In modernen Filmen und Büchern existieren Vampire, ohne dass dafür eine spezifische Erklärung angeboten wird. Nach dem Motto: Vampire gibt es eben – wie wir alle schon längst wissen.

Am Ende jeder »guten alten« Geschichte kommt ein Höhepunkt, der alle Fragen beantwortet und alle Handlungsstränge verknüpft. Auch in dieser Hinsicht ist der Vampirmythos vorbildlich. Die Vampirjäger sind außer Atem, die Spannung ist auf dem Höhepunkt, die Sonne geht unter, Dracula erwacht. Aber die Würfel sind gefallen, in letzter Sekunde kann er unschädlich gemacht werden. Wenn das Ende erregend und blutig ist, dann brauchen wir anschließend eine entlastende Szene, um aus der Wahnwelt der

Fiktion wieder in die Realität zurückkehren zu können. Die Nachschrift zu *Dracula* beruhigt uns mit der Information, dass das friedliche Familienleben nun das einzig Berichtenswerte ist, was Mina und Jonathan noch widerfährt. Für den Fall neuer Gefahr wächst mit ihrem kleinen Sohn Quincey schon der nächste Vampirjäger heran.

Das Vampirrezept des Aristoteles

Woher weiß McKee so viel über gute *Stories*? Zweifellos hat er sich zahllose Filme angeschaut, Geschichten gelesen und Drehbücher analysiert. Vor allem aber hat er auf den legendären Text eines legendären Mannes zurückgegriffen, der sich schon vor über 2000 Jahren Gedanken darüber gemacht hat, wie man Geschichten am besten erzählt. Es handelt sich um die *Schriften zur Dichtkunst (Poetik)* des griechischen Philosophen Aristoteles. Dem breiten Publikum ist die *Poetik* des Aristoteles erst durch Umberto Ecos Klosterkrimi *Der Name der Rose* bekannt geworden. Aristoteles (384–322 v. Chr.) war ein Schüler und Gegenspieler von Plato. Plato verteufelte die Kunst, Aristoteles verteidigte sie, da er der Meinung war, dass Kunst für die Reinigung unseres emotionalen Haushalts wichtig ist. Aristoteles ist eine Schlüsselfigur der antiken Philosophie, seine *Poetik* die älteste Schrift, die sich den Problemen des Geschichtenerzählens widmet.

McKee weist ausdrücklich darauf hin, dass man alle Geheimnisse, die ein guter Geschichtenerzähler wissen muss, schon bei Aristoteles entdecken kann. Bei Aristoteles finden wir auch viele Hinweise darauf, warum der Vampirmythos quer durch die Jahrhunderte als besonders gute Geschichte funktioniert. Mit Aristoteles kann man den Vampirmythos sogar zum legitimen literarischen Thema adeln. Laut seiner *Poetik* ist es die Aufgabe der Dichter, zu erzählen, »was geschehen könnte« (S. 36), denn die Dichter sollen »Erfinder von Handlungen« sein (S. 37). Drama ist laut Aristoteles vor allem Aktion. Der Vampirmythos ist immer dramatisch, er bietet genügend Anlass für Aktionen: Angriff, Flucht, Verfolgung, Küssen, Beißen, Pfählen. Wenn man den Hinweis von Aristoteles aufnimmt, dass die griechischen Begriffe für »Drama« und »Handlung« auf dieselbe Wortwurzel zurückgehen, dann erkennt man, wieso sogar der Sonnenuntergang und der Sonnenaufgang in Vampirfilmen so »dramatisch« wirken: Die untergehende Sonne gibt dem Vampir Handlungsspielraum, die aufgehende Sonne dem Menschen.

Als wichtigste Dreh- und Angelpunkte in einer Kette von »events«, wie McKee sagen würde, nennt Aristoteles den »plötzlichen Umschlag der Handlung in ihr Gegenteil« und das »Aha-Erlebnis«. Bei Aristoteles heißt das »Peripetie« und »Anagnorisis«. Im Vampirmythos spielen beide Elemente eine große Rolle. Schlagartig erkennt Harker, dass sein Gastgeber ein Untoter ist. Diese Anagnorisis wird, wie von Aristoteles gefordert, von verschiedenen Anzeichen ausgelöst: Dracula isst nicht, stinkt aus dem Maul, hat behaarte Handflächen, meidet das Sonnenlicht, schläft tagsüber in einem Sarg und hat nicht einmal ein Spiegelbild. Ebenso wird die Vampirin Carmilla anhand eines Muttermals als untote Mircalla und Millarca identifiziert. Aristoteles schreibt: »Die Entdeckung ist (...) der Umschlag aus Unwissenheit in Erkenntnis zur Freundschaft oder Feindschaft.« Und weiter: »Am schönsten ist eine Entdeckung, wenn sie mit der Peripetie zusammenfällt.« (S. 39) Genau das passiert in guten Vampirgeschichten: Aus Harkers Dienstreise zum Grafen Dracula wird die Flucht vor dem Vampir. Lauras geliebte Spielgefährtin Carmilla wird zur Todfeindin des Vaters und seiner Helfer.

Aristoteles zählt auch das Pathos zu den Grundlagen guter Geschichten. Unter Pathos versteht er »eine zum Untergang führende oder qualvolle Handlung, wie etwa Tod auf der

Bühne, Schmerzen, Verwundungen und dergleichen«. (S. 39) Das klingt fast so, als hätte Aristoteles dabei Vampirgeschichten vor Augen gehabt.

Die Rezepte des Aristoteles sind ebenso einfach wie zeitlos wirksam. Jede gute Geschichte braucht einen Anfang, eine Mitte und ein Ende, schreibt er und warnt davor, Geschichten »an einem beliebigen Punkt« beginnen zu lassen. Ein Auftrag ist ein guter Anfang, so wie der Auftrag, nach Transsilvanien zu fahren. Noch besser ist es, wenn der Anfang mit einer Gefahrensituation zusammenfällt, wie z. B. der Walpurgisnacht oder der St.-Georgs-Nacht. Wenn der Vampir erkannt wird, schlägt die Handlung um, der Vampir wird vom Jäger zum Gejagten. Schließlich kommt es zum Showdown und zum Happy End. Aristoteles betont, dass wohlmeinende und gütige Götter am Ende nicht allzu offensichtlich eingreifen dürfen. Es genügt, wenn die Sonne auf der Seite der Vampirjäger ist.

Aristoteles hat darauf hingewiesen, dass gute Dramen nicht mehr als einen »einzigen Sonnenumlauf oder doch nur wenig darüber hinaus« in Anspruch nehmen (*Poetik*, S. 30) – für ein Vampirdrama genügt sogar die Hälfte der Zeit: *from dusk till dawn*, wie man heute sagen würde. Das Theater der griechischen Antike war ein Freilichttheater, der natürliche Lauf von Sonne und Mond war Teil des Spiels. In dieser Naturkulisse hätte man auch Vampirgeschichten blendend inszenieren können. Aristoteles wusste auch, dass wir eher mit Figuren mitfiebern, die uns ähnlich sind: »Mitleid entsteht nur, wenn der, der es nicht verdient, ins Unglück gerät, Furcht, wenn es jemand ist, der dem Zuschauer ähnlich ist.« Das ist eine gute Beschreibung von Harker, Laura und der jungen Bella aus *Twilight*: Sie sind Menschen wie wir. Laut Aristoteles sind Konflikte, die in der Familie oder unter Freunden Unglück bringen, besonders wirksam. Aubrey verliert seine Geliebte und seine Schwester an den

Vampir, Laura muss erfahren, dass ihre beste Freundin Carmilla gepfählt wurde, Arthur pfählt seine Verlobte Lucy und Harker bangt um seine Frau Mina.

Auch die Gedanken über Glaubwürdigkeit und Realismus, die wir bei McKee gelesen haben, finden wir schon bei Aristoteles: »Man muss das Unmögliche, das wahrscheinlich ist, dem Möglichen vorziehen, das unglaubhaft ist.« (*Poetik*, S. 62)

Da Aristoteles auf klassische Einfachheit und Eleganz setzt, rät er dazu, alles Überflüssige wegzulassen und die Teile in eine logische Abfolge zu bringen: »Die Teile der Handlung müssen so zusammengesetzt sein, dass das Ganze sich verändert und in Bewegung gerät, wenn ein einziger Teil umgestellt oder weggenommen wird. Wo aber Vorhandensein oder Fehlen eines Stücks keine sichtbare Wirkung hat, da handelt es sich gar nicht um einen Teil des Ganzen.« (S. 35) Diese Passage sollte man allen Drehbuchautoren in Hollywood unter das Kopfkissen legen.

Wie bereits erwähnt, denkt Aristoteles über die Dichtkunst deswegen nach, weil er davon überzeugt ist, dass Geschichten für die menschliche Kultur wichtig sind. Er erhofft sich, dass die Zuseher durch das Mitleben oder Mitleiden mit den Helden und Opfern »gereinigt« werden. Die Termini, die Aristoteles verwendet hat, um die reinigende Funktion von Geschichten zu erklären, gehören bis heute zu den umstrittensten Begriffen der Kulturgeschichte: ein Drama soll *eleos* und *phobos* in uns hervorrufen, bevor die *katharsis* uns am Ende der Handlung davon befreit. Mehr als 2000 Jahre nach Aristoteles streiten die Fachleute noch immer darüber, wie man diese Begriffe übersetzen und interpretieren soll. Ob und wie eine kathartische Reinigung stattfinden soll oder kann, ist ebenso umstritten wie die Frage, ob »Mitleid und Furcht« oder »Jammer und Schauder« besser zu *eleos* und *phobos* passen. Vereinfacht könnte man die Katharsistheorie so zusammenfassen: Identifikation und Empathie mit den handelnden Figuren erlauben uns ein Probehandeln. Wir können für ein paar Stunden mit Dracula, van Helsing, Harker und Carmilla mitleben und mitleiden, dadurch können wir unsere Wünsche und Triebe in den Bühnenfiguren ausleben. Ob uns dieses Mitfühlen und Probehandeln tatsächlich von schädlichen Trieben reinigt, ist höchst umstritten. Aristoteles hat schon vor mehr als 2000 Jahren bemerkt, dass sich die Menschen für die mediale Darstellung von Dingen interessieren, die ihnen in der Realität Angst und Abscheu einjagen. »Was wir nämlich in der Wirklichkeit nur mit Unbehagen anschauen, das betrachten wir mit Vergnügen, wenn wir möglichst getreue Abbildungen vor uns haben, wie etwa die Gestalten von abstoßenden Tieren oder von Leichnamen«, schreibt er in seiner *Poetik* (S. 27). Das liegt nach Aristoteles daran, dass wir gerne lernen, denn das Lernen ist »nicht nur für die Philosophen das Erfreulichste (…), sondern ebenso auch für die anderen Menschen; doch kommen diese nur wenig dazu«. (S. 27) Der optimistische Aristoteles liefert uns Voyeuren damit eine Ausrede: Wenn wir bei Dramen zusehen, wollen wir also vom Leiden anderer lernen. In dieser Hinsicht stimmt Manfred Spitzer, einer der populärsten Hirnforscher Deutschlands, dem antiken Philosophen zu. In seinem Buch *Vorsicht Bildschirm!* schreibt Spitzer, dass nur die starken Urmenschen, die bei Sex und Gewalt genau hingeschaut und dabei gelernt haben »wie es geht«, ihre Gene weitergegeben haben. Die »Schwächlinge«, die weggeschaut haben, sind ausgestorben.

In Bezug auf das Katharsismodell ist Spitzer jedoch ein erklärter Aristoteles-Gegner. Die Kritiker des Katharsismodells sagen: Die Triebe werden verstärkt und aufgeputscht. Wer viel Gewalt konsumiert, lernt, Gewalt als alltägliches Mittel zur Konfliktlösung zu akzeptieren. Zucker macht uns dick, mediale Gewalt macht uns gewaltbereit. Spitzer warnt eindringlich vor der ungeheuren Bilderflut der modernen Medien. Man kann seine Position so zusammenfassen: Wer mediale Gewalt sät, wird reale Gewalt ernten. Allerdings darf man nicht vergessen, dass die mediale Gewalt oft nur die real in uns und in unserer Gesellschaft vorhandene Gewalt spiegelt. Dazu kommt, dass schon die frühesten Erzählungen der Menschheit, die heiligen Schriften, die Mythen und Märchen überaus gewaltsam sind. Denken wir an das Alte Testament, an Ödipus oder an Schneewittchen.

Aristoteles ist eine der beiden klassischen Quellen, aus denen sich die Kreativen in Hollywood ihre Ideen holen. In der englischen Übersetzung liest Aristoteles sich ohnehin wie ein moderner Drehbuchguru, weil bei ihm so viel von »action« die Rede ist, während es auf Deutsch eher langweilig »Handlung« heißt. Die andere Quelle, die von Autoren und Regisseuren bewusst oder unbewusst angezapft wird, ist der Mythos der Heldenreise, den der bereits mehrmals erwähnte Joseph Campbell in seinem Buch *The Hero with a Thousand Faces* beschrieben hat. Der amerikanische Literaturwissenschaftler Joseph Campbell (1904–1987) hat sich mit seinen Arbeiten zur vergleichenden Religions- und Mythenforschung einen beinahe legendären Ruf erworben. Er hat die religiösen Überlieferungen, Mythen und Märchen der Welt untersucht und miteinander verglichen. Aus seiner reichen Erfahrung destillierte er die Grundthese, dass hinter allen großen Geschichten eine einzige Geschichte sichtbar wird. Er nennt dies den Monomythos. Campbell hat die einzelnen Phasen in dieser großen Erzählung, die ständig die Gestalt wechselt und dennoch in ihrer Grundstruktur gleichbleibt, ausführlich beschrieben und interpretiert. Wenn man Campbells Untersuchungen auf *Dracula* anwendet, erkennt man, dass der Vampirmythos perfekt in das Schema des Monomythos passt: Das Abenteuer ruft – der

Held zögert – bekommt übernatürliche Hilfe – überschreitet die Schwelle – landet im Bauch des Biestes – muss Prüfungen bestehen – wird von Frauen versucht – und gerät in eine beinahe aussichtslose Lage. Dann greift ein weiser Alter mit Zauberkräften ein – der Held stellt sich der Herausforderung – bringt Opfer – und überwindet schließlich seinen Gegner. Gestärkt und als neuer Mensch kehrt der Held aus dem Abenteuer zurück.

Als modernes Beispiel für den alten Mythos wäre hier die TV-Vampirjägerin Buffy zu nennen, die am Beginn der Serie nichts von ihrer Bestimmung wissen will, die Welt vor den Vampiren zu retten. Auch Harker zögert mehrmals. Als er von seinem Chef den Auftrag erhält, wegen einer Immobiliensache nach Transsilvanien zu fahren, zögert er vermutlich zuerst, weil er Mina nicht verlassen will, bevor sie ihn geheiratet hat. Dann will er den Auftrag möglichst rasch ausführen, um seinen Job und damit die finanzielle Grundlage für die Ehe nicht zu verlieren, wie man an der minutiösen Auflistung der Verspätungen und Verzögerungen dieser Reise im Tagebuch erkennt. Harker bekommt übernatürliche Hilfe, als die alten Frauen ihm den Rosenkranz aufdrängen, der ihm Leib und Seele retten wird. Wie Aubrey und der namenlose Engländer in der Münchner Walpurgisnacht vor ihm ignoriert Harker die Warnungen der Einheimischen und überschreitet die Schwelle zum Abenteuer. Als er in die Kutsche zum Borgopass einsteigt, kann ihm kaum mehr geholfen werden. Als er dann auch noch zu Dracula in die Kutsche steigt, gibt es kein Zurück mehr: Harker landet im Bauch des Biestes. Draculas Schloss ist unheimlich, dunkel, übelriechend und gefährlich. Das Licht der Erkenntnis glimmt nur schwach, Albtraum und Wirklichkeit gehen ineinander über. Im Keller des Schlosses muss Harker dem Bösen direkt ins Gesicht sehen und stürzt wie von Sinnen davon. Harker muss weitere Prüfungen bestehen, er muss sich den Grafen vom Leib halten und versuchen, einen Ausweg aus dem Bauch des Biestes zu finden. Harker wird von Vampirinnen in Versuchung geführt, aber Dracula selbst schreitet ein und vertröstet die Vampirinnen auf die nächste Nacht. Harker verliert das Bewusstsein, den Verstand und beinahe sein Leben. Jetzt zögert Harker zum zweiten Mal. Er will den Ruf des Abenteuers nicht mehr hören und sein Tagebuch versiegeln. Aber er kann sich dem Ruf nicht auf ewig verschließen. Zuerst ist es Harker, der die Prüfungen bestehen muss, später ist es Mina, die auf Herz und Nieren geprüft wird. Der Zauberer van Helsing, der alles über Vampire weiß und alle Zaubermittel kennt, greift ein. Harker stellt sich der Herausforderung und entschließt sich zum Kampf gegen Dracula. Lucy wird geopfert, Mina wird in Gefahr gebracht, und Quincey Morris verliert sein Leben, doch Harker und Mina kommen gereift und gestärkt nach England zurück. Nun dürfen sie neues Leben in die Welt setzen.

III

Schatten an der Wand

Hollywood im Blutrausch

09 Vampire im Kino

Cheapness has nothing to do with the budget of the film – although it helps.

Frank Zappa (1974), »Preamble« vor der Live-Version von *Cheepnis* [Cheapness], Zappas ironischer Liebeserklärung an alte Monstermovies. Veröffentlicht auf Zappas Live-Album *Roxy and Elswhere* (10. September 1974)

Mit dem Ende des 19. Jahrhunderts hätte der Vampir eigentlich aussterben müssen, da er von der intellektuellen Aufklärung und der modernen Technik in die Zange genommen wurde. Wenn unsere Vorfahren nachts aus bösen Träumen erwacht sind, haben sie eine Kerze angezündet und damit den Schatten an der Wand erst recht Leben eingehaucht. Seit Thomas Alva Edison (1847–1931) – auch er ist ein Zeitgenosse von Bram Stoker und Arthur Conan Doyle – in seinen Laboratorien die Glühbirne zur Serienreife entwickelt hat, sollten eigentlich alle Gespenster aus unseren Schlafzimmern verschwunden sein. Aber mithilfe von Edisons Erfindungen passiert genau das Gegenteil. In seinen Labors werden auch die ersten brauchbaren Geräte zur Aufnahme und Wiedergabe von *moving images* hergestellt, und damit werden die Vampire erfolgreicher denn je. Alle klugen Köpfe, die im Zeitalter der Aufklärung für den Sieg der Vernunft über die Angst und den Aberglauben gekämpft haben, wären wohl entsetzt gewesen, das moderne Publikum auch – aber es liebte das neue kinematographische Entsetzen.

Das Wort Kino kommt von griechischen *kinesis*, was Bewegung bedeutet. Kino ist eine Kurzfassung von Kinematografie, Bewegungsaufzeichnung. Der Vampirmythos lebt von Bewegung, die Untoten stehen aus ihren Gräbern auf und hetzen hinter uns her. Wir fliehen in Panik, drehen uns um und schlagen zurück. Der Vampirmythos ist wie gemacht für die *moving pictures*, da die Vampire, die Jäger und die Opfer immer in Bewegung sind. Harker reist zu Dracula, Dracula kommt nach England, Carmilla inszeniert einen Kutschenunfall, Aubrey treibt sich in einer gottverlassenen Gegend in Griechenland herum. Wenn die Vampire tagsüber ermattet im Sarg liegen, gerät der Vandale van Helsing in wütende Bewegung.

Die Bewegung, die wir im Kino zu sehen glauben, ist Illusion. Ein Kinofilm besteht aus einer raschen Abfolge einzelner Fotografien, die einander ähnlich sind und so schnell abgespielt werden, dass uns unser Gehirn eine kontinuierliche Bewegung vorgaukelt. Auch das Wort Fotografie kommt aus dem Griechischen. *Phos* bedeutet Licht, eine Fotografie ist also eine Lichtzeichnung. Einerseits ist der Vampirmythos per se actiongeladen und deswegen besonders für eine Verfilmung geeignet, andererseits tummelt sich in den Vampirgeschichten allerlei lichtscheues Gesindel. Trotz der Actionlastigkeit des Vampirmythos ist es daher sehr schwer, einen guten Vampirfilm herzustellen, weil die Vampire dem Licht instinktiv ausweichen wollen. Einerseits darf das Kino nicht zu viel Licht in den Vampirmythos bringen, sonst verlieren wir unsere Angst. Andererseits kann man ohne Licht keinen Film drehen (ein alter Ausdruck für Film lautet: Lichtspiel). Kino ist zuerst Schauspiel, kein Hörspiel. Ganz ohne Licht sehen wir nichts. Wir brauchen aus technischen und ästhetischen Gründen Zwielicht, Dämmerung und Mondlicht, wenn die Vampire über die Kinoleinwand huschen sollen. Ohne Licht keine Angst – und kein Vergnügen; mit zu viel Licht ebenso.

Die oft gestellte Frage, wie viele Dracula-Filme es eigentlich gibt, ist nicht einfach zu beantworten. Karsten Prüßmann verweist in seinem Buch *Die Dracula-Filme* auf das *Guinness Book of Movie Facts*, nach dem Dracula seinen engsten Rivalen Frankenstein mit 155:109 schlägt (S. 7). Dracula wäre damit die erfolgreichste Horrorfigur der Filmgeschichte. Andere Untersuchungen sprechen gar von mehreren hundert Dracula-Filmen, weil sie Draculafilme mit Vampirfilmen gleichsetzen. Der deutsche TV-Sender *Kabel 1* hat vor einigen Jahren eine Liste historischer und fiktionaler Figuren erstellt, die am häufigsten zum Thema von Filmen wurden. In dieser Liste, die online zugänglich war, stand Sherlock Holmes vor Napoleon und Dracula an der Spitze. Napoleons Führungsposition resultiert aus der Stärke der französischen Filmindustrie zu Beginn des 20. Jahrhunderts, immerhin haben ja zwei französische Brüder mit dem passenden Namen Lumière (= Licht) das Kino miterfunden. Heute ist Napoleon »out«, und Sherlock Holmes hat trotz eines 90 Millionen Dollar teuren Wiederbelebungsversuches im Jahre 2009 (*Sherlock Holmes*, Regie: Guy Ritchie) schon längst seinen Geist aufgegeben. Die Vampire sind hingegen stärker denn je. Der Vampirfilm ist zweifellos eines der erfolgreichsten Genres aller Zeiten. Der Vampir war von Anfang an ein Lieblingsthema der Filmindustrie.

Als Verkörperung von Angst und Action, von Liebe und Tod, Sehnsucht und Gier ist die Vampirfigur für das neue Massenmedium wie geschaffen. Man kann es auch so sehen: Seit der Erfindung des Kinos sind wir Kinovampire geworden, die selbst im Dunkeln sitzen und sich von den Licht-/Schattengestalten auf der Leinwand ernähren.

Durch die Erfindung der *moving pictures* wird das Grauen sichtbar. Es verlagert sich aus den Köpfen der Schriftsteller und der Phantasie der Leser auf die Leinwand. Der Vampirmythos ist für den Stummfilm ideal, weil die wichtigsten Szenen völlig ohne Worte wirken, ohne Dialog und ohne Erklärungen. Ein Kuss, der zum Biss wird – was soll man dazu noch sagen.

Film ist eine Zeitkunst, die ihre Wirkung im Ablauf der Zeit entfaltet. Deshalb ist der Film so gut geeignet,

Zeitabläufe – ohne Worte – in Bilder und Gefühle umzusetzen. In jedem guten Vampirfilm geht die Sonne unter und der Vollmond erscheint. Das bedarf keiner weiteren Erklärung. Instinktiv verstehen wir auch, was gemeint ist, wenn aus dem Vollmond durch eine Überblendung oder einen raschen Schnitt das Auge eines Vampirs wird. Filmspezialisten nennen diesen Kunstgriff Match-Cut, weil dabei die runde Form des Mondes mit der des Vampirauges in Übereinstimmung gebracht wird (= to match). Match-Cuts dieser Art finden wir in jedem besseren Vampirfilm.

Darüber hinaus hat der Vampirmythos immer etwas von einem gehetzten Roadmovie. Immer ist jemand auf der Reise oder auf der Flucht. Reise und Flucht sind Bewegungen und daher ein »gefundenes Fressen« für den Kinematographen als Bewegungsaufzeichner. Schon der von den Brüdern Lumière 1895 gedrehte Kurzfilm *Die Ankunft eines Zuges im Bahnhof von La Ciotat* zeigte, wie ein Zug in einem Bahnhof ankommt. Angeblich sind 1896 bei der Filmpremiere einige Zuseher schreiend aus dem Saal gelaufen, als die immer größer werdende Lokomotive direkt auf sie zugefahren kam. Man hätte *Die Ankunft eines Zuges* sofort in einen Draculafilm einbauen können: die Ankunft Harkers in München, Wien oder Klausenburg.

Das Wort »Theater« geht auf den griechischen Ausdruck für »schauen« zurück. Die Schauplätze des klassischen Vampirmythos sind im wahrsten Sinne des Wortes theatralisch, also spektakulär: steile Felsen, Vollmond über dichtem Wald, ein dunkles Schloss, das düster auf einem Felsen thront und seine Schatten über das kleine Dorf wirft. Dazu verwenden die Schauspieler in alten Vampirfilmen oft eine expressiv-theatralische Gestik. Einheimische, die die Hände betend zum Himmel recken oder entsetzt über dem Kopf zusammenschlagen, der warnende Blick, der ausgestreckte Arm, der zitternd auf das Schloss zeigt. In all diesen Szenen herrscht Bewegung: von den dramatischen Sonnenuntergängen bis zu den Kutschen, die in halsbrecherischem Tempo an Kreuzen am Wegesrand vorbeirumpeln.

Im Folgenden werde ich auf die filmische Umsetzung einiger Schlüsselszenen des Vampirmythos genauer eingehen.

Nosferatu (1922)

Nosferatu: Eine Symphonie des Grauens (1922) ist einer der berühmtesten Stummfilme des Expressionismus. Der deutsche Regisseur Friedrich Wilhelm Murnau hat diesen Film nach Stokers *Dracula* gedreht, ohne sich die Rechte zu sichern, aber er hat die Spuren zu Stoker nicht gut genug verwischt. Schon der Filmtitel verweist auf *Dracula*, denn van Helsing erwähnt darin den Namen Nosferatu als Gattungsbezeichnung für Vampire. Die Uraufführung von *Nosferatu* erwies sich als schwierig, da sich die Berliner Kinos angesichts des schaurigen Themas geweigert hatten, die Premiere des Films zu veranstalten. Murnaus Produktionsfirma kaufte daraufhin einen eigenen Verleih, um den Film in die Kinos zu bringen – vergeblich. Schließlich mietete man einen vornehmen Tanzsaal für die Filmpremiere. Dort brachte man den Film am 5. März 1922 als Pausenfüller zwischen Gesellschaftstänzen zur Uraufführung, wie Ernst Prodolliet in seiner Arbeit über *Nosferatu* schreibt.

Murnau und sein Drehbuchautor hatten oberflächliche Veränderungen an Stokers Roman vorgenommen. Aus Harker wurde Hutter, aus Mina wurde Ellen, aus Dracula wurde Orlok, aus London die deutsche Stadt Wisborg. Murnaus Vampirgraf unterscheidet sich aber auch in tieferen Schichten von Dracula. Aus Stokers animalischem Untoten wird ein schattenhaftes Schreckgespenst, das blutleer über die Leinwand schlurft. Angeblich war Stokers Witwe entsetzt, als sie erfuhr, dass Murnau aus dem herrischen Fürsten einen leidenden *Softie* gemacht hatte. Sie setzte sich gegen diese Verfälschung von *Dracula* zur Wehr und klagte die Produktionsfirma, schreibt Karsten Prüßmann in seinem Buch *Die Dracula-Filme* (S. 59f.). Vermutlich hatte Stokers Witwe erkannt oder zumindest erfahren, dass *Nosferatu* ein *Dracula*-Plagiat war, mit dem aus dem Erbe ihres verstorbenen Mannes Kapital geschlagen wurde, ohne sie daran zu beteiligen. Angeblich hat Florence Stoker den Film *Nosferatu* nie gesehen, es wäre jedoch verständlich gewesen, wenn sie trotz und nicht wegen der Veränderungen der Titelfigur auf gut Glück einen Urheberrechtsprozess angestrebt hätte. Leider führte der Prozess zu einem *unhappy end* für alle Beteiligten. Das Gericht entschied im Juli 1925 zwar für Stokers Witwe, aber gegen ihre Interessen, da im Urteil die Zerstörung des Negativs und aller Kopien von *Nosferatu* angeordnet wurde. Man kann diese traurige Geschichte in David J. Skals Buch *Hollywood Gothic* nachlesen (S. 59). Ein Pyrrhussieg für Florence Stoker, denn damit wurde das kulturelle Kapital vernichtet, mit dem auch sie hätte Geld verdienen können. An Ende des Prozesses stand sie ebenso mit leeren Händen da wie der Regisseur Murnau.

Zum Glück war *Nosferatu* nicht so leicht umzubringen. Kopien waren ins Ausland gebracht worden. Teile davon tauchten in anderen Filmen immer wieder auf. Schon im Jahr 1930 lief unter dem Titel *Die zwölfte Stunde – Eine Nacht des Grauens* eine stark verfälschte Version wieder in den Kinos: Die heiteren Anfangsszenen des Films waren als *Happy End* an den Schluss montiert worden. Erst 1988 wurde im ZDF ein von Enno Patalas rekonstruierter *Nosferatu* ausgestrahlt, der vermutlich nahe am Original ist, deswegen können wir uns heute noch an den kraftvollen Bildern dieses Films ergötzen. Eine der stärksten Szenen des Films ist ein Memento mori, eine Erinnerung daran, dass wir alle sterblich sind.

Nach einer halsbrecherischen Kutschenfahrt ist Hutter (Harker) bei Orlok (Dracula) angekommen. Der nach der langen Reise hungrige Hutter speist zu Abend, während der Graf seinen Gast beobachtet. Wir kennen diese Situation aus *Dracula*, der Mensch muss essen, um Leib und Seele zusammenzuhalten, doch der Vampir isst nie, er trinkt Blut. In *Nosferatu* kommt ein faszinierendes filmisches Element dazu, das nicht aus Stokers Vorlage stammt.

Zuerst greift der hungrige Hutter nach dem halben Laib Brot, der auf dem Tisch liegt, um sich eine Scheibe abzuschneiden. In dieser Situation ist das Brot natürlich ein Symbol. »Unser tägliches Brot gib uns heute«, heißt es im Vaterunser. Als Hutter in den Brotlaib schneidet, gerät sein eigener Leib in Gefahr, denn während er noch mit dem Messer hantiert, schlägt die Uhr Mitternacht. Es ist, als hätte Hutters letztes Stündlein geschlagen. Als er sich entsetzt zur Uhr umdreht, sieht er, dass sie ein grausiges Memento mori ist: Der Tod selbst schlägt die Glocke. Geschockt von dieser Uhr, bei der ein Skelett den Schlägel schwingt, schneidet Hutter sich in den Finger – es fließt Blut! Sofort springt Graf Orlok auf, um Hutters Blut zu saugen. Hutter weicht entsetzt zurück. Das ist der Moment des Erkennens. Hutter weiß, dass er in Gefahr geraten ist.

Diese Szene braucht keinen Dialog und keinen Kommentar. Realität und Symbol gehen ineinander über: das Brot, das Messer, die Uhr, das Blut, der Blutsauger. Wir können uns mühelos in Hutter versetzen, den hungrigen Reisenden. Ebenso mühelos verstehen wir die Gier des Grafen Orlok. Das wird besonders in der Szene deutlich, in der Orlok Hutters Frau verfällt.

Als Hutter mit dem Grafen geschäftliche Dokumente durchsieht, rutscht zwischen den Papieren ein Medaillon mit dem Porträt von Hutters Frau Ellen auf den Tisch. Der Graf ergreift das Medaillon mit spitzen Fingern und starrt es sehnsüchtig an. Das Bildnis bezaubert ihn. Wenig später verlässt Orlok mit Särgen voller Heimaterde Transsilvanien und macht sich auf nach Wisborg; Leichen pflastern seinen Weg. In Stokers *Dracula* gibt es nur wenige Opfer, in *Nosferatu* wütet Graf Orlok wie die Pest. Sowohl in *Dracula* als auch in *Nosferatu* ist die Braut des jungen Mannes das primäre Objekt der Begierde. Der Blutsauger will sich Harkers und Hutters »Schatz« holen. Mina widersteht, wenn auch mit Müh und Not. Ellen, Hutters Frau, gibt sich hin – um ihre Mitmenschen von dem Bösen und der Pest zu erlösen. Ellen ist ein weiblicher Jesus Christus. Wenn sie die Schuld auf sich nimmt und den Blutsauger lange genug an sich fesseln kann, wird er die Zeit übersehen und von der aufgehenden Sonne getötet werden.

In der entscheidenden Szene schickt Ellen ihren Mann unter einem Vorwand weg und erwartet allein den Schatten der Nacht. Bald darauf sehen wir Nosferatus Schatten, der gebückt, kahl und mit überlangen Fingern die Treppe zu Ellen hinaufsteigt. In dieser Stiegenszene werden Orloks Finger als Schattenwurf lebendig und immer länger, bis sie den Türknauf erreichen. Es ist Murnau gelungen, diese Schatten in archaisch-holzschnittartigen Bildern lebendig werden zu lassen, sodass es einem dabei heute noch kalt über den Rücken läuft.

Mit hartem Licht erzeugt Murnau starkes dramatisches Helldunkel. In der Kunstgeschichte kennt man dafür auch den Ausdruck *Chiaroscuro*, der sich aus den italienischen Adjektiven *chiaro* (hell, klar, verständlich) und *oscuro* (dunkel, düster, vgl. obskur) zusammensetzt. Murnaus Nosferatu ist ein obskurer Schatten, der sich auf Ellens helle Seele legen wird. »Wie die Erfahrung zeigt, bewirkt die unerkannte Annäherung des Todes eine adumbratio, einen vorausgeworfenen Schatten, der über Leben und Träume des Opfers fällt«, sagt C. G. Jung in seiner *Traumdeutung* (S. 57). Murnau hat die »adumbratio« in den Schlussszenen perfekt in Bilder umgesetzt. Buchstäblich im Handumdrehen ist Orlok bei Ellen eingedrungen, und seine

Schattenfinger gleiten über ihr weißes Nachthemd. Orloks Finger sind ausgestreckt, seine Fingernägel lange Krallen. Als die Schattenhand auf der Höhe von Ellens Herzen angelangt ist, schließen sich die Krallen blitzartig zur Faust, und wir spüren: Nosferatu hat sich Ellen »gekrallt« und ihr das Herz gebrochen. Fast hundert Jahre, nachdem diese Szene gedreht worden ist, berührt uns dieser Angriff auf Ellen noch immer tief im Innersten. Der österreichische Nobelpreisträger Elias Canetti beschreibt in seiner Studie *Masse und Macht*, an der er fünfunddreißig Jahre lang gearbeitet hat, die menschliche Berührungsfurcht: »Nichts fürchtet der Mensch mehr als die Berührung durch Unbekanntes. Man will sehen, was nach einem greift, man will es erkennen oder zumindest einreihen können. (…) Nachts oder im Dunkel überhaupt kann der Schrecken über eine unerwartete Berührung sich ins Panische steigern.« Deswegen haben wir Menschen uns »Abstände« geschaffen, wie Canetti schreibt, wir wohnen in Häusern und fahren lieber im Auto als in der Straßenbahn. »Die Angst vor dem Einbrecher gilt nicht seinen räuberischen Absichten allein, sie ist auch eine Furcht vor seinem plötzlichen, unerwarteten Griff aus dem Dunkel. Die Hand, zur Kralle geformt, wird als Symbol für diese Angst immer wieder verwendet. Viel von diesem Sachverhalt ist in den Doppelsinn des Wortes ›angreifen‹ eingegangen.« (*Masse und Macht,* Bd. I, *S. 9*)

Nosferatu hat Ellen angegriffen, seine Lippen saugen sich wie in Trance an ihrem Hals fest. »Augenblick, verweile doch, du bist so schön« – für Nosferatu bleibt die Zeit stehen, aber die Dramaturgie der Dämmerung lässt sich nicht aufhalten. In Großaufnahme zeigt Murnau den Hahn, der beim ersten Sonnenstrahl kräht. Zögernd erwacht Nosferatu aus seiner Trance und will sich zurückziehen. Aber es ist zu spät. Im Licht der aufgehenden Sonne zerfällt er zu Staub.

DRACULA (1931)

Wie bereits mehrfach erwähnt, ist der Vampirmythos per se dramatisch. Unter diesem Aspekt ist es überraschend, dass Dracula selbst seine Theaterpremiere erst im Jahre 1924 feierte. Doch danach ging es Schlag auf Schlag. Die Rechte wurden nach Amerika verkauft, wo das Stück sensationelle Erfolge feierte. Bald darauf wurden auch Filmproduzenten auf den Stoff aufmerksam, und im Jahre 1931 ließ Hollywood den Prototypen aller *Dracula*-Verfilmungen auf das Kinopublikum los. Unter der Regie von Tod Browning wurde dieser erste autorisierte Dracula-Film zu einem Meilenstein der Horrorfilmgeschichte.

Bereits die erste Szene führt ins Zentrum des Vampirmythos: Glaube und Aberglaube, Rationalität und Irrationalität und die Angst, zur falschen Zeit am falschen Ort zu sein. In Brownings Dracula-Film, der sich an der Bühnenfassung des Romans orientiert, übernimmt der bereits erwähnte »lunatic« Renfield den Harker-Part der Eröffnungsszenen. In dieser Verfilmung sehen wir gleich zu Beginn, wie und warum der Kerl irre geworden ist. Als Vorläufer von Harker hat er den Grafen besucht und ist dem Blutsauger mit Leib und Seele verfallen. Brownings Film zeigt eine Mischfigur aus Harker und Renfield, die ich in meiner Filmanalyse »Harker/Renfield« oder »der junge Engländer« nennen werde, weil ich mich primär auf die Grundstruktur des Vampirmythos beziehe und nicht auf die individuelle Ausformung – es geht um einen Helden mit tausend Namen und Gesichtern, wie man mit Joseph Campbell sagen könnte.

In Brownings *Dracula* sehen wir das Innere einer Kutsche, deren Fahrgäste wild durchgerüttelt werden. Der junge Engländer beschwert sich und fordert den Kutscher auf, langsamer zu fahren. Sofort widerspricht ein anderer Fahrgast, der betont, man müsse unbedingt vor Sonnenuntergang das Wirtshaus erreichen, es sei Walpurgisnacht. »Nosferatu!«, flüstert er geheimnisvoll, da greift eine Frau ein und hält ihm den Mund zu. »Verschrei es nicht!«, sagt man, und: »Der Teufel schläft nicht!« Die Kutsche kommt gerade noch vor Sonnenuntergang zur Poststation, Menschen begrüßen die Fahrgäste freudig, das Gepäck wird ausgeladen, alle sind froh, heil angekommen zu sein, da unterbricht Harker/Renfield das fröhliche Treiben. Sein Gepäck soll auf der Kutsche bleiben, er will in der Nacht weiter zum Borgopass, wo ihn Graf Draculas Kutsche erwartet. Die Einheimischen sind entsetzt. Borgopass? Walpurgisnacht? Dracula! Blutsauger, die in der Nacht ihre Särge verlassen! Das sei doch purer Aberglaube, meint der junge Mann, er sei geschäftlich unterwegs und müsse seine Verabredung mit dem Grafen unbedingt einhalten. In einer schönen Panoramaeinstellung sehen wir, wie die Sonne unerbittlich untergeht. Wenn er schon weiterreisen muss, so soll er nicht ganz ungeschützt sein. Eine Frau gibt ihm einen Rosenkranz mit, dessen Kruzifix sie vorher noch küsst. Die Kamera bringt eine Großaufnahme des gekreuzigten Jesus. Auch diese Szene ist eindrucksvoll, ohne dass man allzu viele Worte braucht. Während die Kutsche zum Borgopass hinauffährt und die Sonne untergeht, zeigt der Film uns eine Parallelhandlung. Ein Sargdeckel bewegt sich in Draculas Gruft, eine Hand kommt heraus, Dracula und seine Vampirinnen sind erwacht. Wieder ein Schnitt, wir sind auf dem Borgopass. Dort wartet Dracula mit weißglühenden Augen stumm auf seinen Fahrgast. Harker/Renfield steigt ein, »und hurre hurre, hopp hopp hopp! | Ging's fort in sausendem Galopp«, wie Bürger in *Lenore* schreibt.

Dieser letzte Abschnitt der Kutschenfahrt wird von Browning durch eine schöne filmische Szene bereichert. In höllischer Geschwindigkeit fährt die Kutsche über Stock und Stein. Der einsame Fahrgast wird furchtbar durchgerüttelt und lehnt sich erbost aus dem Fenster, um sich beim Kutscher über die ungestüme Fahrt zu beschweren, da sieht er, dass eine Fledermaus, der nächtliche Bote der Tollwut, über den galoppierenden Pferden flattert und ihnen den Weg weist. Erschrocken zieht der junge Mann den Kopf ein. Vielleicht hatten die abergläubischen Alten von der Poststation doch recht gehabt. Beim Schloss angekommen, springt Harker/Renfield aus der Kutsche und will den Kutscher zur Rede stellen – aber der Kutschbock ist leer. Langsam geht dem jungen Mann ein Licht auf: Vielleicht hätte er doch die Nacht im sicheren Dorf verbringen sollen.

Die Zuseher ahnen schon bald, dass Dracula selbst der Kutscher ist, denn beide Gestalten haben denselben hypnotischen Blick. Stoker beschwört das Animalische und den Raubtieratem Draculas, *Nosferatu* betont die geschundene Kreatur, das Rattenhafte und Schattenhafte. Tod Browning zeigt das Romantisch-Dämonische, Sinnlich-Magnetische, Telepathisch-Hypnotische. Der charismatische Béla Lugosi spielt Dracula als exotischen Mann von Welt, dem die Damenwelt zu Füßen liegt. Von Kopf bis Fuß ist er ein Gentleman von altem Adel. Für den hypnotischen Blick war der Kameramann Karl Freund verantwortlich, der Spots direkt auf die Augen Lugosis richten ließ, um diesen eigenartig abwesenden und zugleich fesselnden Blick zu erzeugen. Lugosis Augen wurden stilbildend für alle Kino-Draculas, auch Christopher Lee und seine Nachfolger starren ihre Opfer mit seltsam glühenden und toten Augen an.

Wie Joseph Campbell gezeigt hat, spielen Schwellen in allen alten Mythen eine große Rolle. Der Held muss die Schwelle überschreiten, wir müssen den Vampir über die Schwelle bitten, damit er zu uns kommen kann. Wir haben Schwellenangst, wenn wir vor Schloss Dracula stehen. In Brownings Film steht Harker/Renfield vor dem Schloss mutterseelenallein vor dem riesigen Portal, das ein bisschen an eine überdimensionale Vagina erinnert. Zögernd steigt er die Stufen hoch und betritt vorsichtig das Innere des Schlosses, das wie eine verfallene gotische Kathedrale aussieht. Der junge Mann ist verunsichert, er hatte gehofft, nach der mühevollen Reise mit offenen Armen empfangen zu werden. Stattdessen steht er nun in einer verfallenen Ruine. In Tod Brownings Verfilmung ist die Zerrissenheit und Verwirrung des jungen Mannes visuell und choreographisch hervorragend ins Bild gesetzt.

Mit dem Gesicht zur Kamera geht Harker/Renfield verdutzt ein paar Schritte rückwärts, um sich in der riesigen Eingangshalle zu orientieren. In einem Zwischenschnitt sehen wir drei Fledermäuse, die vor einem der hohen Fenster flattern. Wer den Roman kennt, weiß, dass das die drei Vampirinnen sind, die sich bald über den jungen Mann hermachen werden. »Wohin bin ich geraten?«, scheint er sich zu fragen und blickt sich staunend um. In diesem Augenblick sehen wir, wie hinter seinem Rücken Graf Dracula im schwarzen Cape und mit einer Kerze in der Hand die Treppe heruntersteigt. Treppe = Geschlechtsverkehr, Kerze = Penis, könnte man hier unter Berufung auf die Psychoanalyse einwerfen. Dracula hält eine Kerze in der Hand, ein heißes, flackerndes, lebendiges Licht, aber auch ein bekanntes Symbol und Spielzeug bei sadomasochistischen Praktiken. Mit Wachstropfen kann man das Opfer quälen und Samentropfen imitieren, um ihnen eine schmerzende Perlenkette zu »verehren«. Perlenhalsband – *pearl necklace* – ist der amerikanische Slangausdruck für Samenspuren am Hals einer Frau, also an der Stelle des weiblichen Körpers, in die Dracula so gerne beißt.

Wie bereits erwähnt, hat die Psychoanalyse wiederholt darauf hingewiesen, dass »Stiegen und das Stiegensteigen im Traume fast regelmäßig den Koitus symbolisieren«. (Freud, *Die Traumdeutung*, S. 371) Wie wir gesehen haben, enthalten Vampirfilme fast immer mehrere Stiegenszenen. Ein verängstigtes Opfer kauert auf einer Stiege, will entkommen, wird aber vom Vampir, der ihm »nachsteigt«, daran gehindert. Auch bei Hitchcock, dessen Filme von unterdrückter Sexualität fast bersten, sind Stiegen allgegenwärtig. Mit dem Hinweis auf das Perlenhalsband habe ich die Grenzen der zulässigen Interpretation vielleicht überschritten, aber ich halte mich auch dabei an Freuds *Traumdeutung*, in der steht: »Man darf sagen, es gibt keinen Vorstellungskreis, der sich der Darstellung sexueller Darstellungen und Wünsche verweigern würde.« (S. 371) Dass Dracula in dieser Stiegenszene eine Kerze in der Hand hält, ist fast schon zu offensichtlich sexuell, um noch der Interpretation als »verkleideter Wunsch« zu bedürfen.

Tod Browning hat den Auftritt des Untoten perfekt choreographiert. Dracula pirscht sich hinterrücks und von oben an sein Opfer heran, das sich gleichzeitig im Rückwärtsgang auf ihn zubewegt wie ein ahnungsloses Tier, das in die Falle tappt. Plötzlich fährt der junge Mann erschrocken herum. Er hat den dämonischen Blick Draculas in seinem Rücken gespürt. »*I am Dracula*« – so stellt sich Béla Lugosi in der Rolle seines Lebens mit schwerem »transsilvanischen« Akzent vor. Wir sind Zeugen einer klassischen *Suspense*-Situation, da wir als Zuschauer weit mehr wissen als Harker/Renfield. Der junge Engländer sieht nur einen seriösen Geschäftspartner und höflichen Gastgeber. Er ist froh, endlich in Sicherheit zu sein. Aber die Bilder belehren uns eines Besseren. Durch das Fenster der Schlosshalle fällt starkes Mondlicht, die Fenstersprossen erzeugen auf dem Boden hinter Harker/Renfield ein Gitter aus Licht und Schatten, das an eine Gefängniszelle erinnert oder schon vorausweist auf die vergitterte Zelle im Irrenhaus, in der Renfield landen wird. Harker/Renfield ist ein Gefangener, aber er weiß es noch nicht.

Dwight Frye, der Darsteller des Renfield, zeigt eine schauspielerische Meisterleistung. Wir spüren förmlich seine Erleichterung, als er den Grafen freundlich anlächelt und höflich den Hut zieht. Er wirkt wie ein Kind, das froh ist, aus dem finsteren Wald wieder zurück in die Arme der Mutter gefunden zu haben: »*I thought I was in the wrong place*« – »Ich habe schon befürchtet, am falschen Ort zu sein«, sagt er erleichtert. Wir wissen, dass der junge Mann tatsächlich »*in the wrong place*« ist.

Browning hat auch die berühmte Episode kongenial verfilmt, in der Dracula seinen Gast mit der Bemerkung irritiert, das Geheul der Wölfe sei die süße Musik der Kinder der Nacht. Dass Harker/Renfield psychisch und physisch in die Enge getrieben ist, wird im Film zusätzlich durch eine Passage von größter Intensität gezeigt: Dracula schreitet die breite Treppe hoch, Renfield folgt ihm, magnetisch angezogen und verstört. Ein riesiges Spinnennetz spannt sich quer über die Treppe. Dracula gleitet körperlos durch dieses Netz, ohne die Fäden zu zerstören. Harker/Renfield sieht fassungslos zu und zögert. Hier geht nichts mit rechten Dingen zu, scheint er zu denken. Dann nimmt er seinen Spazierstock wie einen Degen und reißt damit einen Spalt im Netz auf, durch den er durchsteigt.

Dass Dracula das Spinnennetz durchdringen kann, ohne es zu zerstören, ist ein simpler Filmtrick, lange vor sündteuren Computeranimationen, aber bis heute beklemmend. Draculas zusätzliche Erklärung: »Die Spinne webt ihr Netz für die unvorsichtige Fliege. Das Blut ist das Leben, Mr. Renfield«, ist fast schon verbaler Overkill. Die Bilder allein sagen alles, was man wissen und spüren muss.

Der technische Fortschritt verleiht dem Kino-Horror zu Beginn der 1930er-Jahre eine neue Dimension. Im Tonfilm wird das Grauen hörbar, das auf der Leinwand noch nicht explizit sichtbar sein darf. Statt des Stummfilm-Klaviergeklimpers wird nun bildgenau montierte Filmmusik für die Attacken auf die Emotionen des Publikums eingesetzt – und der Graf beginnt zu sprechen: hypnotisch und mit schwerem

Akzent. Der ungarische Schauspieler Béla Lugosi wird der erste berühmte Dracula-Darsteller der Filmgeschichte: aristokratisch und dämonisch, elegant und gefährlich verkörpert er Graf Dracula mehr als 5000 Mal auf der Bühne, in Radio Shows, im Fernsehen und im Film.

Béla Lugosi, geboren als Béla Ferenc Deszo Blaskó im altösterreichischen Lugos, war der ideale Dracula-Darsteller seiner Zeit. Charismatisch, exotisch und ein bisschen verrückt, war er zudem ein PR-Genie, das ständig die Grenzen zur Rolle verwischte. In Interviews betonte er immer wieder, dass es in seiner Heimat tatsächlich Vampire gegeben habe. Bis an sein Lebensende identifizierte er sich so sehr mit dem Satz »*I am Dracula,*« dass er sich sogar im Filmkostüm beerdigen ließ.

Man merkt Brownings Film die Herkunft vom Theater deutlich an. Viele der Dialoge in Brownings *Dracula* sind im Vergleich zur frühen Tonfilm-Durchschnittsware ausgezeichnet, weil sie mit Gefühl für Tempo und Timing inszeniert sind. In der »Abendessen-Szene«, in der zunächst kaum etwas passiert, fragt Dracula, ob Renfield seine Reise wie befohlen geheim gehalten habe. Untertänig und doch stolz auf sich selbst antwortet Renfield, er habe die Anweisungen buchstabengetreu befolgt. Wie ein besorgter Vorzugsschüler sagt er, er hoffe, er habe genügend Schilder mitgebracht, um Draculas Gepäckstücke für die Reise nach London zu beschriften. Dracula verrät sich fast: »I'm taking with me only three – ahh – boxes«, nur drei – und hier ein kurzes Zögern – Schachteln. Fast hätte er »coffins« (Särge) gesagt. Die ganze Kunst der Inszenierung liegt hier in dem kurzen Zögern.

Als der junge Engländer wenig später mit den Vertragsentwürfen und Papieren hantiert, verletzt er sich mit einer Büroklammer am Finger. Eine Großaufnahme zeigt uns den blutenden Finger und symbolisiert zugleich Draculas Gier. Der Vampir ist sofort zur Stelle, sein Blutdurst ist erwacht. Aber da kommt der Zufall/die Hand Gottes dem jungen Mann zu Hilfe. Als er sich über seine verletzte Hand beugt, fällt der Rosenkranz, den die alte Frau an der Poststation ihm um den Hals gehängt hat, über seine Hand. Dracula, der schon auf dem Sprung war, zuckt mit einer legendär gewordenen Geste zurück und hält sich sein Cape vor die Augen, um sich vor dem Anblick des Gekreuzigten zu schützen. In rührender Naivität interpretiert Renfield den Abscheu, den Dracula zeigt, falsch. Er meint, Dracula könne kein Blut sehen. Dracula betäubt seinen Gast mit schwerem alten Wein, der Engländer – gut erzogen und doch neugierig – fragt: »Aren't you drinking?« Und der Graf antwortet wahrheitsgemäß: »I never drink – wine.« Wieder liegt der Charme der Szene in Lugosis kurzem Zögern vor dem Wort »Wein«.

Wie bereits erwähnt, weicht die Figurenkonstellation in Brownings Draculafilm etwas vom Roman ab. Als Brownings Harker/Renfield wieder nach London zurückkehrt, wird er in das Sanatorium von Dr. Seward eingewiesen und von Professor van Helsing untersucht. Auch Dracula ist in London aufgetaucht und geht dort ins Theater. Im Theater lernt er Mina kennen, die Tochter von Dr. Seward. Mina ist mit John Harker verlobt, aber der ist nie in Transsilvanien gewesen. Mina erkrankt, an ihrem Hals sind verdächtige Bisswunden zu sehen. Dr. Seward, Harker und van Helsing sind entsetzt und diskutieren über die mysteriösen Bisswunden, als plötzlich das Dienstmädchen eintritt und einen Gast ankündigt. Auch in dieser Szene ist der Dialog ebenso großartig wie die filmische Umsetzung.

Als Harker fragt: »Was ist der Grund für diese Wunden, Professor?«, steht die Antwort plötzlich im Raum, denn das Dienstmädchen hat den Grafen ins Zimmer geleitet und macht nun mit einem lauten »Count Dracula« auf den Neuankömmling aufmerksam. Das ist perfektes Unterhaltungstheater alter

Schule. Wir Zuseher verstehen dieses Spiel sofort, Harker, van Helsing und Dr. Seward tappen noch im Dunkeln. Erst ein paar Minuten später geht ihnen ein Licht auf, als sie bemerken, dass der Graf kein Spiegelbild hat.

Dracula fühlt, dass er in Gefahr schwebt, und will sich zurückziehen, bevor er enttarnt wird. Er entschuldigt sich beim Hausherrn, weil er zur falschen Zeit gekommen sei. Sein »I'm sorry Doctor, my visit was so ill-timed«, ist doppeldeutig. In »ill-timed« steckt »ill« (krank) und »time« (die Zeit). Natürlich ist Dracula nicht zur falschen Zeit aufgetaucht, sondern zur richtigen. Er ist die Ursache von Minas Krankheit. Van Helsing antwortet: »Ganz im Gegenteil! Ihr Besuch wird Licht in die Sache bringen«, »It may prove to be most enlightening.« Van Helsing führt immer die Aufklärung im Mund und hält den Pfahl in der Hand.

In einer besonders wirksamen Szene, die an Verwechslungskomödien erinnert, zeigt Browning, dass im Vampirmythos die Welt auf dem Kopf steht. In einer Diskussion, die in Dr. Sewards Irrenhaus stattfindet, formuliert Harker die Zweifel des aufgeklärten Publikums und weist van Helsing darauf hin, dass er Sachen sagt, die man eher von den Patienten erwarten würde. Van Helsing kontert, es wäre die Stärke des Vampirs, die Leute glauben zu machen, dass er nicht existiere. Harker gibt nicht auf: »Professor, Vampire gibt es nur in Geistergeschichten!« Der irre gewordene Renfield hat das Gespräch mitgehört und ergreift nun die Partei des Professors. Der wahnsinnige Patient unterstützt den wahnsinnigen Wissenschaftler. Als er jedoch eine Fledermaus vor der Irrenanstalt flattern sieht, fällt Renfield wieder zurück in seine Rolle als Leibsklave Draculas. Als van Helsing darauf besteht, man müsse Dracula finden und pfählen, um Mina zu retten, schlägt Renfield sich auf Harkers Seite und sagt provozierend: »Isn't this a strange conversation for men who aren't crazy?«

Ein Großteil dieses Films spielt in Dr. Sewards Irrenanstalt. Immer wieder klingen die Grundthemen Wahnsinn und Vernunft, Glaube und Aberglaube, Physik und Metaphysik an. Der Fliegenfresser Renfield schwankt zwischen hellen Momenten und düsteren Visionen von Millionen von Ratten mit rotglühenden Augen. Der Irrenarzt Dr. Seward ist selbst verwirrt. Mina sieht Gespenster, redet mit sich selbst und abwesenden Gesprächspartnern. Van Helsing schwatzt beständig von Vampiren. Nur Martin, der Wärter des Irrenhauses, ist vernünftig. Er greift zur Flinte und schießt auf die Fledermaus, aber der ausländische Professor mit dem komischen Englisch sagt ihm, es habe keinen Sinn, auf die Fledermaus zu schießen, sie sei unverwundbar. Der Wärter Martin ist die typische und am Theater erprobte »lustige Figur« mit starkem bodenständigen Akzent. Er ist der Mann von der Straße mit Hausverstand. Martin bringt es im Gespräch mit dem Dienstmädchen auf den Punkt: »Die spinnen alle!«

Am Ende des Films verfällt Mina dem Grafen und folgt ihm willenlos in die verfallene Abtei. Der Showdown beginnt mit einer langen Treppenszene. Dracula und die hypnotisierte Mina schreiten eine riesige Freitreppe hinunter. Renfield keucht die Treppe hinauf, die Verfolger sind ihm auf den Fersen. Dracula meint, Renfield habe ihn verraten, und stürzt ihn die Treppe hinab. Dracula flüchtet und trägt die willenlose Mina mit sich. Jetzt erhalten van Helsing und Harker Unterstützung von oben: Die Sonne geht auf, Dracula muss in seinen Sarg flüchten. Die Vampirjäger sind wie in fast allen Filmen schlecht vorbereitet und haben weder Pfahl noch Hammer bei der Hand. Harker findet ein Stück Eisen, das sich als Hammer eignet, van Helsing zerstört den Sargdeckel und nimmt einen Holzsplitter als Pfahl. Als er beginnt, Dracula zu pfählen, blickt die Kamera schamhaft weg. In den 1930er-Jahren muss die Pfählung noch *offscreen* stattfinden. Wir hören die Hammerschläge, aber wir sehen schon Mina, die sich langsam aus dem Banne Draculas löst. Während der Untote stirbt, kommen Minas Lebensgeister zurück – einem Happy End steht nichts mehr im Wege. John und Mina fallen einander in die Arme: »The daylight stopped him«, sagt Mina erleichtert. Sonnenstrahlen fallen durch die Fenster, draußen läuten die Kirchenglocken. Mina und John gehen die lange Steintreppe hinauf von der Unterwelt ins Licht. Schon wieder eine Treppe, würde Freud sagen.

Der Film sieht rot

Nosferatu ist als Stummfilm die erste hervorragende Dracula-Verfilmung. Murnaus Schattenbilder sprechen bis heute für sich. Brownings *Dracula* setzt als Tonfilm mit pointierten Dialogen und einer vampirischen Geräuschkulisse neue Standards in der Inszenierung des Vampirmythos: quietschende Türen, heulender Wind und unheimliche Musik. Dazu die befremdlich-hypnotische Stimme Draculas, das irre Gefasel von Renfield und der starke Akzent des Vampirprofessors, der noch verrückter ist als seine Gegner. Die nächste große Errungenschaft der Filmtechnik bringt den Farbfilm. Für den Vampirfilm bedeutet das einen Quantensprung: Endlich ist das Blut auf der Leinwand blutrot! Jetzt kann der Vampirmythos erst richtig ausgeschlachtet werden.

Wenn wir die Vampire beißen und saugen lassen, dann fließt Blut, was sonst? Sollen die Vampire Wasser oder Muttermilch trinken? Blut ist ein besonderer Saft, das wissen wir nicht erst seit Goethes *Faust*. Als Lebensspender spielte Blut seit jeher eine besondere Rolle in der menschlichen Wahrnehmung. In den meisten Mythen und Religionen ist das Blut tabu, heilig und/oder unrein: Blutrache und Blutschande, Blutsbande und Blutopfer. Das reine Blut des Opferlamms, das unreine Blut der Menstruation. Theologen haben bis vor

Kurzem darüber spekuliert, ob überhaupt eine Mens sana (ein gesunder Geist) in einem unreinen mens-truierenden Wesen (einer monatlich blutenden Frau) sein kann. Die lateinischen Worte *mens* (Bewusstsein, Geist, Verstand) und *mensis* (Monat) sind einander zwar ähnlich, gehen jedoch auf unterschiedliche Wortwurzeln zurück. *Menstruus* bedeutet »monatlich« und hat sprachgeschichtlich nichts mit »Verstand« zu tun.

Die Götter dürsten nach Blut, die Massen wollen Blut sehen, die Einzelnen sagen oft: Ich kann kein Blut sehen, aber das gilt in den meisten Fällen nur für das eigene Blut. Susan Sontag weist in ihrem Buch *Das Leiden anderer betrachten* auf die bekannte Faustregel der Mediengesellschaft hin: »if it bleeds it leads« (S. 50). Blut und Gewalt ziehen die Massen immer an.

Blut ist das klassische Symbol für Lebensenergie. Unser gesamtes Leben ist ein stetiger Energieverlust, der schlussendlich zum Tod führt. Die blutleeren Untoten wollen sich von uns Überlebenden die Lebensenergie zurückholen. Das gilt für die klassische »verflucht-untote« Ausprägung des Blutsaugers ebenso wie für die New-Age-Konzeption, die Blut als reine Metapher für die Lebenskraft definiert und die Vampire als bloße »Energieräuber« versteht.

Wenn Renfield in *Dracula* »the blood is the life« stammelt, dann wiederholt er nur, was er in der Bibel gelesen hat, in der traditionellen englischen Übersetzung: »The life of the flesh is in the blood«, des Leibes Leben ist im Blut. An derselben Stelle finden wir auch das Tabu des Blutes: »Ich habe zu den Israeliten gesagt: Das Blut irgendeines Wesens aus Fleisch dürft ihr nicht genießen; denn das Leben aller Wesen aus Fleisch ist ihr Blut. Jeder, der es genießt, soll ausgemerzt werden.« (Lev 17,14)

Trotz des Blut-Tabus, auf dem manche Religionen noch immer beharren, haben Ärzte schon seit dem späten 17. Jahrhundert versucht, Tier- oder Menschenblut als »Jungbrunnen« oder als lebensrettende Maßnahme auf Menschen zu übertragen – meist ohne Erfolg. Bis Ende des 19. Jahrhunderts sind Bluttransfusionen von Mensch zu Mensch nur in Ausnahmefällen geglückt. Erst der Arzt und spätere Nobelpreisträger Karl Landsteiner kam auf die richtige Blutspur: Er entdeckte das Blutgruppensystem.

Auch in den neuesten Versionen des Vampirmythos ist Blut ein besonderer Saft geblieben, wenn auch mit ungekehrten Vorzeichen: Wir Menschen jagen hinter dem Blut der Vampire her, weil es besser wirkt als Viagra, Heroin, LSD und Extasy. Mehr dazu weiter unten im Abschnitt über *True Blood*.

Es ist für den Vampirfilm überaus wichtig, dass das Blut nach der Entwicklung des Farbfilms endlich blutrot ist. Eine Untersuchung über Farbbegriffe ergab, dass selbst die »primitivsten« Gesellschaften ein Wort für »Schwarz« und eines für »Weiß« haben bzw. für »hell« und »dunkel«. Wären wir Menschen nachtaktive Tiere, könnten wir nur Grauwerte sehen und würden mit diesen beiden Begriffen auskommen. Da wir aber tagsüber jagen, können wir Farben sehen. Wenn wir sonst nichts sehen, sehen wir rot! Wenn eine Sprache zusätzlich zu Schwarz und Weiß einen dritten Farbbegriff entwickelt, dann ist dieser dritte Begriff immer »Rot«: Blut, Leben, Gefahr, Zorn, Fleisch, Beute. »Rot ist der erste wirkliche Farbbegriff«, schreibt Nick Fiddes in seiner Untersuchung über das *Fleisch* als *Symbol der Macht* (S. 90). Rot dient quer durch alle Kulturen dazu, Vorstellungen von Gefahr oder Gewalt zu veranschaulichen, Rot ist immer die Farbe der Aggression. Deswegen kommt Rot in vielen Nationalflaggen vor, oft wie in Österreich in der Kombination mit Weiß. Nationen haben sich aus dem Gedanken entwickelt, man müsse den Boden mit Blut verteidigen.

Rotes Blut und weiße Haut bilden einen archetypischen Kontrast und den wahrscheinlich besten aller Schauwerte: Unschuld und Blutschuld, Reinheit und Regelblutung, anorganisch Kristallines (Schnee) und pulsierendes Leben (Blut).

Schon Goethes Faust äußerst beim Anblick eines jungferlich-weißen Halses die beunruhigende Zeile:

»Wie sonderbar muss diesen schönen Hals
Ein einzig rotes Schnürchen schmücken,
Nicht breiter als ein Messerrücken!«

Im Schwarz-Weiß-Film herrschen Graustufen, erst im Farbfilm werden die Haut blendend weiß und das Blut rot. Die neuen technischen Errungenschaften können erst in Kombination mit den gesellschaftlichen Veränderungen der 1950er- und 1960er-Jahre wirksam werden. Brownings *Dracula* ist noch sehr vom Sprechtheater und einer strengen Moral beeinflusst. Außerdem war man in der Frühzeit des Tonfilms noch so stolz auf den Ton, dass man die Schauspieler als »sprechende Köpfe« ins Zentrum der Bilder gerückt und Wert auf pointierte (= zugespitzte) Dialoge gelegt hat. Zusätzlich waren die frühen Tonaufzeichunungsapparate so schwerfällig, dass auch die Schauspieler statisch agieren mussten. Aus moralischen und technischen Gründen finden die wirklich spektakulären Aktionen noch außerhalb der Leinwand statt oder werden durch Draculas Cape abgedeckt. Die Figuren küssen, beißen und pfählen noch *offscreen*, die Details bleiben somit unserer Phantasie überlassen.

Als in den 1950er- und 1960er-Jahren in Westeuropa und im anglo-amerikanischen Einflussbereich eine Jugendkulturrevolution stattfindet, die die alten Mauern einreißt, wird es möglich, *sex and crime*, Küssen und Pfählen, nackte Haut und rotes Blut auf der Leinwand zu zeigen. Sofort verfällt die Filmindustrie in einen Sex- und Blutrausch: *Taste the Blood of Dracula* (1970), *Dracula braucht frisches Blut* (1973), *Vampiros Lesbos* (1971) und *Draculas lüsterne Vampire* (1970), eine Schweizer (!) Produktion. Aus *Dracula Anno Domini 1972* wird für das deutsche Publikum: *Dracula jagt Minimädchen*, die ganze Blödigkeit der deutschen Heimat- und

Sexfilme manifestiert sich im Titel *Dracula beißt jetzt in Oberbayern* (1979), vermutlich eine Softsex-Lederhosen-Vampirklamotte. Diese Liste ließe sich fast unendlich lange fortsetzen. Die 1950er- und 1960er-Jahre waren wirklich *Tempi duri per i Vampiri* (*Harte Zeiten für Vampire,* 1959).

Dracula (1958)

Die britische Firma mit dem passenden Namen *Hammer Film Productions* hatte mit *The Curse of Frankenstein* 1957 den ersten britischen Horrorfarbfilm gedreht und damit eine Lawine losgetreten. Viele Kritiker verteufelten *Frankensteins Fluch* als Schundfilm, sie waren entsetzt über die Mischung aus Sex und Gewalt. Das Publikum strömte in Massen in die Kinos. Wenn Frankenstein schon so erfolgreich war, dann müssten die Chancen eines Dracula derselben Machart noch viel größer sein, dachten die Produzenten – und sie sollten Recht behalten. Als der erste Technicolor-*Dracula* 1958 in der Regie von Terence Fisher erschien, klingelten die Kassen unaufhörlich. Hammer hatte Christopher Lee als Dracula Peter Cushing als van Helsing zur Seite gestellt, dieses Gespann erwies sich als die zukünftige *cash cow* des Genres. Murnau zeigte die Schatten, die Kraft von Brownings Dracula lag in der Sprache, Terence Fishers *Dracula* rückt nun die Körper ins Zentrum: Bald werden die Küsse, die Lippen, die Brüste und die Bisse, die Browning noch nicht zeigen konnte, die Leinwand erobern. Was für ein einfacher und effektiver Weg, den Begriff »Blut« in einer Montage zu »evozieren«: Ein Mann/eine Frau mit langen Zähnen öffnet den Mund, bleckt die Zähne und beugt sich über den Hals eines anderen Menschen: Blutsauger. Was für ein guter Grund, um dieses Blut *onscreen* auch zu zeigen.

Die Karriere des Dracula-Darstellers Christopher Lee war nur langsam angelaufen. Er war ein ganz guter Schauspieler gewesen, aber aufgrund seiner Körpergröße sahen die

Kollegen und vor allem die Frauen neben ihm winzig und bedeutungslos aus. In seiner Rolle als Dracula konnte er seinen übermächtigen Körper zu seinem Vorteil einsetzen.

Der Unterschied zwischen Brownings Psychokammerspiel und Fishers körperbetontem Schaustück fällt in jeder Szene auf. In Brownings *Dracula* schreckt die vom Vampirvirus infizierte Mina vor dem Kruzifix bloß zurück, im Hammer-*Dracula* hinterlässt das Kruzifix eine grässliche Brandwunde auf der Haut, die so deutlich dargestellt ist, dass man glaubt, das verbrannte Fleisch riechen zu können. Es ist ein schöner Zufall, dass in Matthew Bunsons Vampirlexikon *Das Buch der Vampire* auf den Artikel »Hämatophilie« die Eintragung »Hammer« folgt. Der Hammer ist nicht nur ein unentbehrliches Werkzeug für das Einschlagen der Pfähle in die Herzen von Vampiren, sondern eben auch der Name der Filmfirma, deren Produktionen die Hämatophilie ihrer Drehbuchautoren und Regisseure bewusst zur Schau stellt.

Im Vorspann zu Hammers erstem *Dracula* tastet die Kamera die verwitterten Mauern einer alten Burg ab. Dann rückt ein steinerner Adler ins Bild, als Wappentier der Herrschaft und freier Raubvogel ein traditionelles Symbol und ein ambivalentes Zeichen unserer natürlichen Sehnsucht nach Freiheit und derer, die diese Freiheit mit Gewalt einschränken. Die Musik zu diesem Vorspann ist intensiv-düster-pathetisch. Drei Akkorde werden hypnotisch wiederholt und sollen den Namem Dra-cu-la repräsentieren. Die Schrift des Vorspanns ist – wie könnte es anders sein – rot. Der Himmel ist leicht bewölkt, die Wolken sind rosa. Vermutlich geht die Sonne bald unter, und der steinerne Raubvogel wird zum Leben erwachen. Ein guter Beginn für einen Vampirfilm, aber leider geht es nicht in dieser Tonart weiter. Die Kamera taucht in eine Gruft, in der ein Sarg steht, in dessen Deckel der Name *Dracula* eingemeißelt ist. Jetzt wird der typisch »hammereske« *touch* sichtbar: Aus dem

Nichts tropft hellrote Farbe auf den grauen Sarg. Von wem die Blutstropfen stammen, bleibt ein Rätsel – unlogisch, aber spektakulär.

Die Farbe Rot bildet die Verbindung zur nächsten Einstellung. In Großaufnahme sehen wir Jonathan Harkers rotes Tagebuch, dessen Titel mit den goldgeprägten Initialen JH geschmückt ist. Jetzt hören wir eine Stimme die Tagebucheintragung vom 3. Mai 1885 vorlesen. Sie erzählt von der beschwerlichen Reise, während wir eine Schweizer Postkutsche (!) sehen, die durch einen alles andere als düsteren Wald rattert. Die Schweizer Flagge – ein weißes Kreuz auf rotem Grund – ist deutlich an der Postkutsche zu erkennen, offenbar liegt Draculas Schloss irgendwo in Deutschland nahe der Schweizer Grenze. Die gesamte Szene ist völlig »überbelichtet«: kein Sonnenuntergang, kein Vollmond, keine Einheimischen, die in der Dämmerung Kerzen anzünden. Kaum haben wir gehört, dass der Kutscher sich geweigert hat, Harker zum Schloss zu bringen, sehen wir Harker schon aus dem Wald treten, einen Gentleman, der seinen eleganten Mantel hochgeschlossen hat, dazu einen Schal adrett gebunden, feine Handschuhe und einen Hut. Er trägt einen Koffer und eine kleine Arzttasche, in der er sein Antivampirbesteck, Pfahl und Hammer, verwahrt hat. Aber davon wissen wir noch nichts. Harker macht einen vergnügten Eindruck. Nichts deutet auf die schwierige Reise und den beschwerlichen kilometerlangen Fußmarsch hin, den er im Tagebuch beschreibt: kein schmutziges Schuhwerk, keine zerrissene Hose, kein verschwitztes Gesicht, kein zerzaustes Haar. Sein Gepäck hat er ohne die geringste Spur von Anstrengung einige Kilometer weit geschleppt. Beherzten Schrittes steuert Harker am helllichten Nachmittag in der warmen Sonne auf Schloss Dracula zu. Ein dramaturgischer *faux pas*, denn am Tag fürchtet sich niemand vor Vampiren. Was wird Harker stundenlang im Schloss tun? Die Zeit bis zur Dämmerung muss totgeschlagen werden, da Dracula frühestens in der Dämmerung erscheinen kann. Eine denkbar langweilige Ausgangssituation, die auch durch den folgenden Kommentar nicht wirklich gruselig gemacht wird: »*Alles schien normal und friedlich – bis auf eines: Keine Vogelstimme war weit und breit zu hören.*« Das klingt zwar etwas ungewöhnlich, aber nicht unheimlich. Heulender Wind und krächzende Vögel erzeugen Gänsehaut und gehören deswegen zum Standardrepertoire jedes Gruselfilms. Stille hingegen, noch dazu vom *Off*-Kommentar beschrieben und dadurch gebrochen, ist bloß billig, aber nicht wirksam. So spart man die Kosten für das Tonstudio.

Man könnte diese langweilige Situation durch eine Überblendung oder einen harten Schnitt dynamisieren, durch die Sonne, die blutrot hinter den Bergen verschwindet, oder durch schwarze Gewitterwolken, die plötzlich aufziehen. Aber nichts von alledem passiert. Stattdessen wird wortreich erzählt, was schwer zu zeigen und kaum zu glauben ist: »*Als ich die Holzbrücke überquerte und den Torbogen durchschritt, schien es plötzlich viel kälter zu werden.*« Die zusätzliche Erklärung »*aber das lag ohne Zweifel an dem eisigen Gebirgsbach, den ich soeben überquert hatte*«, zieht die Situation vollends ins Lächerliche – weil man den »Gebirgsbach« im Bild sieht, ein Rinnsal, das aus einem Feuerwehrschlauch gespeist wird.

An diesem schönen Nachmittag geht Harker ins Schloss, das gut erleuchtet ist und in dessen Rittersaal ein Kaminfeuer brennt. Gelangweilt schauen wir Harker beim Warten zu. Harker isst, wirft ein Scheit in die Flammen, nimmt seine Bücher aus der Reisetasche, setzt sich an den Tisch, um zu lesen oder in seinem Tagebuch Notizen zu machen. Mit einer ungeschickten und schlecht inszenierten Bewegung wischt er einen Zinnteller und das Besteck vom Tisch, das mit einem Höllenlärm auf dem Marmorboden aufschlägt.

Als er niederkniet, um den Teller aufzuheben, nähert sich von hinten der Schatten einer Frau. Endlich passiert etwas. Die Vampirin, die sich an Harker heranpirscht, lässt plötzlich von ihm ab und läuft davon. Dann sehen wir, warum: Dracula erscheint, eilt die Treppe herunter und begrüßt seinen Gast mit dem klassischen Satz: »I am Dracula.«

Im Hinblick auf Sigmund Freuds *Zur Psychopathologie des Alltagslebens: Über Vergessen, Versprechen, Vergreifen, Aberglaube und Irrtum* kann man die Tatsache, dass Harker Teller und Besteck hinunterwirft, so interpretieren: Der Mann will unbedingt gebissen werden. Im Gegensatz zum Roman ist Harker in diesem Film von Anfang an ein Vampirjäger, der es eigentlich besser wissen müsste, als gleichsam nackt auf Schloss Dracula anzukommen. Wider besseres Wissen lässt Harker sich von Dracula zu seinem Zimmer bringen und macht es sich dort gemütlich. Obwohl er von Beginn an das Geheimnis des Grafen kennt, stellt er einen Fotorahmen mit Bildern seiner Verlobten auf, die er damit dem Grafen gleichsam zum Fraß vorwirft. Als Dracula zurückkommt, um Harker den Schlüssel zur Bibliothek zu geben, fällt sein Blick natürlich lüstern auf die Fotografien. Harker, der sich Dracula gegenüber als Gelehrter ausgibt, der Draculas Bibliothek katalogisieren will, hat von Beginn an den Plan, den Grafen zu vernichten: »Jetzt brauche ich nur noch auf den Anbruch des Tages zu warten«, notiert er in sein Tagebuch, »dann werde ich – mit Gottes Hilfe – seiner Schreckensherrschaft für immer ein Ende bereiten.«

Bezeichnenderweise tut Harker alles, um seinen eigenen Plan zu unterlaufen. Er ist als Vampirjäger ein blutiger Amateur – in diesem Wort steckt »amor«, die Liebe. Harker ist zwar am helllichten Nachmittag angekommen, aber anstatt sofort nach dem bei Tage hilflosen Grafen zu suchen, setzt er sich gemütlich an den Tisch, isst und sitzt tatenlos herum. Angeblich will er zwar Vampirjäger und Vertrauter des Vampirologen Prof. van Helsing sein, aber er stellt sich bei seinem Versuch, Dracula zu vernichten, so ungeschickt an, dass er wie die Parodie eines Vampirjägers wirkt. Harker handelt wider jegliche »vampirologische Vernunft«. Entweder er ist vampirologisch völlig unterbelichtet oder er sabotiert seine Pläne unbewusst, weil er in Wahrheit gebissen werden will. Es ist »fahrlässige Tötung«, dass Harker in seinem Zimmer ein Bild seiner attraktiven Braut aufstellt.

Als Harker in der ersten Nacht ein Geräusch an seiner Zimmertür hört, verlässt er sein Zimmer und irrt unbewaffnet im düsteren Schloss herum: ohne Knoblauch und ohne Pfahl, Hostie, Kreuz und Kerze! Er fordert sein Unglück heraus, indem er zulässt, dass die Vampirin, die ihm vormacht, sie wäre ein unschuldiges Opfer in Draculas Gewalt, sich ihm an den Hals wirft. Als die lüsterne Frau im letzten Moment von Dracula weggescheucht wird, kommt es zu einem Handgemenge, bei dem Harker das Bewusstsein verliert. Als er am nächsten Morgen mit Bisswunden am Hals aufwacht, wundert er sich. Selbst ein blutiger Laie, der keinerlei Ahnung von Vampiren hat, hätte sich nicht blöder anstellen können. Jetzt will Harker (bzw. sein Über-Ich) Dracula doch noch unschädlich machen, solange er selbst noch Herr seiner Sinne ist. Die Tatsache, dass »die Zeit drängt«, hätte filmisch durch einen blutroten Sonnenuntergang visualisiert werden können. Stattdessen stiefelt Harker in seinem Zimmer herum, während er sich wortreich beschwert: »Bald wird die Sonne untergehen. Ich habe nicht viel Zeit!« Endlich macht er sich auf die Suche nach den Schlafplätzen der Vampire. Im Keller des Schlosses ruhen die Untoten hilflos in ihren offenen Särgen. Harker hat Hammer und Pfahl bereits zur Hand, aber statt zuerst den Obervampir Dracula zu pfählen, tötet Harker lieber die Frau, auch das ist in psychoanalytischer Hinsicht bezeichnend. Im Vergleich zu den heutigen Blutopern ist diese Szene zurückhaltend dargestellt.

Wir sehen den Schatten Harkers an der Wand, er hebt den Hammer und schlägt zu. Die Vampirin, die nicht im Bild ist, kreischt auf – Dracula schreckt aus seinem Schlaf hoch und flüchtet. Harker bleibt verstört zurück, wieder hat er eine Gelegenheit ausgelassen, den Vampir zu überwinden. In der Nacht kehrt Dracula zu Harker zurück, die Szene wird schwarz abgeblendet. Wir wissen, jetzt wird Harker wieder gebissen und damit endgültig zum Vampir. Nun muss Dr. van Helsing eingreifen, aber er ist noch schlechter auf seine Aufgabe vorbereitet. Im Gegensatz zu Harker hat er nicht einmal einen Pfahl oder einen Hammer bei sich. Zum Glück stolpert er über Harkers vampirologisches Besteck, das dieser bei der Pfählung der Vampirin im Keller zurückgelassen hat, und »erlöst« damit den wohl auf eigenen Wunsch zum Vampir gewordenen Harker. Diese Pfählung findet ebenfalls *offscreen* statt, wir sehen nichts davon, die Kamera blendet verschämt ab und wir können uns unseren Teil denken.

Seit dem Beginn des Films hat Harker alles falsch gemacht. Kurz vor seinem Untot hat er noch in sein Tagebuch geschrieben: »Ich wurde das Opfer Draculas und der Frau, die er in seiner Gewalt hat.« Entweder ist er das Opfer eines schlechten Drehbuchs geworden oder er hat sich absichtlich, wenn auch unbewusst, den Vampiren hingegeben.

Bis zum Ende des Films bleibt unklar, was ihn eigentlich auf Schloss Dracula getrieben hat. Was hat er dort vor seiner Hochzeit verloren? Aus psychoanalytischer Sicht kann man vermuten, dass er vor seiner Verlobten – hier Lucy genannt – davonlaufen wollte, um in Draculas Schloss seine verdrängten Neigungen auszuleben. Man könnte auch sagen: Der Hammer-Harker hatte einen starken (Un-)Todestrieb.

Dracula verlässt sein Schloss in einem weißen (!) Sarg und macht sich an Lucy heran, die ihm nach dem ersten Biss hörig ist. Der Film nutzt diese Gelegenheit, die bleiche Miss Lucy im leichten Nachthemd und mit aufgelösten Haaren zuerst im Bett und später, als Vampirin, in freier Natur zu zeigen: in den späten 1950er-Jahren noch ein gewagtes Bild. Als van Helsing der Vampirin später ein Kruzifix auf die Stirn drückt, bleibt das charakteristische Brandmal zurück. Ihre Pfählung ist für damalige Verhältnisse mit sensationeller Offenheit dargestellt. Wir sehen, wie van Helsing den spitzen Pfahl unterhalb der linken Brust von Lucy aufsetzt, wir sehen die kleine Einbuchtung im weißen Kleid. Dann der Hammerschlag. Der Schrei. Die Kamera wendet ihren Blick nur kurz ab, dann zeigt sie uns das rote Blut, das aus dem Körper der Vampirin quillt und das weiße Totenhemd befleckt.

Jetzt gilt es noch, Dracula selbst zu finden und unschädlich zu machen. Wir erfahren, dass Draculas Sarg an das Bestattungsunternehmen »J. Marx« in der Frederickstraße in Karlstadt geliefert worden ist. Wer da nicht an Karl Marx und Friedrich Engels denkt, dem ist nicht zu helfen – die Kommunisten als Totengräber der Gesellschaft. »Ein Gespenst geht um in Europa – das Gespenst des Kommunismus. Alle Mächte des alten Europa haben sich zu einer heiligen Hetzjagd gegen dies Gespenst verbündet«, hatten Marx und Engels schon 1848 ironisch im Manifest der Kommunistischen Partei geschrieben.

Nach der »heiligen Hetzjagd« gegen Dracula kommt es schließlich zum großen Showdown. Murnau zeigt uns Graf Orloks Ende nur ein paar Sekunden lang. Browning stellt die Kamera so weit weg von van Helsing, der mit dem Rücken zum Publikum die Pfählungsaktion noch zusätzlich verdeckt, dass man davon kaum etwas sehen kann. Dazu kommt, dass die Kamera im Jahre 1931 noch verschämt wegschauen muss, wenn van Helsing den Arm hebt, um den Hammer niedersausen zu lassen. Im Hammer-Dracula wird der Showdown hingegen mehr als zwei Minuten lang als großes Duell inszeniert. Dracula ist auf sein Schloss geflüchtet und hastet die Stiegen empor, van Helsing hetzt hinter ihm her. Dracula wirft einen Kerzenständer mit brennender Kerze nach van Helsing und packt ihn an der Gurgel. Dieser kann sich jedoch befreien und klettert wie ein Affe an den Vorhängen eines riesigen Fensters empor, die er mit seinem Körpergewicht herunterreißt. Sonnenlicht fällt auf Dracula, dieser will sich in den Schatten schleppen, doch van Helsing treibt ihn unerbittlich und mit Hilfe von zwei großen Kerzenständern, die er wie ein Kreuz hält, zurück ins Licht. Im Sonnenlicht zerfällt Dracula ächzend und brüllend zu Staub.

Überraschenderweise ist das *Image* dieses wie eine Parodie wirkenden Films viel besser als die tatsächliche Qualität seiner *Images*. Autoren wie John Flynn (*Cinematic Vampires*, S. 83) und Howard Maxford (*The A–Z of Horror Films*, S. 86), die Fachbücher über Vampirfilme geschrieben haben, preisen den Hammer-Dracula als Meisterwerk.

Michael Weldon lobt diesen Film gar als »*the best vampire film ever made*«. Sogar im *Lexikon des internationalen Films* von 1995, einem Standardwerk, liest man: »Der mehrfach verfilmte Stoff von Bram Stoker wird in dieser Version (...) werkgetreu und mit inszenatorischer Sorgfalt aufbereitet.«

»Werkgetreu und mit inszenatorischer Sorgfalt« – genau das Gegenteil ist der Fall. Grelle Farben, die relative sexuelle Freizügigkeit und die Gewalt könnten das Urteilsvermögen der Kritiker getrübt haben. Der Dramaturgie der Dämmerung steht in Terence Fishers Verfilmung ein grelles Universum aus zu viel Licht, unmotivierten Handlungen und dummen Figuren gegenüber. Wahrscheinlich ist es unangemessen, im Trash nach innerer Logik und psychologischer Figurenentwicklung zu suchen. Es geht vielmehr um nacktes Fleisch, rote Lippen, Blut, Kontraste, Brüste unter dünnen Nachthemden und Frauenkörper, die in fließenden Kleidern auf Betten hingestreckt sind. Billige Reize – *Cheap Thrills*, wie das mittlerweile legendäre Album von Janis Joplin und ihrer Band *Big Brother and the Holding Company* aus dem

Jahre 1968 heißt. Eigentlich sollte eine Zeichnung des Underground-Grafikers Robert Crumb, die Joplin und ihre Band gemeinsam nackt im Bett zeigt, das Cover für dieses Album bilden, aber die Plattenfirma lehnte das strikt ab.

Die Idee der billigen Reize wird auch im Verleihtitel *Horror of Dracula* betont, unter dem der Hammer-Film in den USA in die Kinos kam. Der erste Hammer-Dracula war in nur fünfundzwanzig Tagen gedreht worden und gilt wie erwähnt als Klassiker. Ich kann ihn wegen seiner dramaturgischen Schwächen nur als Trash-Kuriosität empfehlen. Die dunkle Magie und dramaturgische Raffinesse von Bram Stokers Roman haben in dieser Verfilmung keine Spuren hinterlassen. Wenn die Elemente »Blut, Sex und Gewalt«, die der Mythos zweifellos enthält, auf der Kinoleinwand einem nach »Sichtbarem« lechzenden Publikum isoliert zur Schau gestellt werden, geraten die psychologischen Grundpfeiler des Mythos ins Wanken. Angst und Sehnsucht lassen sich nicht so einfach ablichten, ohne den per definitionem lichtscheuen Vampirmythos ins Lächerliche zu ziehen. »Auf der Leinwand kann man sich nicht verstecken«, schreibt McKee: »On the screen there's no place to hide.« (*Story*, S. 6) Sherlock Holmes hat das in der *Studie in Scharlachrot* so formuliert: »Where there is no imagination there is no horror.« (Doyle, *A Study in Scarlet*, S. 37) Da die Bilder (*images*) nichts mehr der Einbildung (*imagination*) überlassen, da nichts mehr bleibt, was sich der Zuseher selbst ausmalen kann, geht die Angst in Gelächter über.

Dracula (1992)

Viele Vampirfilme haben das bereits mehrmals erwähnte Spiegel-Motiv aus Stokers *Dracula* übernommen. Im Kino lässt sich so schön zeigen, dass der Untote kein Spiegelbild hat. Das erzeugt beim Publikum ein unmittelbares Aha-Erlebnis (Anagnorisis): Schau her, ein Vampir!

Während Lugosi in Brownings *Dracula* als altösterreichischer Charmeur mit Mina flirtet, nimmt ihr nervöser Gemahl Harker sich eine Zigarette aus einem Kästchen. Der innen polierte Deckel des Zigarettenkästchens wirkt wie ein Spiegel. Van Helsing und Harker verfolgen die Unterhaltung zwischen Mina und Dracula in diesem Spiegel und bemerken, dass nur Mina zu sehen ist. Dracula hat kein Spiegelbild. Van Helsing und Harker blicken einander stumm an. Das fehlende Spiegelbild sagt mehr als tausend Worte. Als der Vampirprofessor die spiegelnde Innenseite des Deckels dem Vampir entgegenhält, verliert Dracula die Fassung und wirft die Dose wütend zu Boden: »Ich hasse Spiegel!«

Die bisher spektakulärste Verfilmung von Stokers Roman stammt aus dem Jahre 1992. Francis Ford Coppola hat unter dem programmatischen Titel *Bram Stoker's Dracula* einen epischen Film gedreht, mit dem er fast alles richtig gemacht hat. Sein *Dracula* spielte viel Geld ein, gewann Oscars für die Kostüme, das Make-up und die Soundeffekte. Der erste Auftritt des Grafen in der »I am Dracula«-Szene ist filmisch beklemmend und akustisch irritierend umgesetzt. Noch bevor man Dracula selbst sieht, sieht man seinen Schatten, der ein Eigenleben führt und sich wie eine schwarze Wolke in der Empfangshalle des Schlosses ausbreitet. Wir haben bei C. G. Jung den Schatten als Archetyp und abgelehnten Teil unserer Persönlichkeit kennengelernt. Jung führt aus, dass unser Körper, der unweigerlich einen Schatten werfen muss, ein Tierkörper ist, in dem ein menschliches Bewusstsein wohnt. Draculas Tierkörper wirft in Coppolas Film immer wieder seinen Schatten voraus, der Schatten zeigt sich selbstständig und widerspenstig, er tut, was Dracula wünscht, auch wenn sein Körper diesem Begehren noch nicht freien Lauf lässt. Coppola hat das unterdrückte Begehren als lebendigen Schatten perfekt in Szene gesetzt.

Leider wirkt die Spiegelszene heillos überladen. Harker steht vor dem Spiegel und rasiert sich. Dann erscheint Draculas langer Arm, der sich von hinten nähert. Als Draculas Klauen die Schulter von Harker berühren, dreht Harker sich geschwind um – und die Hand ist verschwunden. Alles das war wohl nur ein Tagtraum. Dracula steht weit weg in der offenen Tür und kommt erst jetzt näher. Wir sehen, dass Harker sich bei der raschen Bewegung geschnitten hat. Dracula wird durch das Blut angelockt, schreckt gehörig vor dem Spiegel zurück und wendet sich ab, doch der Spiegel ist unter Draculas Blick schon zerborsten. Jetzt erst kommt der Schock für Harker und die Zuseher. Dracula nimmt Harker das Rasiermesser aus der Hand, dreht sich rasch von ihm weg und damit zu uns, streckt die Zunge hervor und leckt ebenso verstohlen wie gierig das Blut vom scharfen Stahl! Damit er das Blut besser von der gewölbten Klinge abschlecken kann, dreht er das Messer ein bisschen, sodass man kurz das Gefühl hat, er müsste sich in die Zunge schneiden. Diese Aktion ist so gut inszeniert, dass uns das Blut in den Adern gefriert. Leider baut Coppola in diese Szene nun ein weiteres Element ein, das für sich genommen zwar glaubwürdig wirkt, im Kontext der Situation aber stört. Dracula hat Blut geleckt, aber anstatt sofort über Harker herzufallen und erst im letzten Augenblick vor dem Kruzifix, das Harker um den Hals trägt, zurückzuschrecken, wie es das klassische Muster vorgibt, stellt Dracula sich hinter den verdutzten Harker und beginnt, ihm mit dem blitzenden Rasiermesser die Bartstoppeln an der Kehle abzuschaben. Da wir schon vorher gesehen haben, dass Harker einen Rosenkranz mit silbernem Kruzifix um den Hals trägt, warten wir darauf, dass Dracula das silberne Kruzifix bemerkt. Coppola hat sich bemüht, diese Szene spektakulär aufzulösen. Das Kruzifix spiegelt sich in der blinkenden Klinge des Rasiermessers, und wir sehen, wie diese Spiegelung Dracula ins Auge fällt: Die schlitzförmige Pupille seiner Raubtieraugen wird vom Kruzifix geblendet, und Dracula zuckt voller Abscheu zurück. Im Vergleich zum technischen Aufwand entfaltet dieser Teil der Szene wenig Wirkung.

Das Rasiermesser auf der Zunge strahlt hingegen eine Schockwirkung aus, die kaum zu übertreffen ist. Die Zunge ist empfindlich wie das Auge, Abschneiden ist so grässlich wie Ausstechen. Vielleicht hat Coppola sich vom legendären Avantgardefilm *Un chien andalou* (*Ein andalusischer Hund*) der Surrealisten Salvador Dalí und Luis Buñuel inspirieren lassen, die schon 1929 die Zuseher mit einer Sequenz geschockt haben, in der ein Rasiermesser in ein Auge schneidet. Das ist einer der berühmtesten, weil verstörendsten Augenblicke der Filmgeschichte. Leider hat Coppolas Versuch, die Spiegelszene symbolisch aufzuladen und zu zeigen, dass er sich dabei »etwas gedacht« hat, der Szene geschadet.

Es ist auffällig, dass sich Harker ausgerechnet dann selbst verletzt, als ihm der Vampir zu nahe kommt. Im Film *Nosferatu* schneidet sich Hutter (wie Harker hier heißt) ausgerechnet um Mitternacht. Offenbar meldet sich ihr Unbewusstes in diesen Extremsituationen so stark zu Wort, dass sie sich »versehentlich« ins eigene Fleisch schneiden. Man könnte das als Ausdruck des Todestriebes interpretieren, der sich bei Harker und Hutter nach innen, und damit gegen sie selbst wendet, bei van Helsing und Dracula jedoch nach außen.

Wenn man *Dracula*-Verfilmungen miteinander vergleicht, fällt auf, dass der »Blutspritzfaktor« in den Jahren nach dem Hammer-Hype extrem angestiegen ist. Die Pfählungen bei Coppola sind grotesk-blutige Exzesse, die die Grenzen des Vampirfilms in Richtung Splattermovie verschieben. Literweise spritzt das Kunstblut aus den Körpern der Vampirinnen, die ihre blutige Seele auskotzen. Coppolas *Dracula* ist ein Blutbad für Vampire, Vampirjäger und uns, das Publikum.

10 Vampire in der Politik

The life-impulse can exist without fascism,
but fascism cannot exist without the life-impulse.
Fascism is the vampire leached onto the body of the living,
the impulse to murder given free rein,
when love calls for fulfillment in spring.

Wilhelm Reich, *The Mass Psychology of Fascism*,
p. xvii, preface to the 3rd edition

Es war schon immer naheliegend, den Vampirmythos als politische Metapher zu interpretieren. Graf Dracula saugt seine Untertanen aus, das bedeutet: Die Herrschenden sind Blutsauger. Dazu kommt, dass das Vampirreich üblicherweise absolutistisch organisiert ist, es gibt einen Herrn und viele Knechte. Der Fürst der Vampire hält nichts von freien Wahlen. Gegen Ende des 18. Jahrhunderts blickte der bereits erwähnte Aufklärer Voltaire auf die europäische Vampirhysterie mit den Worten zurück: »Man hat die Leute von nichts anderem reden hören als von Vampiren.« Anstatt sich mit Untoten zu beschäftigen, sollten die Menschen lieber den lebendigen Ausbeutern, den Börsenspekulanten, Händlern und Geschäftsleuten, die »eine Menge Blut aus dem Volk heraussaugen«, auf den Zahn fühlen. »Die wahren Blutsauger sind nicht tot, obwohl sie verdorben sind, sie halten sich nicht auf Friedhöfen auf, sondern in überaus angenehmen Palästen«, schreibt Voltaire in seinem Philosophischen Wörterbuch (*Dictionnarie Philosophique*) von 1764. Voltaires Buch wird sofort verboten. Als im Jahre 1766 bei einem jugendlichen Vandalen namens LaBarre, der ein Marterl (süddeutsch für: Bildstock) zertrümmert hatte, eine Ausgabe des verbotenen *Dictionnarie* gefunden wird, reißt man dem armen Jungen die Zunge heraus, schlägt ihm den Kopf ab und verbrennt seinen Körper, ganz so, als wäre er ein Vampir gewesen. Voltaires *Wörterbuch* mit dem Eintrag über die Vampire wurde gleich mitverbrannt. (*Voltaire: Ein Lesebuch für unsere Zeit*, S. LIIf.)

Auch Karl Marx und Friedrich Engels kommen ohne Vampirmetapher nicht aus. Dreißig Jahre, bevor Bram Stoker den Untoten unsterblich macht, verteufelt Marx in seiner staubtrockenen Abhandlung über »Die Grenzen des Arbeitstages« das Kapital als Vampir: »Das Kapital hat aber einen einzigen Lebenstrieb, den Trieb, sich zu verwerten, Mehrwert zu schaffen (…), die größtmögliche Masse Mehrarbeit einzusaugen. Das Kapital ist verstorbne Arbeit, die sich nur vampyrmäßig belebt durch Einsaugung lebendiger Arbeit und umso mehr lebt, je mehr sie davon einsaugt.« (Marx, *Der Arbeitstag*, S. 247)

Auch Friedrich Engels sieht den Zusammenhang von Macht und Blut. Für ihn ist die Religion ein unheiliger Schutzmantel der Ausbeuter, außen schwarz und innen rot wie Draculas Cape. Unter diesem Deckmantel konnten die weltlichen Herren ihr Unwesen treiben. Engels nennt in diesem Zusammenhang unter anderem das blutige Ritual der sogenannten »ersten Nacht«: »die Vollendung menschlicher Bestialität, Leibeigenschaft, ius primae noctis usw«. (Engels, *Die Lage Englands*, S. 546)

Das »Recht der ersten Nacht«, das »Recht« der Herren, ihre weiblichen Untertanen zu vergewaltigen und zu entjungfern (was die Betroffenen als Pfählung bei lebendigem Leib erlebt haben könnten), war zwar in keinem Rechtskodex festgeschrieben, aber es gibt kaum Zweifel daran, dass dieser blutige Missbrauch stattgefunden hat.

Die historische Vampirhysterie ist im frühen 18. Jahrhundert auch deswegen entstanden, weil man für Epidemien und Seuchen einen naheliegenden Sündenbock suchte. Wenn man sich ein Ereignis nicht rational erklären konnte oder wollte, hat sich ein Mob zusammengerottet, eine Leiche ausgegraben, sie gepfählt und in einem Eselsbegräbnis wieder verscharrt. Es sind meist nicht irgendwelche Vorfahren, die zu Vampiren werden, sondern zwielichtige Gestalten, die schon zu Lebzeiten im Verdacht standen, mit dem Bösen im Bunde zu sein: Selbstmörder, Witwen, Fremde, Außenseiter.

»Die Ernten sind schlecht, die Kühe verwerfen; alle miteinander zerstritten. Es scheint, als sei das Dorf verhext. Klar, der Hinkende hat uns das eingebrockt. Er ist eines schönen Tages aufgetaucht, niemand weiß woher, und hat sich eingerichtet, als wäre er hier zuhause. Er hat sich sogar erkühnt, die umworbenste Erbin des Dorfes zu heiraten, und er hat mit ihr zwei Kinder gezeugt. (…) Der Fremde wird verdächtigt, dem ersten Mann seiner Frau, einem Dorfpotentaten, übel mitgespielt zu haben; er verschwand nämlich unter ganz mysteriösen Umständen, und der Neuankömmling übernahm seine Stellung in beiden Rollen. Eines Tages wurde es den Kerlen im Dorf zuviel. Sie nahmen ihre Mistgabeln und zwangen damit die unheimliche Figur zu verschwinden.«

So erzählt René Girard, der bereits erwähnte französische Anthropologe, die Geschichte des Ödipus nach. (Girard, *Ausstoßung*, S. 47) Ödipus hat – ohne es zu wissen – seinen Vater erschlagen und seine Mutter geheiratet. Alle Versuche, seinem Schicksal zu entkommen, haben nur dazu geführt, dass die Vorsehung erst recht eintraf. Es passt zur vulgärpsychoanalytischen Gleichung Auge = Penis, dass Ödipus sich die Augen aussticht, als er seiner Schuld gewahr wird. Der Ödipus-Mythos zeigt, wie blutgetränkt sogar die Geschichten sind, die noch aus einer Zeit stammen, in der es weder Kino noch Fernsehen oder Computer gegeben hat. Ödipus bedeutet »der Klump- oder Schwellfuß«. Seine eigenen Eltern ließen ihn verstümmeln und aussetzen. Sie haben wie der Jäger im *Schneewittchen* gehofft, dass wilde Tiere das Kind zerfleischen würden. Als Ödipus zurückkehrt, prädestinieren ihn seine Herkunft aus der Fremde, sein Erfolg und sein körperliches Gebrechen zum Sündenbock. Girard spricht von »Opferzeichen«, die jemanden zum Sündenbock machen. In Krisenzeiten wird jede »Anomalie« gegenüber den Normalen, das sind die Durchschnittlichen, zum Opferzeichen stilisiert. Wer aus der Masse heraussticht, und sei es bloß durch rote Haare, kann zum Ziel der Verfolgung werden. Mit grausamer Regelmäßigkeit trifft es die Minderheiten, die Anderen, die Außergewöhnlichen. »Neben kulturellen und religiösen gibt es auch rein physische Kriterien. Krankheit, geistige Umnachtung, genetische Missbildungen, Folgen von Unglücksfällen und körperliche Behinderungen ganz allgemein sind dazu angetan, die Verfolger anzuziehen.« (Girard, *Ausstoßung*, S. 31)

Der Vampir als Sündenbock

Wäre Ödipus ein Mensch im Habsburgerreich des frühen 18. Jahrhunderts gewesen, wäre vielleicht Folgendes passiert: In einem Tumult hätte man den Leichnam des Hinkenden ausgegraben, ihn aufgebläht und blutig gefunden und für einen Vampir gehalten. Aufgrund der vorliegenden »Beweise« hätte die aufgebrachte Menge den Ödipus gepfählt. »Die Menge neigt immer zur Verfolgung«, schreibt Girard. Elias Canetti spricht in diesem Zusammenhang von einer Hetzmasse: »Die Hetzmasse bildet sich im Hinblick auf ein rasch erreichbares Ziel. Es ist ihr bekannt und genau bezeichnet, es ist auch nah. Sie ist aufs Töten aus und sie weiß, wen sie töten will. (...) Die Konzentration aufs Töten ist eine besondere Art und durch keine andere zu übertreffen. Jeder will daran teilhaben, jeder schlägt zu.« (*Masse und Macht*, Bd. I, S. 49)

Die angeblichen Untoten haben das Los, das den Sündenbock normalerweise trifft, schon hinter sich, aber eben nicht ganz: Sie gelten als Wiedergänger und müssen erst rituell und richtig getötet werden, sagen die Vampirjäger. Der Vampir ist ein Sündenbock, könnte man meinen. Aber in Wahrheit ist es umgekehrt: Der Sündenbock wird als Vampir verschrien.

In dem Lauf der Geschichte wurden vor allem die Juden von den Hetzmassen verfolgt. In Hetzmassenmedien wie dem *Stürmer*, der von Julius Streicher herausgegebenen, vehement antisemitischen deutschen Wochenzeitung, wurden die Juden als blutsaugende Kreaturen dargestellt, als Spinnen, in deren Netz die »Arier« ausgesaugt werden würden, oder gleich als Vampire. Bekanntlich haben weltliche und kirchliche Mächte die antisemitische Vampirhysterie jahrhundertelang Hand in Hand vorangetrieben. Damit man die Juden besser erkennen und jagen kann, wurden ihnen Opferzeichen zugeschrieben und aufgezwungen. Sie durften nur gewisse Berufe ergreifen, mussten in Ghettos wohnen und besondere Kleidung tragen, woran ersichtlich war, dass sie Sündenböcke auf Abruf waren, die jederzeit verjagt werden konnten. Rudolf Hirsch und Rosemarie Schuder haben die Ausgrenzungs- und Verteufelungsmechanismen in ihrem Buch *Der gelbe Fleck: Wurzeln und Wirkungen des Judenhasses in der deutschen Geschichte* dokumentiert. Dass man gerade der jüdischen Kultur, in der Blut tabu ist, vampirische Züge unterstellt, ist absurd. Das Gerücht, Juden würden das Blut von Christenkindern in Ritualmorden vergießen, ist nicht das einzige, aber ein erschreckend langlebiges Beispiel dafür, wie der Sündenbock-Mechanismus bis heute funktioniert. Die bis in die jüngste Vergangenheit in Österreich immer wieder kolportierte Geschichte um das »Anderle von Rinn« ist ein erschreckendes Beispiel dafür, wie mit diesen Ritualmordmärchen Schindluder getrieben wird. Der dahinter stehende Vorwurf, Juden hätten Jesus Christus getötet, kann nur einem Hirn entspringen, dem das dramaturgische Konzept der Leidens- und Auferstehungsgeschichte Christi völlig fremd geblieben ist. Innerhalb der Logik des Christentums ist Jesus selbst der Sündenbock.

Sein Vater hat ihn auserwählt. Jesus nimmt die Entscheidung an und die Sünden der Welt auf sich, um die Gläubigen davon zu befreien. Nach der christlichen Lehre hätte Jesus sich dieser Passion entziehen können, er tat es aber nicht – den Menschen zuliebe und seinem Vater zuliebe. Wenn man dieses Konzept von einer Warte außerhalb der christlichen Glaubensgemeinschaft betrachtet, erscheint es völlig absurd, da Ursache (Tod am Kreuz) und Wirkung (Erlösung) in keinem vernünftigen Zusammenhang stehen. Wenn man jedoch nur die innere Mechanik, die dramaturgische Logik betrachtet, dann wird klar, dass Jesus von irgendjemandem getötet werden muss. Ohne Konflikt keine Geschichte, das ist das Grundprinzip der Dramaturgie. Nehmen wir für einen Augenblick an, Jesus sei wirklich der Sohn Gottes gewesen und hätte uns tatsächlich durch seinen Tod am Kreuz erlöst. Dann müssten wir denjenigen, die Jesus getötet haben, ewig dafür dankbar sein! Da ohne Kreuzestod keine Auferstehung möglich ist, wird Jesu Tod zur dramaturgischen Conditio sine qua non für den sogenannten Neuen Bund, der durch die Bluttaufe beim letzten Abendmahl initiiert wird. Es ist absurd, Jesu Tod jemand anderem in die Schuhe zu schieben als den Autoren des Neuen Testaments.

Der fanatische Vampirjäger van Helsing, der seinen Irrsinn als wissenschaftliche Vernunft ausgibt, will Blutvergießen und Destruktion, sein Ziel ist die Auslöschung aller Vampire. Die Nationalsozialisten sind nekrophile Nachfolger van Helsings. Erich Fromm analysiert Adolf Hitlers antisemitische Hysterie treffend: »Es drückt sich darin die nekrophile Haltung aus, die die Außenwelt als schmutzig und vergiftet erlebt, und stellt gleichzeitig eine Abwehrhaltung dar. Höchstwahrscheinlich war Hitlers Hass gegen die Juden in diesem Komplex verwurzelt; sein Hass gegen die Juden als Fremdlinge. Fremde sind giftig (wie die Syphilis), deshalb müssen Fremde ausgerottet werden. Dass die

Juden nicht nur das Blut, sondern auch die Seele vergiften, war nur eine Ausweitung der ursprünglichen Vorstellung.« (Fromm, *Anatomie*, S. 449) Dazu passt, dass Hitler Vegetarier war, der sogar Fleischsuppe als Leichentee ablehnte (vgl. A. Speer, zitiert bei Fromm, S. 452). Es ist in diesem Zusammenhang signifikant, dass der Publizist Jan Udo Holey unter dem Pseudonym Jan van Helsing Bücher veröffentlicht hat. Laut Wikipedia entschied Holey sich für dieses Pseudonym, nachdem er Bram Stokers Roman gelesen hatte. Zur Begründung führte er angeblich an, er schreibe gegen Blutsauger. Einige seiner geschichtsrevisionistischen und antisemitischen Bücher wurden beschlagnahmt und wegen Volksverhetzung verboten.

Wilhelm Reich war ein weltbekannter Psychoanalytiker mit altösterreichischen Wurzeln und eine der umstrittensten Figuren der Kulturgeschichte des 20. Jahrhunderts. Er wurde 1897, im Erscheinungsjahr von Stokers *Dracula*, in Galizien geboren und starb 1957 in den USA im Gefängnis von Lewisburg, Pennsylvania. Fast sein ganzes Leben lang hatte Reich versucht, Marxismus und Psychoanalyse gegen den Wahnsinn des Nationalsozialismus zu verbinden. Gegen Freuds Konzept vom Todestrieb setzte Reich einen radikalpolitischen Begriff der befreienden Sexualität und Lebensenergie. Wegen seiner Ansichten wurde er aus den psychoanalytischen Vereinigungen ebenso ausgeschlossen wie aus der Kommunistischen Partei. Vor den Nazis musste er in die USA fliehen, wo er ins Gefängnis gesteckt wurde. Die amerikanischen Behörden hielten Reich für eine Art Sexualvampir, dessen angeblich schmutzige Gedanken die Kinder Amerikas für immer verderben könnten. Deshalb wurden seine Schriften in den Jahren 1957–1960 »tonnenweise verbrannt«, wie Ola Raknes in seinem Buch *Wilhelm Reich und die Orgonomie* schreibt (S. 22). Allein am 23. August 1957 wurden angeblich sechs

Tonnen seiner Schriften in New York vernichtet. Trotz der Bücherverbrennung hat es sich als unmöglich erwiesen, Reich mundtot zu machen. Seine Gedanken sind vor allem in den 1960er-Jahren wieder auferstanden. Im Vorwort zur dritten Auflage seiner *Massenpsychologie des Faschismus*, einem der Bücher, die damals auf den Scheiterhaufen geworfen wurden, schrieb Wilhelm Reich: »Fascism is the vampire«, weil er dem Leben den Impuls zu töten gibt, wo doch die Liebe regieren sollte. (Reich, *The Mass Psychology of Fascism*, S. XVII)

Fassen wir zusammen: Der Vampir ist eine politische Metapher. Jeder kann von jedem zum Vampir und damit zum Blutsauger und Sündenbock gemacht werden. In Krisenzeiten kann diese Zuschreibung schnell zu einer metaphorischen oder auch tatsächlichen Hinrichtung führen. In einem gemäßigten politischen Klima wird die Vampirmetapher normalerweise nicht ganz so verbissen gehandhabt.

Stimmenfangzähne

Dass jeder und alles zum Vampir (gemacht) werden kann, hängt auch damit zusammen, dass wir den Blutsauger, obwohl er eine facettenreiche und vielschichtige Figur ist, visuell ganz einfach auf das Wesentliche reduzieren können. Komplexe intellektuelle, emotionale, ökonomische oder politische Zusammenhänge sind grafisch schwer darzustellen, der Vampir erlässt uns die analytische Arbeit: Wenn man einem Gesicht zwei Fangzähne aufmalt, weiß jeder intuitiv: Das ist ein Vampir. Es gibt kaum ein anderes Zeichen, das so einfach, so stark und so grenzüberschreitend ist. Am ehesten noch der Totenschädel auf der Piratenflagge, auf der Flasche mit dem Gift und in Hamlets Hand.

Unsere verborgene Lust daran, Gesichter zu verunstalten, kommt zum Vorschein, wenn wir telefonieren, im Wartezimmer eines Arztes sitzen oder nächtens an Werbe- und

Wahlplakaten vorbeischlendern. Wenn man beim Zahnarzt die Illustrierten durchblättert, sieht man, dass Patienten sich die Wartezeit damit vertrieben haben, die in den Zeitschriften abgebildeten Fotos von Prominenten zu »verschönern«. Wir machen aus Gesichtern Totenschädel, kritzeln Bärte auf die Bilder von Frauen oder Brüste auf die Fotos von Männern. Mit Kugelschreiber aufgemalte Brillen sind auch beliebt. Vampirzähne gehören ebenso zum Standardrepertoire der Kritzler.

Auf die lächelnden Gesichter der Werbe- und Wahlplakate werden auch gerne Hitlerbärte gemalt. Die Botschaft dieses Zeichens ist seit dem Nationalsozialismus leicht zu verstehen, das schwarze Quadrat hat aber nur einen zeitlich und geographisch eingeschränkten Wirkungskreis. Draculas Fangzähne, ebenfalls ein häufiges Motiv auf Plakaten aller Art, sind dagegen ein global gültiges Zeichen, das auf einem biologischen Kode basiert, der tief in uns verankert ist. Fangzähne haben immer schon zur Grundausstattung von Raubtieren gehört. Manche Vampirologen weisen darauf hin, dass Draculas Zähne eigentlich nicht dazu geeignet sind, Blut zu saugen. Dazu müsste er einen Stech- und Saugrüssel haben, aber darum geht es nicht. Seit wir Affen waren, sind wir instinktiv vor den spitzen Eckzähnen unserer Feinde und Konkurrenten, größerer Affen als wir, zurückgeschreckt. Das Hitlerbärtchen war jedoch vor und ohne Hitler einfach ein Bärtchen; erst durch den Braunauer Brüllaffen ist es zu einem politischen Zeichen geworden. Es gab und gibt Nazis ohne Hitlerbärtchen, Raubtiere ohne Fang-, Reiß- oder Giftzähne sind hingegen selten.

Wir können die Vampirzähne allen unseren Feinden aufmalen. Deswegen sind sie als politisches Signal und populistisches Etikett so überaus beliebt. Die Schüler von Voltaire sagen bis heute, dass Bankmanager die wahren Blutsauger sind. Hatte es bei Marx und Engels noch geheißen: »Proletarier aller Länder, vereinigt euch, ihr habt nichts zu verlieren als eure Ketten«, scheint die Parole der Heuschrecken-Fonds zu sein: »Blutsauger aller Länder, vereinigt euch, ihr habt mehr zu verlieren als eure Boni!«

Die Nachfolger von van Helsing und Hitler denunzieren die Immigranten, die aus den ärmeren Ländern des Südens und Ostens kommen, als Vampire, die ins Herz Europas kommen, um unseren Sozialstaat anzuzapfen.

Der Archetyp des Vampirs ist global präsent, weil man ihn so leicht auf das visuell und funktional Wesentliche reduzieren kann: zwei lange spitze Zähne.

Besonders einprägsam ist das Cover einer Ausgabe der alternativen Wochenzeitung *Village Voice*, die ich vor Jahren in den USA gekauft habe. Das Titelbild zeigt George W. Bush als Vampir, der die Freiheitsstatue aussaugt. Zwei Zähne, Lady Liberty, eine Bisswunde, fertig. Und jeder auf diesem Planeten weiß, was gemeint ist. Der Präsident als Demonteur der US-amerikanischen Verfassung. Der volle Name der Freiheitsstatue lautet *Liberty Enlightening the World* – schon sind wir wieder bei der Aufklärung, bei Kant, der selbst verschuldeten Unmündigkeit, dem Licht, der Dunkelheit, dem Zwielicht und den Schurkenstaaten …

Sucking Democracy Dry, der schriftliche Kommentar zu diesem Bild, wäre gar nicht notwendig gewesen, man hätte die Aussage auch so verstanden.

Auch die österreichischen Grünen spielen geschickt mit dem Vampirmythos. Auf einem alten Plakat zeigten sie den damaligen Finanzminister Grasser als draculischen Rosenkavalier. Die Vampirwerdung von Bush und Grasser zeigt, dass der Mythenforscher Joseph Campell recht hat, wenn er schreibt, dass »elementare Ideen« alle kulturellen und sprachlichen Grenzen überwinden können. Die Vorstellung vom Vampir ist nicht kulturell begrenzt, sondern entspringt einer interkulturellen Ebene der menschlichen Psyche. Der Blutsauger ist ein Archetyp, der durch alle Häuser des globalen Dorfes geistern kann, denn Archetypen sind per definitionem universell verständliche Figuren. Deshalb ist er auch für die Werbeindustrie ein gefundenes Fressen.

Der Konzern *Nike,* dessen Markenpolitik uns eine Ahnung davon gibt, was »global village« wirklich bedeutet, hat in den Wechselpausen von Tennismatches ein Endzeitdramolett ausgestrahlt, das in einer düsteren Tennishalle spielt. In der alles entscheidenden Partie »Gut« gegen »Böse« muss der Tennisprofi Nicolas Kiefer gegen einen Vampir antreten. Es ist ein Match David gegen Goliath. Kiefer ist vorerst chancenlos, denn der Vampir hat auch auf dem Tennisplatz übermenschliche Fähigkeiten. Die Vampire im Publikum feiern ausgelassen ihren sicher scheinenden Sieg. Da aber dringen Sonnenstrahlen durch das Dach der Tennishalle und bringen die Untoten in Verlegenheit. Aber wir Menschen dürfen nur kurz hoffen, denn der Vampir bleibt unbeeindruckt und legt hämisch grinsend seine »gruftige« Kluft ab. Darunter trägt er das Nike-UV-Protection-Shirt: Hightech-Sonnenschutz für moderne Blutsauger.

Zum Glück hat Nicolas Kiefer noch ein besonderes Ass im Ärmel. Als Kiefer zum Aufschlag kommt, serviert er seinem grässlichen Kontrahenten anstatt eines Tennisballs – die Hoden des Heilands! Wir sind noch einmal davongekommen!

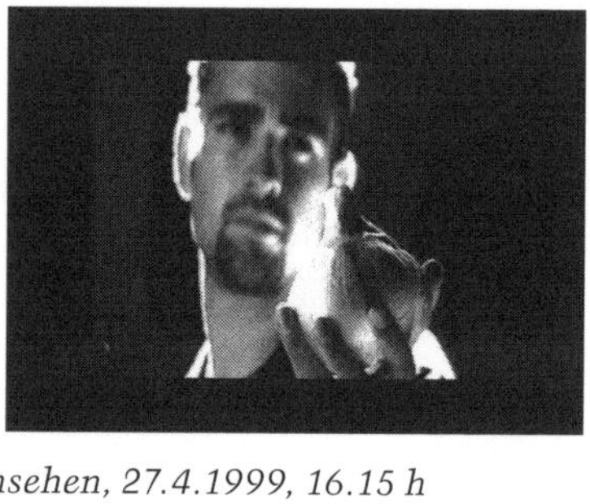

Nike-Werbespot, Deutsches Sportfernsehen, 27.4.1999, 16.15 h

II Vampire in der Pubertät

Je creuserai la terre
Jusqu'après ma mort
Pour couvrir ton corps
D'or et de lumière

Je ferai une domaine
Où l'amour sera roi
Où l'amour sera loi
Où tu seras reine

Ich werde die Erde durchstreifen
Bis nach meinem Tod
Um Deinen Körper
Mit Gold und Licht zu bedecken

Ich werde ein Reich gründen
Wo die Liebe regiert
Wo die Liebe Gesetz ist
Und Du wirst die Königin sein

Aus dem Chanson *Ne me quitte pas* (Verlass mich nicht), 1959,
von Jacques Brel (1929–1978)

Die Entwicklung der Vampirfigur ist von einer immer offener dargestellten sexuellen Aufladung gekennzeichnet. In Stokers Roman hat Dracula zwar Mundgeruch und behaarte Handflächen, aber Mina läst sich dennoch von ihm verführen. Murnaus Nosferatu ist eine hässliche Kreatur, aber Ellen gibt sich ihm hin. Béla Lugosi hat keine abstoßenden Züge mehr, dafür erhält er Körbe voll Post von weiblichen Fans, die dem dämonischen Blick und dem *sex-appeal* des Grafen Dracula verfallen waren. Im Lauf der Filmgeschichte werden die Vampirfiguren immer mehr zum Objekt der Begierde. Max Schreck war über vierzig und sah aus wie ein alter Mann, als er Graf Orlok in *Nosferatu* verkörperte, Béla Lugosi war schon fast fünfzig, als er erstmals als Dracula auf der Leinwand erschien. Der Hammer-Dracula Christopher Lee war zwar erst Mitte dreißig, aber nie ein Schönling. Tom Cruise, der erste Vampir der Anne-Rice-Generation, war 1990 vom *Peoples' Magazine* zum *Sexiest Man Alive* gewählt worden, vier Jahre, bevor er als Vampir in *Interview mit einem Vampir* Furore machte. Sein unglücklicher Co-Vampir Brad Pitt wurde im Jahre 1995, nur ein paar Wochen nach der Premiere von *Interview mit einem Vampir*, mit diesem Titel ausgezeichnet.

Die 1941 in New Orleans geborene Schriftstellerin Anne Rice hat mit ihrem Zyklus *The Vampire Chronicles* diese Entwicklung entscheidend beeinflusst. Die sexuelle Anziehungskraft, die bereits in Polidoris *The Vampyre* und in Le Fanus *Carmilla* spürbar wird, kann sich auf der Leinwand so richtig entfalten. Ann Rices erster Roman *Interview mit einem Vampir* (1976) wurde 1994 in den USA mit einem Staraufgebot verfilmt und hat das Bild des erotischen Vampirs im kollektiven Gedächtnis neu definiert.

Interview mit einem Vampir

Unter der Regie von Neil Jordan spielte Tom Cruise den Vampir Lestat de Lioncourt, Brad Pitt den Blutsauger Louis de Pointe du Lac, Antonio Banderas den Untoten Armand. Im Universum von Anne Rice sind die Vampire Global Player geworden, die sich nicht mehr an die alten Regeln halten. Knoblauch, Kreuz und Pfahl sind nach den Worten von Louis nichts als »die vulgäre Erfindung eines vertrottelten Iren«. Mit dem »demented Irishman« meint er Bram Stoker.

Die Vampire der *Vampire Chronicles* sind androgyne Schönlinge mit Frisuren wie Apostel oder Rockstars. In der Rahmenhandlung des Films interviewt ein Journalist einen Mann, der behauptet, ein Vampir zu sein. Dieser Mann, Louis de Pointe du Lac, ist eine jämmerliche Figur. »Master« einer großen Plantage südlich von New Orleans, will er nicht mehr leben, als seine Frau und sein Kind bei dessen Geburt sterben. Da er zu schwach oder zu feige ist, um Selbstmord zu begehen, erbarmt sich der Vampir Lestat seiner und macht ihn zu Seinesgleichen. Das Grundprinzip geht auf Stokers Bluttaufe zurück. Die erste Regel lautet: Wer von einem Vampir ausgesaugt wird, der stirbt, es sei denn, er trinkt Vampirblut. Nach der Bluttaufe bleibt man unsterblich/ewig jung/auf ewig verdammt. Die zweite Regel ist ebenfalls Voraussetzug, um aus den alten Zombies Identifikationsfiguren, Helden und Liebhaber zu machen: Vampire können nur überleben, wenn sie Blut von noch lebenden Wesen saugen.

Nachdem Lestat ihn zum Vampir gemacht hat, will Louis sich unter Anleitung seines Mentors in der dekadent-schwülen Atmosphäre von New Orleans vergnügen. Lestat tötet, ohne mit der Wimper zu zucken, Louis ist hingegen von den Umständen seines neuen Daseins angewidert. Um keine Menschen anfallen zu müssen, saugt er Ratten oder Hühner aus. Louis war als Mensch unglücklich, als Vampir ist er depressiv. Obwohl dieser Kostümfilm keine dramatische Kraft hat, keinen Konflikt, der mitreißt, keine Handlung, die uns atemlos macht, haben Millionen Zuseher dem schönen Vampir Brad Pitt dabei zugesehen, wie er in plüschiger Umgebung dekorativ leidet. Die Dramaturgie der Dämmerung, der sonst so verlässliche Motor von Vampirgeschichten, wird kaum eingesetzt.

Interview mit einem Vampir zeigt die Welt aus der Sicht eines Vampirs wider Willen. Obwohl der Vampir Louis, der bis zum Ende des Films pathetisch sein Schicksal beklagt, nicht besonders sympathisch ist, kann er zur Identifikationsfigur werden. Da der »Seufzer der gequälten Kreatur« aus dem Mund eines Vampirs kommt, wird unser Mitleid mit Louis zu dem Klebstoff, der uns an seine Geschichte fesselt.

Erst nach zwei Stunden nimmt der Film Fahrt auf: Der Journalist braust mit dem Cabrio über die Golden Gate

Bridge und hört sich die Kassette an, auf der er das Interview mit dem Vampir aufgenommen hat. Er wäre so gern von Louis gebissen worden, aber der hat ihm diese »dunkle Gabe« verweigert. Erst in den letzten Sekunden kommt Bewegung in den Film, der bis dahin nur ein morbider Bilderbogen war. Aus dem Nichts springt der Obervampir Lestat zu dem Journalisten ins offene Auto und packt ihn am Kragen: »I assume I need no introduction«, sagt er zynisch und beißt ihn. Dann zupft er sein Rüschenhemd zurecht – solche Hemden hat früher auch der junge Mick Jagger getragen –, wirft die Kassette mit dem Interview aus und dreht die Musik laut: Dschungel-Bongos dröhnen aus den Lautsprechern, tierische Schreie, harte Akkorde und dann die legendäre Anfangszeile: »Please allow me to introduce myself, I'm a man of wealth and taste …« So spricht Lucifer im *Rolling Stones*-Klassiker *Sympathy for the Devil.* Für den Film wurde die härtere Fassung der amerikanischen Band *Guns and Roses* verwendet, aber dieser Energieschub kommt zu spät: Wir sind schon zu fest davon überzeugt, dass es verdammt langweilig sein muss, ein Vampir wie Louis zu sein.

Nicht nur die Vampire werden jünger und schöner, auch die Vampirjäger legen den Habitus des verschrobenen und grauhaarigen Bücherwurms ab, der nur im Notfall zu Hammer und Pfahl greift und sonst eher mit Tinte und Feder hantiert.

Buffy – Im Bann der Dämonen

In *Interview mit einem Vampir* gibt ein männlicher Vampir einem männlichen Reporter ein Interview, in dem er vor allem über seine Probleme mit anderen männlichen Vampiren erzählt. Die Zuseherinnen können Brad Pitt und Tom Cruise anschmachten – mehr nicht; für das weibliche Publikum hat das Vampirgenre kaum Identifikationsfiguren und *role models* anzubieten. Erst drei Jahre nach der Filmpremiere von *Interview* stößt die Fernsehserie *Buffy, The Vampire*

Slayer (*Buffy – Im Bann der Dämonen*) in dieses Vakuum. Star der Serie ist die blonde Vampirjägerin Buffy Summers, schon der Name Summers = Sommer ist gut gewählt. Das ebenso einfache wie wirkungsvolle Grundrezept der Serie lautet: Man nehme einen weiblichen Gegenentwurf zu van Helsing. Blutjung, cool, nett, selbstironisch und intelligent, ist Buffy eine Pippi Langstrumpf mit Menstruation und Nahkampfausbildung.

Joss Whedon, der Erfinder und Drehbuchautor dieser Serie, kann sich perfekt in die Pein des Erwachsenwerdens einfühlen, ohne peinlich zu werden. Zusätzlich geht er phantasievoll, ironisch und entspannt mit den klassischen Motiven der Vampirmythologie um. In *Buffy* sind weder die Vampire noch die Vampirjäger verbissen. Stattdessen werden die meisten Themen mit einem postmodernen Augenzwinkern abgehandelt. Buffy wird überaus kreativ, wenn Knoblauch, Kreuz und Pfahl nicht zur Hand sind. Als sie einen Vampir mit dem Ständer eines Schlagzeug-Beckens pfählen will, grinst das Monster: »Du vergisst, Metall kann mir nicht weh tun.« Plötzlich dringt Licht durch ein Fenster und Buffy triumphiert: »Du hast auch etwas vergessen – Sonnenaufgang!« Der Vampir windet sich in Krämpfen – bis ihm klar wird, dass sein »Phantomschmerz« nur ein Pawlowscher Reflex war. Es ist das Licht einer Lampe, das durchs Fenster scheint, nicht das Licht der Sonne. Ebenso abgeklärt und selbstreflexiv ist der Dialog über Medien und Gewalt, in dem Buffy eine Gegnerin warnt: »Wir können das auf die harte Tour machen – oder – eigentlich gibt es nur die harte Tour.« Die Vampirin antwortet: »Kein Problem.« Buffy kontert: »Bist du sicher? Das wird keine Kinderjause, wir reden hier über Gewalt, Kraftausdrücke und Erwachsenenprogramm.«

Trotz der postmodernen Oberfläche basiert *Buffy* auf der archetypischen Dramaturgie, die wir aus den Schriften von Joseph Campbell kennen. Die Heldin muss eine Schwelle überschreiten, erhält einen Auftrag, den sie zuerst nicht annehmen will, und muss schließlich doch die ihr zugedachte Rolle übernehmen, wie es von höheren Mächten vorbestimmt ist. Zu Beginn der Serie kommt Buffy nach Sunnydale, das natürlich nicht sonnig, sondern ganz im Gegensatz zu seinem Ortsnamen eine Art Höllenschlund ist. Als in ihrer neuen Heimat eine von einem Vampir ausgesaugte Leiche gefunden wird, soll Buffy die Sache in die Hand nehmen. Sie will nichts davon wissen, aber ihr Schicksal wird trotzdem seinen Lauf nehmen. Buffy hatte der schüchternen Willow geraten, jede Gelegenheit für einen Flirt beim Schopf zu packen, prompt lässt sich diese mit einem Burschen ein, den sie eben erst kennengelernt hat. Der Kerl verschleppt sie, wird zum Vampir und fällt über Willow her. Buffy muss eingreifen, um ihre Freundin zu retten. Damit hat sie die Schwelle überschritten und sich ihrer Aufgabe gestellt. Jetzt gibt es kein Zurück mehr. Wie in allen »guten alten« Geschichten steht ihr ein Mentor hilfreich zur Seite: Rupert Giles, der Bibliothekar der Sunnydale Highschool, hat in Oxford studiert und ist als Vampirologe eine modernisierte van-Helsing-Variante. Giles zieht sich am Ende jedoch zurück, damit – und auch das ist ein klassisch-archaisches Element – Buffy selbstständig werden kann. Buffy hat die für ihr Alter typischen Probleme mit ihrer Mutter. Als Buffy weggehen will, »um die Welt vor dem Untergang zu retten« (Was denn sonst? Alles, was Teenager machen wollen, ist unglaublich wichtig – für die Teenager!), verbietet die Mutter es ihr natürlich. Buffy entwischt durchs Fenster. Bei solchen Szenen werden auch bei älteren Zusehern Jugenderinnerungen wach.

Joss Whedon, der Mastermind dieser Serie, war in der Lage, rund um diese freche Vampirjägerin Figuren zu zeichnen, die das Lebensgefühl Jugendlicher spiegeln und sympathisch wirken. Auf der Basis einer archetypischen Dramaturgie entwirft Whedon überraschend radikale Experimente, die viel Interpretations- und Spielraum öffnen. In der Folge »*Once More With Feeling*« tauchen Sing- und Tanzteufel in Sunnydale auf. Alle Einwohner von Sunnydale werden vom Bedürfnis übermannt, ihre intimsten Gefühle in Liedern auszudrücken. Manche Leute singen und tanzen so ekstatisch, dass sie unter dem Druck der aufgestauten und nun frei werdenden Emotionen zerplatzen. Whedons wildes Szenario erinnert an die spätmittelalterliche Tanzwut, von der in historischen Quellen berichtet wird. Bei diesen tumultartigen Festen sollen Menschen fanatisch und mit Schaum vor dem Mund bis zum Unfallen getanzt haben.

In der Folge *Hush* können die Einwohner von Sunnydale nicht mehr sprechen. Schlagartig wird ihnen und den Zusehern klar, wie lange es dauert, eine Bemerkung, die einem sonst blitzschnell über die Lippen kommt, aufzuschreiben. Wir erfahren, wie sehr sich ein gesprochener Dialog von einer Abfolge hingekritzelter Buchstaben, einer Zeichnung oder verzweifelten Grimassen unterscheidet. Andererseits können die Menschen in *Hush* nichts mehr zerreden und niemanden mit Worten in der Luft zerreißen, da sie mit Händen und Füßen miteinander reden müssen.

Es geht in Buffys Welt ganz offen darum, Verdrängtes ans Licht oder zur Sprache zu bringen. Wenn man die Vampire, die Buffy bekämpfen muss, als Metapher versteht, dann handelt die Serie von der Pubertät als existenzieller Highschool-Hölle. »Die Hölle, das sind die anderen«, heißt es in Jean-Paul Sartres Stück *Geschlossene Gesellschaft*. In Sunnydale sind die Erwachsenen die Hölle. Sie sind entweder ahnungslos und doof oder Monster, die sich als fromme Bürger tarnen.

Im Original heißt Sartres Drama *Huis Clos*, das bedeutet »hinter geschlossenen Türen, unter Ausschluss der Öffentlichkeit«. Whedon öffnet die geschlossenen Türen zur Psyche der Teenager und zeigt ihre Wünsche und Ängste personifiziert als Dämonen. Buffy kann sich gegen die

Erwachsenen, die meist nur lästig sind, und gegen die Dämonen mit körperlicher Schlagfertigkeit und selbstironischem Witz durchsetzen, deshalb ist sie für das jugendliche Publikum eine ideale Identifikationsfigur. Wer wäre nicht gern so klug, hübsch, cool und stark? Richtungsweisend ist auch die Liebesbeziehung von Buffy und Angel. Die Vampirjägerin verliebt sich in den Vampir. Angel ist eine zwielichtige Figur, die viele Wandlungen durchmacht. Zuerst war er ein besonders sadistischer Vampir, dann wandelt er sich zu einem guten Vampir mit Seele, der auf der Seite des Lichts kämpft. Doch nachdem er Sex mit Buffy hatte, erhält seine dunkle Seite wieder die Oberhand. Buffy muss ihn »zur Hölle schicken«, aber der gefallene Engel kommt zurück, und die beiden nehmen ihre Beziehung wieder auf. Entscheidend an dieser Beziehung ist die Tatsache, dass die Liebe zwischen Mensch und Vampir möglich ist, dass man sein Verlangen verwirklichen kann und sich mit seinen Dämonen zumindest zeitweise aussöhnen kann. Carmilla musste gepfählt werden, Dracula und seine Weiber auch. Buffy darf Angel lieben. Das Romeo-und-Julia-Motiv, das hier anklingt, wird die Zukunft des Vampirmythos dominieren.

Twilight

In Stokers Roman *Dracula* trinkt der Wahnsinnige Renfield das Blut von Spinnen und Vögeln, richtige Vampire wie Dracula lechzen jedoch nur nach unserem Blut. Dass der depressive Vampir Louis in *Interview mit einem Vampir* statt Menschen weiße Pudel aussaugt, markiert einen Tiefpunkt in der Entwicklung des Vampirs. Soll das des Pudels Kern sein, dass Vampire nicht mehr auf Menschenblut angewiesen sind? Wenn archaische Komponenten des Vampirmythos abgeschafft werden, gerät er in Gefahr, seinen psychischen Treibstoff zu verlieren. Daher halte ich es auch für gefährlich, auf das dramaturgische Potenzial des psychischen und physischen Zwielichts zu verzichten. Der klassische Vampir ist per definitionem ein lichtscheuer Menschenblut-Sauger, es ist schwer, sich ihn als sonnenbadenden Vegetarier vorzustellen.

Dennoch haben die *Twilight*-Romane von Stephenie Meyer und die Verfilmungen einen noch nie dagewesenen Vampir-Hype ausgelöst. Der erste Roman dieser Serie ist 2005 erschienen und in dreißig Sprachen übersetzt worden. Bis heute wurden insgesamt ca. 100 Millionen Exemplare verkauft, obwohl die vegetarischen Vampire in *Twilight* Tierblut trinken und im Sonnenlicht verführerisch glänzen, anstatt kreischend zu Unrat zu zerfallen. Die archetypische Dramaturgie der Dämmerung spielt in *Twilight* keine Rolle mehr, obwohl der Titel noch auf die dramatische Kraft des Zwielichts verweist. Der Erfolg des neuen Vampirmodells liegt in der neuen Verknüpfung von uralten Elementen und Aspekten.

Zu Beginn des ersten *Twilight*-Films sehen wir ein Reh, das von einem unsichtbaren Verfolger durch einen Wald gehetzt wird. Man erwartet einen Schuss, stattdessen springt ein Schatten aus dem Gehölz und packt das Reh. Durch diesen Beginn werden Assoziationen an den Zeichentrick-Klassiker *Bambi* geweckt. Der Tod von Bambis Mutter gilt als eine der emotionalsten Szenen der Filmgeschichte. Damit wird der Grundton von *Twilight* angeschlagen: romantisches Seufzen und schönes Sterben. Nach dem Bambi-Beginn sind wir plötzlich im bekannt sonnigen Phoenix, Arizona, der Stadt, in der auch Hitchcocks *Psycho* seinen Ausgangspunkt nimmt. Auch der Beginn von *Twilight* entspricht dem archaischen Muster der Heldenreise. Die Heldin wird aus dem Alltag gerissen und kommt in eine fremde und düstere Welt, in der sie sich bewähren muss.

Die junge Bella Swan (vom hässlichen Entlein zum schönen Schwan, weiß und unschuldig), deren Eltern geschieden sind, verlässt ihre Mutter und zieht zu ihrem Vater nach

Forks, Washington. Sie will sich abnabeln. Forks (vgl. fork = Gabel = aufspießen) ist klimatisch das Gegenteil des sonnigen Phoenix, eine Kleinstadt, in der es immer bewölkt ist und meist regnet. Bella verliebt sich dort in einen mysteriösen Jungen. Es stellt sich heraus, dass er ein Vampir ist – wenn auch einer, der nur Tierblut trinkt. Die Tierblut-Trinker bezeichnen sich selbst (hoffentlich selbstironisch) als Vegetarier.

Bella ist eine moderne Version von Laura, der jungen Frau aus *Carmilla*. Ein Mädchen, das allein mit seinem Vater lebt, der ihr fremd geworden ist, und am Übergang von der Kindheit zur Pubertät in die Fänge eines Vampirs gerät. In *Carmilla* kann der Vater diese Verwirrung der Tochter noch einfach lösen: Die Vampirin wird getötet. In *Twilight* ist das nicht mehr so einfach möglich. Die Vampirfigur ist zum Objekt der Bewunderung geworden, Sympathie und Empathie des Publikums sind auf Seiten des Vampirs und der Liebe.

Obwohl Bellas Vater sich bemüht, kann er seine halbwüchsige Tochter nicht wirklich verstehen. Ihre Beziehung geht über Smalltalk kaum hinaus. Viele Szenen machen die Kluft spürbar, die sich zwischen Kindern und Eltern auftut, die einfach nicht glauben können und wollen, dass aus einem braven Kind eine widerspenstige Halbwüchsige geworden ist. *Twilight* beginnt mit einer an Buffy erinnernden Darstellung der Pubertät als Hölle. Bella ist wie Buffy »the new kid on the block«, sie kommt an eine neue Schule und das mitten im Semester. In der Schulkantine scharen sich die Girls und Boys um das neue Spielzeug, »the shiny new toy«, wie es eine Mitschülerin ausdrückt. Dann treten die Außenseiter auf: Adoptivkinder, die aus dem hohen Norden stammen, Vampire, die aus der Kälte kommen. Dass die Vampire, die in Forks leben, auch aus der Fremde kommen, gehört zu den Grundmustern des Vampirgenres.

Nun folgt der Lockruf des Abenteuers – ebenfalls ein archaisches Element der Erzählkunst. Bella verliert ihr Herz an den vegetarischen Vampir Edward und umgekehrt. Die erste intensive Begegnung der beiden findet in der Biologie-Klasse statt und ist wie ein Videoclip gefilmt. Nahaufnahmen der blassen Gesichter, dazu laute Musik mit verzerrter Elektrogitarre. Edward läuft kurz vor dem Pausenklingeln davon (der Held entzieht sich dem Ruf, aber Edward kann seiner Bestimmung ebenso wenig entgehen wie Buffy).

Buffy musste die Schwelle überschreiten, um Willows Leben zu retten. Ganz ähnlich ist die Schwellen-Szene auch in *Twilight* gelöst: Edward wirft sich zwischen Bella und ein Auto, das gefährlich über die Straße schlittert und Bella zu verletzen oder gar zu töten droht. Edward bleibt unverletzt, Bella ist gerettet, nur der Wagen und Edwards Tarnung sind beschädigt.

Bella weiß jetzt, dass Edward außergewöhnlich ist. Edward will sie abwimmeln, doch sie lässt nicht los. Da Edward Gedanken lesen kann (mit Ausnahme von Bellas Gedanken), hört er, was die Leute über ihn und Bella denken. Die Stimme des Volkes ist primitiv, gewaltsam und gemein. Edward und Bella sind Romeo und Julia. Bei Shakespeare sind die Montagues und die Capulets verfeindet, in *Twilight* sind es Menschen und Vampire. Aber die Fronten sind nicht mehr so starr. In der Welt von *Twilight* gibt es böse Vampire alten Stils, die wie Dracula & Co. Menschen töten. Daneben existieren die guten Vampire, die an den Pudelblut-Trinker Louis de Pointe du Lac erinnern und sich von Tierblut ernähren. Schon Aristoteles hat darauf hingewiesen, dass Konflikte dann besonders wirksam sind, wenn sie innerhalb einer Familie aufbrechen – Ödipus ist dafür das beste Beispiel. In *Twilight* sorgt Bellas Vater, der in seiner Rolle als Polizeichef die Vampire verfolgen muss, für den innerfamiliären Konflikt. Seine Tochter Bella hingegen liebt einen – wenn auch guten – Vampir. Dazu kommen Konflikte innerhalb der Vampirfamilien: Die bösen Vampire jagen Bella, die

Menschen jagen Vampire, Edward und Bella sind von Feinden aller Art umzingelt. Bella will lieber Vampirin werden, als auf ihre Liebe zu verzichten.

Das Motiv der zwei Königskinder, die nicht zueinander kommen können, ist uralt. Jede Liebesgeschichte wird umso interessanter, je größer der Widerstand ist, den die Liebenden zu überwinden haben. Aber die traditionellen Familien-, Clan-, Klassen- und sogar Rassenschranken sollten in den aufgeklärten Ländern im 21. Jahrhunderts bereits gefallen sein. Die Eltern sind nicht mit dem Schwiegersohn in spe einverstanden – so what!? Das reicht gerade noch als Stoff für eine Komödie wie *Meet the Parents*. Die beiden Liebenden sind schon mit den falschen Partnern verheiratet? Kein Problem, seit man sich scheiden lassen kann. Zu arm, zu reich, zu dunkel, eine andere Religion oder Hautfarbe, die falsche Partei, verfeindete Gangs: Das sollte längst nicht mehr so wichtig sein, wie zu Zeiten von Romeo und Julia oder Tony und Maria aus der *West Side Story*.

Es klingt absurd, aber in einer aufgeklärten Gesellschaft ist die Liebe zwischen Mensch und Vampir vielleicht die einzige noch mögliche romantisch-tragische und realistische Liebesgeschichte. Wahrscheinlich ist das der Grund für den überwältigenden Erfolg von *Twilight*. Die Vampire in *Twilight* sind keine politische Metapher, keine Zeichen, keine Stellvertreter für Randgruppen und Feinde; sie dienen als Projektionsfläche für pubertäre Sehnsüchte. Darin liegt auch ihr politischer Gehalt. Man könnte die Gefühlsduselei von *Twilight* als bürgerlich, rückwärtsgewandt, bieder oder zahm kritisieren. Aber diese Kritik verfehlt den entscheidenden Punkt: *Twilight* ist ein Gegenentwurf, eine Utopie, wörtlich bedeutet das: ein Un-Ort, ein Ort, der noch nicht existiert. Die Teenager verstehen *Twilight* als Hymne auf ihre grenzenlosen Gefühle in einer Welt, die nur mehr aus Sachzwängen, Leistungsdruck und Kontobewegungen zu bestehen scheint. In der klassischen Vampirtradition war der Mensch das Objekt der Begierde der Vampire, jetzt wird der Vampir zum Objekt der Begierde der Menschen.

Kinder haben eine andere Vorstellung vom Tod als Erwachsene. Auch damit hat sich Sigmund Freud in seiner *Traumdeutung* beschäftigt: »Das Kind weiß nichts von den Gräueln der Verwesung, vom Frieren im kalten Grab, von den Schrecken des endlosen Nichts, das der Erwachsene wie alle Mythen vom Jenseits erzeugt, so schlecht verträgt.« (S. 261) Freud zitiert einige Beispiele, die zeigen sollen, wie sehr sich die kindliche Vorstellung vom erwachsenen Umgang mit dem Tod unterscheidet. Er erzählt auch von einem hochbegabten zehnjährigen Knaben, der gesagt haben soll: »Dass der Vater gestorben ist, verstehe ich, aber warum er nicht zum Nachtmahl nach Hause kommt, kann ich mir nicht erklären.« (S. 261) Ein achtjähriges Kind findet nichts dabei, angeregt durch einen Besuch im Naturhistorischen Museum zu seiner Mutter zu sagen: »Mama, ich hab dich so lieb, wenn du einmal stirbst, lasse ich dich ausstopfen und stelle dich hier im Zimmer auf, damit ich dich immer, immer sehen kann.« (*Traumdeutung*, S. 261) Vielleicht lieben die Kinder deswegen Vampire als Kuscheltiere und Teenager sie als Bettlektüre.

Wenn Kinder zu Teenagern werden, verändert sich das Bild, das sie sich vom Leben und vom Tod machen. Eltern haben es schon immer gewusst: Kinder sind lieb, Teenager nerven! In den letzten Jahren wurden diese Erfahrungen durch wissenschaftliche Untersuchungen aus dem Bereich der Hirnforschung bestätigt. Jugendliche aktivieren bei der Wahrnehmung von Gesichtern andere Gehirnareale als Erwachsene und können daher den Gesichtsausdruck ihres Gegenübers schlechter lesen als Erwachsene. Wenn die Mutter schon offensichtlich gereizt ist und das auch durch ihren Gesichtsausdruck zeigt, ist der Teenager trotzdem nicht bereit, sein nervendes Verhalten einzustellen, weil er das Gesicht der Mutter nicht richtig lesen kann. Aber das ist nicht der einzige Grund für die Konflikte.

Teenager können Gesichter und Verhaltensweisen schlechter deuten als Erwachsene, aber dafür haben sie stärkere Phantasien, wilde Wünsche und radikale Utopien. Deswegen sind Revolten und Revolutionen immer von jungen Menschen getragen worden.

Kleine Kinder sehen in der Welt der Erwachsenen noch ein Vorbild. In der Pubertät beginnen die Heranwachsenden, Gegenbilder zu entwerfen. Sie wollen eine andere, bessere, schöne und gerechte Welt! Die Erwachsenen sind entsetzt. Das ist schon seit Sokrates so.

Die Köpfe der Teenager produzieren immer neue Sehnsüchte, doch die alten Antworten darauf gelten nicht mehr. *Ex oriente lux* – aus dem Osten kommt das Licht, sagten die Hippies der 1970er-Jahre und fuhren nach Indien. *Turn on – tune in – drop out* (etwa: erweitere dein Bewusstsein mit LSD – stimm dich ein auf die Sphärenmusik – und brich aus dem System aus), verkündete der Drogenpapst Timothy Leary und suchte die Weisheit in sich selbst, während die Stadtguerilla von bewaffnetem Widerstand in den Metropolen der westlichen Welt träumte, um die herrschenden Strukturen mit Gewalt zu ändern. Der Niedergang der pseudokommunistischen Systeme und der traditionellen religiösen Visionen hat ein Vakuum hinterlassen, das weder von den aktuellen kapitalismuskritischen Bewegungen noch von den New-Age-Propheten gefüllt werden kann. Bewaffneter Widerstand à la Baader-Meinhof erscheint im Rückblick als tragische Eskalation, der Weg in den Ashram als letzter Ausweg für Versager. Eros und Thanatos im Lebensgefühl der 68er-Generation, Love, Peace und Maschinengewehre haben bei den nachfolgenden Generationen sukzessive an Anziehungskraft verloren. Trotzdem empfinden die Jugendlichen von heute – wie alle Jugendlichen vor ihnen – die Welt der Eltern als verlogen, leblos, kleinbürgerlich, besitzorientiert, berechenbar, pornographisch und langweilig. Eltern geht es immer um »Soll und Haben«, um Zukunftsvorsorge und Rentensicherheit. Pubertierenden Teenagern immer um »Sein« im Hier und Jetzt. In der Lücke, die die abgestorbenen politischen und religiösen Entwürfe hinterlassen haben, blüht mangels anderer Alternativen die romantische Liebe zum Vampir auf: von der Roten Armee Fraktion zu den roten Blutkörperchen!

In *Twilight* finden die Heranwachsenden alles, was sie in der Realität vermissen. *Twilight* ist eine Absage an den Materialismus, den Konsum und an die Auslieferung der Liebe an die Werbung. *Twilight* ist ein asketischer Gegenentwurf zur Wegwerfgesellschaft, darin liegt die Anziehungskraft von *Twilight* für Mütter und Töchter. Das Motto des alten blutrünstigen Grafen Dracula lautete noch: »Tutto, e subito!« – »Ich will alles, und das sofort!« Bella und Edward, die beide Urenkel von Goethes Werther sein könnten, säuseln jedoch: »Die Liebe ist stärker als der Tod!« Wer könnte da noch widersprechen?

True Blood

Am 7. September 2008 hatte die erste Folge der TV-Serie *True Blood* in den USA Premiere. In *Interview mit einem Vampir* hießen die Vampire noch Louis de Pointe du Lac, Lestat de Lioncourt oder Armand. Im TV-Serienhit *True Blood*, der auf den *Southern Vampire Mysteries* der amerikanischen Autorin Charlaine Harris basiert, heißt der Vampir schlicht und einfach Bill. Schluss mit den exotischen und dekadenten Adeligen, weg mit den Rüschenhemden und dem europäischen Erbe, Schluss mit dem Versteckspiel, heraus aus dem Sarg! Das Mädchen, das sich in den Vampir Bill verliebt, heißt Sookie Stackhouse.

Schon am Beginn von *Dead until Dark*, dem ersten Band der Sookie-Stackhouse-Serie, wird deutlich, dass ein neues Kapitel im Vampirmythos aufgeschlagen wird:

Ich hatte schon jahrelang auf den Vampir gewartet, als er endlich in die Bar kam. Seit die Vampire vor zwei Jahren aus ihren Verstecken gekommen waren, hatte ich gehofft, dass einer nach Bon Temps kommen würde. Wir hatten all die anderen Minderheiten in unserer kleinen Stadt – warum nicht auch die neuesten, die gesetzlich anerkannten Untoten? Der ländliche Norden von Louisiana war offenbar nicht allzu attraktiv für Vampire, andererseits war New Orleans eine Vampir-Hochburg – das ganze Anne-Rice-Zeugs, stimmt's? (Harris, *Dead until Dark*, S. 1, hier übers. v. R.M.K.)

Was für ein Unterschied zu den ersten Sätzen von *Carmilla, Dracula, Twilight* oder »dem ganzen Anne-Rice-Zeugs«! Sookie Stackhouse, die junge Kellnerin, wartet bewusst auf einen Vampir, sie läuft nicht ahnungslos in die Fänge der Versuchung, wie vor ihr Aubrey, Laura oder Harker. Sookie hofft sogar, dass Vampire nach Bon Temps kommen.

Dass die Vampire hier vor allem eine soziale und politische Metapher sind, wird in diesen ersten Zeilen klar ausgedrückt. Vampire sind eine Minderheit, Außenseiter, die aus ihren Verstecken gekommen sind, oder, wie sie selbst lachend sagen: »out of the coffin«, wörtlich »heraus aus den Särgen«. Charlaine Harris spielt hier mit den Redewendungen »Skeletons in the closet« und »Coming out of the closet«. Ein Skelett im Wasserklosett oder im Schrank versteckt zu haben, heißt, ein dunkles Geheimnis haben. Der Begriff »coming out« ist ohnehin im Zuge der Lesben- und Schwulenbewegung in die deutsche Sprache eingewandert als Ausdruck für »offenlegen«, »zugeben«, »mit der Wahrheit herausrücken«. *Coming out* bedeutet, das den Kleinbürgern Unheimliche, das man heimlich im Schrank versteckt oder im Wasserklosett treibt, ans Licht zu bringen.

Die Fernsehserie *True Blood* ist bunt, schrill, brutal und pornographisch. Es fallen Sätze wie: »You fuckin' filthy cunt. I'm gonna tear out your goddam throat with my hands and fuck your dead face!« In einer Episode läuft ein Kerl stundenlang mit einer Dauererektion herum, bis ihm eine Krankenschwester endlich eine Nadel direkt in den Penis sticht, um damit das Blut abzusaugen. Man(n) braucht starke Nerven, um nicht wegzuschauen. Auch in anderen Szenen fließt literweise Blut, aber man sollte sich davon nicht blenden lassen. *True Blood* ist vor allem eine Milieustudie und eine schonungslose Bestandsaufnahme der amerikanischen Gesellschaft. Schon die ersten Minuten der ersten Folge dieser Fernsehserie sind ein Leckerbissen. Wir befinden uns in Louisiana: Das bedeutet feuchte Hitze, Sümpfe, religiöse Fanatiker, der Ku-Klux-Klan, Giftschlangen und Roadkill, überfahrene Tiere, die zum Himmel stinken. Aber das alles wissen wir noch nicht, wenn wir die ersten Sekunden dieser ersten Folge ansehen, die den Titel *Strange Love* trägt. »One, two, a one-two-three ...«, zählt eine Stimme ein, dann beginnt Südstaatensumpf-Blues-Rock, und schon sitzen wir hinter der Windschutzscheibe eines Autos, das eine dunkle, einsame Straße entlang durch einen Wald fährt. Die Sicht ist schlecht, es ist dunkel, alles ist leicht unscharf.

Wir wissen noch nicht, mit wessen Augen wir diese Straße sehen, als die Kamera schon ohne Vorwarnung (= ohne Vorspann oder Titelinformation) die Point-of-View-Position hinter der Windschutzscheibe verlässt und von außen durch das Seitenfester auf der Beifahrerseite in das Auto blickt. Zwei Teenager, sie am Steuer, er auf dem Beifahrersitz. Wer genau hinschaut, der merkt, dass in dieser Einstellung das Mädchen im Hintergrund scharf gestellt ist. Der Junge, der halb weggetreten im Sitz lümmelt, ist leicht verschwommen. Form = Inhalt: »Scharf« ist hier auch sexuell zu verstehen. Wir werden zu Voyeuren, als die junge Frau lasziv grinst und ihrem Freund zwischen die Beine greift. Wir sehen zwar nicht genau, was passiert, aber wir ahnen es: Sie gibt ihm einen Handjob, während sie den Wagen mit der anderen Hand steuert. Vermutlich sind die beiden

»angeheitert« und auf dem Rückweg von einer Party. Wieder wechselt die Kamera die Position. Wir sehen die Szene aus einer neutralen Position, wie sie sich im Rückspiegel des Autos zeigt: Die Teenies lachen und sind vergnügt. Wir verstehen den Hinweis: Diese beiden sind (noch) keine Vampire, denn sie haben ein Spiegelbild. Plötzlich eine Vollbremsung! Das Auto schleudert über die nasse Straße. Wir erwarten, dass ein Unglück passiert, Blut auf der weißen Bluse des Mädchens und dem hellblauen Poloshirt des Jungen. Aber das Auto kommt zum Stehen. Was ist passiert?

Wäre *True Blood* eine traditionelle Fernsehserie, dann wäre jetzt Folgendes zu erwarten: Ein Reh oder ein Kind ist über die Straße gelaufen. Die Fahrerin musste bremsen, um einen Unfall zu vermeiden. Die Teenager kommen gerade noch mit dem Schrecken davon, aber wir haben eine Lektion gelernt: *Don't drink and drive.* Kein Sex im fahrenden Auto – schon gar nicht vor der Ehe. Aber *True Blood* ist anders. *True Blood* wird vom Pay-TV-Sender HBO (Home Box Office) ausgestrahlt. Das ist kein normaler Fernsehsender: »It's not TV motherfucker, it's HBO!«, heißt es in einer bekannten Rap-Nummer des amerikanischen Multitalents Erik Weiner. HBO hat die Mafiafamilie *The Sopranos* zu einem Welterfolg gemacht und erlaubt in *True Blood* noch mehr Sex, Gewalt und Politik. Deshalb schwenkt *True Blood* nach der Handjob-Szene nicht mit erhobenem Zeigefinger auf »die Moral von der Geschichte« um.

Die Kamera wechselt stattdessen zur subjektiven Sicht des jungen Mannes. Aus den Augenwinkeln sieht er (sehen wir) eine Werbetafel am Straßenrand: WE HAVE TRU BLOOD. Echtes Blut!? Deshalb die Vollbremsung. Deshalb der Coitus bzw. Handjob interruptus. Die beiden wollen offenbar Tru Blood kaufen. Bevor die Teenies das Geschäft betreten, lugt die Kamera schon in das Geschäftslokal. Im Winkel zwischen Decke und Wand sehen wir den typischen runden

Spiegel, der dazu dient, das Geschäft zu überwachen. Keine Menschenseele ist im Spiegel zu sehen. Aber dafür spiegelt sich ein Fernsehapparat, der eingeschaltet ist. Vermutlich steht das Gerät auf einem Regal in der Nähe der Kassa, damit der Verkäufer, den wir im Moment noch nicht im Spiegel sehen können, bei der Arbeit fernsehen kann. Die Kamera zeigt uns nun eine Großaufnahme des Fernsehschirms. Offensichtlich läuft eine Nachrichten- oder Interviewsendung. Eine hübsche blonde Frau sagt: »Wir sind Staatsbürger. Wir zahlen Steuern. Wir wollen Bürgerrechte, so wie alle anderen auch.« Während sie spricht, und während wir Zuseher ihr zustimmen (Warum sollten Menschen, die Steuern zahlen, nicht auch Bürgerrechte haben?), wird ein irritierendes Insert eingeblendet: Nan Flanagan, American Vampire League.

Jetzt kommt der Interviewer ins Bild und sagt: »Aber, warten Sie mal ... Hat Ihre Rasse nicht eine ziemlich schmutzige Geschichte als Ausbeuter, die von unschuldigen Menschen leben? Jahrhundertelang?«

Die Antwort darauf ist typisch für den Tonfall, der in *True Blood* herrscht. Die Sprecherin der American Vampire League kontert mit drei unschlagbaren Argumenten: »Erstens, zeigen Sie mir Beweise. Es gibt keine.« Das ist eine altbekannte Verteidigungsstrategie derjenigen, an deren Händen Blut klebt. Die Nationalsozialisten verbrannten in den letzten Kriegstagen tonnenweise Dokumente, um ihre Verbrechen zu verschleiern; die Stalinisten verfuhren ebenso. Geheimdienste und korrupte Regierungen gehen bis heute nach diesem Muster vor. Dann geht die Vampirin blitzschnell in die Offensive: »Zweitens: Hat die menschliche Rasse nicht auch eine Geschichte als Ausbeuter?« Der »Weiße Mann« hat die Ureinwohner aller Gebiete, die er erobert hat, ausgebeutet. Zwangsarbeit, Sklaverei und die Auslöschung ganzer Völker standen auf dem Programm vieler Gesellschaften und Regime. Imperialismus und Faschismus sind die echten

Vampire, wie schon Voltaire, Marx und Reich wussten. Die fälschlicherweise »Indianer« (engl. Indians = Inder) genannten Ureinwohner Amerikas waren weder willig noch zäh genug für die Ausbeutungsmaschinerie der Europäer. Daher bauten die Europäer eine Kidnapping-Industrie auf und importierten Afrikaner als Arbeitstiere nach Amerika.

Als Lobbyistin der marginalisierten und unterdrückten Gruppe tritt eine Frau auf, die so gar nicht dem Klischee der Außenseiterin entspricht, sondern den Typus der erfolgreichen Karrierefrau verkörpert. Soeben haben wir noch die Teenies im Rückspiegel des Autos gesehen, dann den Überwachungsspiegel des scheinbar leeren Geschäfts – und jetzt hält die Vampirin dem Vertreter des US-Establishments auch noch den Spiegel vor die Nase: Schaut euch doch selbst an: »Wir haben wenigstens nie Sklaven gehalten, Bill, oder …« Bevor der Journalist die Ausrede bringen kann: »Aber das ist doch alles längst vorbei«, fährt die Vampirin das nächste schwere Geschütz auf: »Wir haben nie Atombomben gezündet.«

In dieser Szene werden zwei Geschichten und zwei Realitätsebenen miteinander verflochten. Einerseits die Geschichte der beiden Party-Kids, die »Tru Blood« kaufen wollen. Andererseits die Diskussion, die in der Late-Night-Show im Fernsehen läuft. Amerikanische TV-Zuseher, die *True Blood* auf HBO sehen, werden den Gastgeber dieser *Late Night Show* erkannt haben. Es handelt sich um den Journalisten und Comedian Bill Maher, der als Host seiner Show *Politically Incorrect* bekannt geworden ist. Damit kommt eine zusätzliche Bedeutungsebene ins Spiel: Ist es politisch korrekt oder inkorrekt, die Vampire vom öffentlichen Leben auszuschließen? Wahrscheinlich wird man sogar eine andere Bezeichnung für die Blutsauger erfinden müssen, wenn man in Zukunft politisch korrekt sein will. Ich schlage »UV-Handicapped-Haematophiles« oder – noch korrekter – »UV-Challenged-Haematophiles« vor.

Seit Beginn von *Strange Love* sind erst anderthalb Minuten vergangen, anderthalb Minuten vollgepackt mit Intelligenz, Witz und Phantasie. Dialoge und Bilder, die mit mehreren Bedeutungsebenen und mit unserer Erwartungshaltung spielen. Aber es wird noch besser. Während die elegant gekleidete Vampirin, ganz erfolgreiche Geschäftsfrau, ihr TV-Interview gibt, fährt die Kamera langsam zurück und bringt den nächsten Protagonisten ins Bild. Er ist das genaue Gegenteil der smarten Vampir-Lobbyistin im TV. Zuerst sehen wir nur ein Paar klobiger schwarzer Schuhe, die auf einem Tisch ruhen. Genussvoll tastet die Kamera den Kerl ab, der die Füße auf dem Tisch hat und das Fernsehinterview verfolgt: schwarze Boots, dunkle Jeans, die Fernbedienung in der Hand und die typischen »*gothic*«-Ringe an den Fingern. Seine Brust ist mit schwarzen Hexen-Satan-Antichrist-Symbolen tätowiert, sein Haar strähnig lang. Ein Heavy-Metal-Vampir, ein Hell's Angel ohne Motorrad. Interessiert verfolgt er das TV-Interview. Während die Kamera den Höllenengel genüsslich abtastet, hören wir, wie die Sprecherin der American Vampire League ihr Plädoyer fortsetzt: »Seit die Japaner Kunstblut herstellen können, das all unsere Bedürfnisse erfüllt, braucht sich niemand mehr vor uns zu fürchten.« Langsam dämmert es uns. Das Tru Blood, für das vor dem Laden geworben wird, ist gar kein echtes Blut. Tru Blood ist der Markenname für Kunstblut, von dem sich die modernen Vampire ernähren – ein kleiner Seitenhieb auf Werbung und Lebensmittelindustrie. Die Sprecherin der Vampire League bekräftigt: »Ich kann Ihnen versichern, dass jedes Mitglied unserer Gemeinschaft synthetisches Blut trinkt. Deswegen sind wir aus unseren Verstecken gekommen. Wir wollen ein ganz normaler Teil der Gesellschaft werden.«

Der Heavy-Metal-Vampir hört gebannt zu und lässt sich von dem einzigen Kunden im Geschäft nicht stören. Dieser Kunde, der einen Sechserpack Flaschen aus dem Regal nimmt, scheint ein ganz normaler Teil der amerikanischen Gesellschaft zu sein. Er entspricht dem Klischeebild des amerikanischen Rednecks: ein hellhäutiger Südstaatler mit sonnenverbranntem Nacken. Politisch stiernackig, korpulent (vom vielen Budweiser-Bier), in Armeekleidung mit einer Military-Cap, auf der die »Dixie«-Flagge aufgenäht ist, die ehemalige Standarte der konföderierten Südstaaten und damit ein politischer Kommentar zur Fernsehdiskussion.

Die Flagge verbindet die beiden Erzählebenen miteinander. Im Fernsehen läuft das Streitgespräch über »Ausbeutung«, im Geschäft selbst sehen wir den Kunden mit der Dixie-Flagge. Manche wollen in diesem Emblem nur ein unpolitisches Symbol für die traditionelle Südstaatenkultur, für Rebellion und individuelle Freiheit sehen. Andere weisen darauf hin, dass gerade diese Flagge ein Symbol für stockkonservative, rechtsradikale und rassistische Politik war und ist. Die US-amerikanischen Debatten um die Dixie-Flagge erinnern an die Diskussionen über das Verbotsgesetz in Österreich. Nachdem in Tennessee im Jahr 2006 ein Schüler von der Schulleitung nach Hause geschickt worden war, weil er ein T-Shirt mit der Dixie-Flagge getragen hatte, verklagten seine Eltern die Schule mit dem Argument, er habe nur seinen Stolz auf sein kulturelles Erbe ausdrücken wollen. Der Prozess in der Grauzone zwischen Meinungsfreiheit und Volksverhetzung zog sich über Jahre hin. Erst 2009 ist ein Urteil gefällt worden, das die Vorgehensweise der Schule als gerechtfertigt einstufte. Trotzdem ist diese Flagge im Süden der USA allgegenwärtig. (Vgl. http://www.cbsnews.com/stories/2009/08/12/national/main5238441.shtml)

In *True Blood* hält sich der Redneck unauffällig im Hintergrund, als die beiden Jugendlichen angeheitert in das Geschäft kommen. Sie wollen Tru Blood kaufen, oder Vampirblut, wenn möglich. Aber das sei unwahrscheinlich, meint der Junge. Hier in Louisiana gäbe es doch gar keine Vampire. Der Verkäufer ist jetzt ganz in seinem Element und spielt sich auf: »New Orleans ist ein Mekka für Vampire«, faucht er. Der Junge fragt keck: »Sogar nach Katrina?« (Gemeint ist der Hurrikan.) Der Verkäufer antwortet mit Grabesstimme: »Vampire können nicht ertrinken, weil sie nicht atmen müssen.« Die Kids verstehen. Der Verkäufer ist ein Vampir. Das Mädchen beginnt zu weinen, der Junge entschuldigt sich brav und politisch korrekt: »Tut mir leid. Wir sind nur ein bisschen angeheitert.« Aber der Hell's Angel lässt die beiden nicht ungeschoren entkommen: »Wie nett, ich könnte einen Drink gebrauchen«, faucht er. Jetzt wird auch der Kunde mit dem Military-Outfit aufmerksam. Er kommt zur Kasse. Die Stimmung ist gespannt.

Die meisten Zuseher, die noch nichts von *True Blood* wissen, werden folgende Fortsetzung erwarten: Der dumpfe Military-Hillbilly geht dem Verkäufer an den Kragen. Entweder macht der Vampir mit ihm kurzen Prozess oder der Redneck macht ihm den Garaus. Aber es kommt ganz anders. Der Heavy-Metal-Vampir bricht in schallendes Gelächter aus. Er ist kein Vampir, er hat den Jugendlichen einen Streich gespielt. Das Mädchen ist wütend: »Das war nicht komisch!« Der Verkäufer: »Doch, war es!« Der Junge stimmt dem Möchtegern-Vampir zu, das Mädchen ist verärgert, weil ihr Liebster nicht auf ihrer Seite steht. Jetzt schaltet sich der Redneck ein: »Ich finde das auch nicht komisch.« Das ist die Chance für den Jungen, bei seiner Freundin wieder Eindruck zu erwecken und den starken Mann zu spielen: »Ist uns doch egal, was du denkst«, sagt er und dreht ihm brüsk den Rücken zu. Der Junge fragt den Verkäufer, ob er irgendwo V-Juice auftreiben könne, echtes Vampirblut, eine Droge und ein Aphrodisiakum. Im Verlauf der Serie werden wir erfahren, dass die Vampire wegen ihres Blutes von den Menschen gejagt werden, eine interessante Umkehrung der traditionellen Rollenklischees. Dann werden wir auch besser verstehen, warum der Redneck die beiden Kids auffordert, das Geschäft zu verlassen. Anstatt zu gehen, bricht der Junge einen Streit vom Zaun: »Fuck you, Billy Bob«, schnauzt er den Redneck an. Der reagiert unerwartet: »Fuck you? I'll fuck you boy! I'll fuck you and then I'll eat you.« Die Kamera fährt nahe auf das Gebiss des Rednecks zu, und wir sehen, wie er mit einem deutlichen Klicken seine Vampirzähne ausfährt. Der Redneck ist der wahre Höllenengel! Die Jugendlichen flüchten, der Möchtegern-Vampir ist entsetzt. Der echte Vampir stellt den Sixpack mit japanischem Kunstblut auf den Tisch, bezahlt und warnt den Verkäufer: »Wenn du jemals wieder angibst, du wärst einer von uns, dann bring ich dich um!«

Diese vier Minuten lassen uns atemlos zurück. Wir brauchen dringend ein entlastendes Element und sind froh, dass der Redneck-Blutsauger sich von uns und von dem Verkäufer freundlich verabschiedet: »Noch einen schönen Tag!« Wir sind erleichtert, dass jetzt die Musik einsetzt und die Titelsequenz der Serie beginnt. Sie zeigt ein Kaleidoskop aus südlicher Kultur und dampfend-brütender Natur. Durch die Montage werden die einzelnen Bilder mit Gewalt, religiösen Untertönen, mit Politik und Sex aufgeladen. Striptease und Sümpfe, Klapperschlangen und der Ku-Klux-Klan, schwarze Gospelsänger in religiöser Ekstase, Alligatoren und tote Tiere auf den Straßen – das alles montiert zu einer psychedelischen Traumsequenz mit dokumentarischen Einsprengseln. Die Titelsequenz allein ist sehenswert und hätte bei Avantgarde-Festivals in den 1960er- und 1970er-Jahren sicher Preise bekommen – immerhin wurde sie 2009 in der Kategorie »Main Title Design« für einen Emmy-Award nominiert.

In *True Blood* sind die Vampire aus ihren Verstecken gekommen. Sie fordern Bürgerrechte, politische und soziale Anerkennung. Die Vampir-Gemeinde ist gespalten: Manche bleiben unter sich, andere sind für das sogenannte »mainstreaming« und versuchen sich anzupassen. Vampire werden in dieser Serie eindeutig zur politischen Metapher. Sie sind Inkarnationen von realpolitischen und psychischen Problemen, die eben gerade dadurch die Zensur des Systems passieren können. Erinnern wir uns an das von Ilja Ehrenburg in die Kino-Debatte eingebrachte Schlagwort von der »Traumfabrik« und an eine bereits zitierte Passage aus Freuds *Traumdeutung*: »Wir dürfen also als die Urheber der Traumgestaltung zwei psychische Mächte (Strömungen, Systeme) im Einzelmenschen annehmen, von denen die eine den durch den Traum zum Ausdruck gebrachten Wunsch bildet, während die andere eine Zensur an diesem Traumwunsch übt und durch diese Zensur eine Entstellung seiner Äußerung erzwingt.« (S. 157) Es ist bei der Analyse von *True Blood* auch hilfreich, dem Hinweis nachzugehen, den der populäre Psychoanalytiker Slavoj Žižek für die Interpretation von Hitchcocks *Die Vögel* gegeben hat: »Zuerst müssen wir uns *The Birds* als einen Film ohne Vögel vorstellen.« (Žižek, *Warum greifen die Vögel an?*, S. 184)

Wenn wir uns *True Blood* als eine TV-Serie ohne Vampire vorstellen, dann erkennen wir, dass die Themen, die hier behandelt werden, ohne Verkleidung und Entstellung in der Kulturindustrie nicht mainstream-fähig wären. Nur in der Vampir-Verkleidung kann *True Blood* so drastisch und überdeutlich sein. Weil er zu viel Vampirblut zu sich genommen hat, masturbiert Sookies Bruder Jason, so lange, bis er Blasen an den Händen bekommt. Der Porno, den er dazu eingeschaltet hat, ist schon längst aus. Seinen Vampir-Viagra-Orgasmus bekommt er erst zu den Nachrichten aus dem Irak – mit dem Insert »Violence in the Middle East«. Sofort denkt man an die Sado-Maso-Fotos aus Abu Ghraib. Es ist offensichtlich, dass die Vampire in *True Blood* Personifikationen des »Anderen« in uns und um uns sind, das durch sexuelle, politische, körperliche oder religiöse Kriterien konstruiert wird: Ängste und Triebe, Sex- und Gewaltphantasien, »Fremde«, »Außenseiter«, »Terroristen«.

In *True Blood* geht es um politische Vernunft und gesellschaftlichen Wahn, Kontrolle und Unterdrückung, Ekstase, Sex, Drogen und Gewalt. Ist es legitim, anders als der Mainstream zu denken? Wie geht die Mehrheit mit den Minderheiten um? Toleranz oder Trennung nach Geschlecht, Hautfarbe, Klasse, sexueller Präferenz und religiöser Orientierung. Was ist von der Schulmedizin zu halten, von der Psychiatrie, was vom christlichem Exorzismus und von heidnischem Voodoo?

Wo ist die Grenze zwischen nekrophilem Fremdenhass und berechtigtem Schutz der eignen Interessen, zwischen Terror und Freiheitskampf, zwischen Lynchjustiz und Guerillataktik? Das »Stockholm-Syndrom«, das Phänomen, dass Entführer und Entführte, Täter und Opfer manchmal eine enge emotionale Bindung eingehen, wird in einer Episode ebenso direkt angesprochen wie das »waterboarding«, die berüchtigte Verhörmethode amerikanischer Sicherheitskräfte, bei der das Opfer zu ertrinken glaubt.

Der US-Luftwaffengeneral Curtis LeMay hatte im Vietnamkrieg den Vietnamesen noch gedroht, sie in die Steinzeit »zurückzubomben«, aber derartige Methoden gelten heute nicht mehr als zeitgemäß bzw. politisch korrekt. Weil man Vampire nicht mehr wie van Helsing in die Gruft zurückzwingen darf, muss man Wege finden, sie zu integrieren. In *True Blood* wird die Frage diskutiert, ob »Vampire« in normale Bars gehen dürfen oder eigene Bars haben sollten – Apartheid oder multikulturelle Gesellschaft? Hier klingt das Interesse der »Normalos« an, die schon immer vom exotischen Reiz städtischer Subkultur angezogen und abgestoßen wurden.

In den TV-Diskussionen, die auf den Fernsehschirmen der *True Blood*-Welt laufen, werden die Themen erörtert, die man auch in den »echten« TV-Sendungen diskutiert. Wenn in *True Blood* über Rache und Vergeltung (engl. *retaliation*) die Rede ist, dann denkt jeder Mensch nach 9/11 an Terrorismus, Selbstmordanschläge und militärische Vergeltungsoperationen. Wenn der Vampir Bill sagt, dass es nicht ruhmreich ist, im Krieg zu sterben, dann denken die Zuseher an die Soldaten, die in diesem Augenblick sterben: »Ein Haufen frierender Jungs, die sich gegenseitig umbringen, damit die reichen Leute reich bleiben – Wahnsinn«, sagt Bill.

Die Vampire erscheinen einerseits als Opfer der blutdürstigen Menschen, andererseits sind die Oberklasse-Vampire in ihren Nadelstreifenanzügen eindeutig als Anspielung auf die gierigen Inhaber von »Heuschrecken-Fonds« zu erkennen. Die letzte Episode der ersten Staffel von *True Blood* endet mit der je nach politischer Einstellung erfreulichen oder schockierenden Nachricht, dass der Staat Vermont die Mensch-Vampir-Ehe legalisiert habe. Ein unübersehbarer Hinweis auf die politischen Turbulenzen, die das Thema »gay marriage« immer wieder in den USA auslöst.

True Blood treibt auch das Motiv der Bluttaufe auf die Spitze. Vampirblut gilt als Potenzmittel, tausendmal besser als Viagra. Es ist das größte Geschenk der Natur, wie ein Hippiemädchen in *True Blood* sagt, während im Hintergund *Sweet Jane* von Lou Reed und Velvet Underground in der Version der *Cowboy Junkies* läuft. *Sweet Jane* ist nicht nur ein Liebeslied über das süße Mädel Jane, sondern vor allem eine Hymne auf das Heroin, das aus uns Menschen schmerzunempfindliche Helden machen sollte, wie der Name »Heroin« noch heute verrät. Diese Droge war von der Pharmaindustrie entwickelt und ursprünglich als schmerzstillendes Medikament unter dem Namen Heroin vertrieben worden.

Zur Musik der *Cowboy Junkies* hantiert das Hippiemädchen mit ein paar Tropfen Vampirblut und erklärt: »Darum geht es eigentlich bei der heiligen Kommunion, das ist echt. Nicht dieses leere katholische Ritual.« Auch dieser Dialog trifft einen Nerv der religiösen Fundamentalisten, die in *True*

Blood als Anhänger der Anti-Vampir-Kirche »Fellowship of the Sun« porträtiert werden. Ihr Motto lautet »Gott hasst Fangzähne!«, doch Sookie hält tapfer dagegen: »Ich glaub nicht, dass Jesus was dagegen hätte, wenn jemand ein Vampir ist.«

Auf der emotionalen Ebene greift *True Blood* ebenso wie *Twilight* das Romeo-und-Julia-Konzept auf. Die junge Sookie Stackhouse verliebt sich in den Vampir Bill. Auch in dieser Liebesbeziehung wirkt die Dramaturgie der Dämmerung. Als Sookie in Gefahr gerät, will Bill sie retten, aber als Vampir verschmort er in der Sonne. Ein Traummann, der sein Leben für die Liebe gibt. Natürlich stirbt er nicht (er ist ohnehin schon tot), sondern er erholt sich wieder, als Sookie ihn aus der Sonne holt und in einem dunklen Erdloch so lange bestattet, bis er sich vom Sonnenbrand erholt hat.

Während *Twilight* utopisch ist, findet *True Blood* trotz dieser Fantasy-Szenen in der Realität statt. Theoretisch könnten in unserer Welt alle Königskinder zueinanderkommen, aber in der Praxis ist unsere Gesellschaft noch lange nicht reif dafür. Der Hass und die Angst bauen Klassenschranken, Rassentrennung und Gendergrenzen auf. Traditionellerweise können Vampire die Gedanken der ihnen hörigen Menschen hören, in *True Blood* ist es Sookie Stackhause, die bei ihren Mitmenschen mithört. Dadurch können wir die Stimme des Volkes deutlich vernehmen: die Vorurteile, die Sex- und Gewaltphantasien, die dreckigen Gedanken hinter der sauberen Oberfläche, den Hass auf das Fremde, die Suche nach dem Sündenbock, die ständige Bereitschaft, zur Hetzmasse zu werden.

Es ist aus der Distanz schwer zu beurteilen, ob das Bild, das *True Blood* vom Innenleben der amerikanischen Bevölkerung zeichnet, realistisch ist. Stellen wir uns vor, jemand aus New Orleans oder Baton Rouge müsste beurteilen, ob der *Kaisermühlen-Blues*, *Kottan ermittelt* oder der *echte Wiener* Mundl Sackbauer realistische Darstellungen des »Viennese way of life« sind. Aber schon seit Aristoteles wissen wir, dass es die Aufgabe der Dichter ist, die Dinge so darzustellen, wie sie sein könnten. Anhand der Vampire kann *True Blood* reale Probleme in einer fiktionalen Welt so thematisieren, wie man sie derzeit in der Realität nicht diskutieren könnte, ohne dass die religiöse Rechte und die moralische Mehrheit sofort aufheulten.

Von der Wiege bis zur Bahre oder: Dracula forever!

When you're sad and when you're lonely
And you haven't got a friend
Just remember that death is not the end
Bob Dylan, Death is not the End

Das Schönste an diesem Lied, das Bob Dylan so unnachahmlich gut krächzt, ist die Tatsache, dass es so doppeldeutig ist. Will Dylan uns trösten oder drohen? Jesus könnte dieses Lied ebenso singen wie Dracula. Ich halte es für den optimalen Soundtrack zum Vampirmythos.

Ruthven, Carmilla, Dracula, Lestat, Edward und all die anderen Vampire haben die literarischen Vorlagen und die Verfilmungen längst überflügelt und sich in unseren Köpfen eingenistet, als wären sie schon immer dagewesen. Das sind sie ja auch, wenn auch namenlos und nur als Schatten. Vampirgestalten sind und bleiben so faszinierend, weil es dabei immer um die wichtigsten Fragen des Menschseins geht: Eros und Thanatos, Sex und Gewalt, Leben und Tod, Erlösung und Verdammnis. In Vampirgeschichten steht immer alles auf dem Spiel.

Im Gegensatz zur allgemeinen Ansicht hat der walachische Fürst Vlad Tepes, der Pfähler, so gut wie nichts mit Vampiren zu tun. Er ist das Opfer einer machtpolitischen Verleumdungskampagne, die von der katholischen Kirche und ihren weltlichen Exponenten angezettelt worden ist. Wie wir wissen, hätte Dracula ursprünglich ohnehin ein Steirer sein sollen, aber auch das ist nicht so wichtig, denn der wahre Vampir haust weder in Transsilvanien noch in der Steiermark, sondern in uns selbst.

Saugen, säugen und gesäugt werden gehört zu den Grundprinzipien des Lebens.

Wir Menschen sind und bleiben Säugetiere. Wenn wir auf die Welt kommen, suchen wir instinktiv die Mutterbrust. So tauchen wir in die orale Phase der Libido ein, in der Lust vorwiegend an die Reizung der Lippen und der Mundhöhle gebunden ist. Jeder Säugling verleibt sich seine Mutter ein. Joseph Campbell spricht in seinem Buch *The Inner Reaches of Outer Space: Metaphor as Myth and Religion* im Zusammenhang mit unserem Saugreflex von der »unschuldigen Gefräßigkeit des Lebens« (»*the innocent voraciousness of life*«, S. XV), weil Lebewesen sich instinktiv von anderen Lebewesen ernähren. Jeder Säugling ist ein kleiner Vampir, der sich zuerst von seiner Mutter nährt.

Im Mythos von der Entstehung der Milchstraße wird der Zusammenhang von Sauglust, Blut und Universum bildlich dargestellt. Der Begriff »Galaxie« geht auf das griechische Wort für Milch = »gala« = zurück. Der Göttervater Zeus hatte seine Frau Hera mit Alkmene betrogen und mit ihr den Halbgott Herakles gezeugt. Alkmene setzte das Neugeborene aus Angst vor Heras Rache aus, aber Hera erbarmte sich und nahm Herakles an ihre Brust. Herakles saugte und biss jedoch so stark, dass Hera ihn zurückstieß. Die Milch, die aus ihrem Busen schoss, bildet die Milchstraße.

Muttermilch ist eine körpereigene Flüssigkeit, ebenso wie Blut. Der Freud-Schüler und Psychoanalytiker Karl Abraham hat vorgeschlagen, die orale Phase in die zwei Stufen »Saugen« und »Beißen« zu unterteilen. Die Stufe, in der die Kinder die ersten Zähne bekommen und wie wild beißen, nennt er »oralsadistische Stufe«. (Laplanche/Pontalis, *Wörterbuch der Psychoanalyse*, S. 362) Der Vampir in uns Erwachsenen will zur »oralsadistischen Stufe« zurückkehren. Wegen seiner Lebenslust und Lebenssucht will er (beziehungsweise »das Es«) immer zubeißen, Körper aufreißen und Blut trinken. »Das Blut ist das Leben«, wie es in Stokers *Dracula* heißt.

Als Archetypus ist der Vampir aus unserer Welt nicht wegzudenken, da er von unserem Unbewussten ständig neu produziert wird. Einerseits ist jeder im Unbewussten von seiner Unsterblichkeit überzeugt, wie Freud in *Zeitgemäßes über Krieg und Tod* 1915 schreibt, andererseits ist das einzig sichere Wissen, das wir haben, das Wissen, dass wir Befristete sind, wie Canetti uns nennt.

Einerseits versuchen wir, den Tod totzuschweigen, andererseits sitzt er uns immer auf der Schulter. Freud schließt daraus, dass es gar nicht anders kommen könne, »als dass wir in der Welt der Fiktion, in der Literatur, im Theater Ersatz suchen für die Einbuße des Lebens. (...) Auf dem Gebiete der Fiktion finden wir jene Mehrheit von Leben, deren wir bedürfen. Wir sterben in der Identifizierung mit dem einen Helden, überleben ihn aber doch und sind bereit, ebenso ungeschädigt ein zweites Mal mit einem anderen Helden zu sterben.« (GWF, Bd. 10)

Aufgrund der in diesem Buch skizzierten archetypischen, psychologischen, dramaturgisch-narrativen und visuellen Aspekte wird der Vampir immer ein Vehikel für private und politische Utopien bleiben – und eine Geldmaschine für die Kulturindustrie. Vierzig Jahre nach dem Sensationserfolg der Rock-Oper *Jesus Christ Superstar* ist klar geworden, dass der Slogan der neuen Generation lautet: *Vampir Superstar, Dracula Forever!* Die neue Vampir-Lust der Teenager hat dazu geführt, dass sogar der Vatikan eine offizielle Stellungnahme zu *Twilight* veröffentlicht hat.

Schon die alten Angst- und Albträume von Vampiren waren verkleidete Wunscherfüllungen, auch wenn im alten Vampirbild eher der Zombie-Faktor betont wird. In den neuen Varianten des Vampirmythos wird die Funktion der Wunscherfüllung offen gezeigt. Vampire verkörpern alles, was wir wollen und fürchten. Wer sonst käme dafür in Frage? Haudrauf-Helden, die von Schauspielern wie Bruce

Willis oder Arnold Schwarzenegger verkörpert wurden und als »Hoden des Herkules« eine Spur der Verwüstung durch die Filmwelten ziehen, sind nur für schlichte Gemüter attraktiv. Superman ist ein fliegender Bodybuilder im Strampelanzug, Batman ein peinlicher Erwachsener, der sich als Fledermaus verkleidet. Spiderman hat klebrige Finger, wer soll das anziehend finden? Der Vampir ist hingegen schon seit Byron ein Sexsymbol, unsere Beziehung zum Untoten ist immer schon von Anziehung und Abstoßung geprägt, von Eros und Thanatos, Lebensgier und Todestrieb.

Wegen der Kombination von Scharfsinn, übersinnlichen Fähigkeiten und überbordender Sinnlichkeit sind Vampire das ideale Objekt pubertärer Begierde geworden. Die problematische Liebe zwischen Mensch und Vampir ist die einzige Figurenkonstellation, mit der sich noch eine romantische Liebesgeschichte à la Romeo und Julia erzählen lässt. Bleibt nur noch die Frage zu klären, warum die Eltern mit den Kindern en masse ins Kino strömen, um Vampirmythen à la *Twilight* zu genießen. Auch dafür finden wir eine Antwort bei Freud: »Es können auch verflossene, abgetane, überlagerte und verdrängte Wünsche sein, denen wir nur wegen ihres Wiederauftauchens im Traum doch eine Art von Fortexistenz zusprechen müssen.« (*Die Traumdeutung*, S. 256) Wenn in der Traumfabrik Hollywood die »verflossenen, abgetanen, überlagerten und verdrängten Wünsche« der Erwachsenen wieder auftauchen, dann fühlen sich eben auch die Erwachsenen davon magisch angezogen.

Wir wissen, dass es ein Diesseits gibt. Wir können nur vermuten, ob es ein Jenseits gibt. Ist das Leben eine Einbahnstraße zu einem *point of no return* oder ist es ein Kreisverkehr? Gibt es wirklich Grenzgänger, die sich zwischen den Welten bewegen können? Auch im 21. Jahrhundert herrscht Unsicherheit. Die amerikanische Psychotherapeutin Sukie Miller hat interkulturelle Untersuchungen über das Leben nach dem Tod durchgeführt. In ihrem Buch *Nach dem Tod: Stationen einer Reise* sind die bei unterschiedlichen Völkern verbreiteten Vorstellungen beschrieben. Abgesehen von ein paar eingefleischten Kommunisten, Anarchisten und Atheisten glauben alle an ein Jenseits. Obwohl die Vorstellungen von Himmel und Hölle vom konkreten kulturellen Kontext geprägt werden, scheinen uns manche exotischen Visionen verblüffend nahe zu sein. Marisa St. Clair berichtet in ihrem Buch *Das Geheimnis des Todes,* in Indien sei die Vorstellung verbreitet, dass beim Gerichtsverfahren nach dem Tod, wenn gute und böse Taten abgerechnet werden, die Akten nicht auffindbar sind oder irgendetwas falsch aufgeschrieben wurde – ein kafkaeskes bürokratisches Motiv, das uns Österreichern gar nicht so exotisch vorkommen dürfte (S. 114).

Nahtod-Erlebnisse betreffen Christen, Juden, Hindus, Moslems, Menschen, die an Stammesgötter glauben, und Menschen, die an nichts glauben. Die Betroffenen »sterben« bei Verkehrsunfällen, durch Ertrinken, nach Mordversuchen oder im Kindbett, nach langen Krankheiten oder an plötzlichem Herzversagen, aber sie kehren – das ist der zentrale Punkt – wieder ins Leben zurück. Viele »Untote«, die über ihre Erlebnisse nach dem Tod berichten konnten, haben übereinstimmend erwähnt, dass sie durch eine Röhre in ein weißes Licht gelangt sind und Liebe und Erlösung verspürt haben. Die ersten Berichte, die über die Erfahrungen nach dem Tod bekannt wurden, schilderten fast nur positive Szenen. Viele berichteten auch, dass wir nach unserem Tod durch eine Röhre zu einer Art Gerichtshof geleitet werden, wo unsere Taten gewogen werden. Nach und nach wurden in der Nahtod-Forschung auch negative Berichte bekannt, obwohl die Menschen, denen »im Jenseits« Böses widerfahren ist, eher dazu neigen, diese Erlebnisse zu verdrängen. Die Kardinalfrage im Zusammenhang mit Nahtod-Erlebnissen lautet: Werden uns diese Szenen von unserem absterbenden

Gehirn nur vorgegaukelt oder sehen die Betroffenen tatsächlich ein Stück von einem Jenseits, das irgendwo existiert?

Am 11. März 1907, zehn Jahre nach der Erstveröffentlichung von Stokers *Dracula*, hat die *New York Times* in einem Artikel über den Arzt Dr. Macdougall berichtet, der in Versuchsreihen das Gewicht von Menschen im Augenblick ihres Todes und nach ihrem Tod miteinander verglichen hat. Die Differenz habe durchschnittlich 21 Gramm betragen, und dies sei das Gewicht der Seele. Durch den Spielfilm *21 Gramm* des mexikanischen Regisseurs Alejandro González Iñárritu, ein Meisterwerk des modernen Kinos, wurde die Mär vom Gewicht der Seele wiederbelebt und weltweit bekannt.

Der Vampir sind wir. Wir, die befristeten und bedrängten Kreaturen, wollen unserem eigenen Schatten, befreit von allen Zwängen, Rücksichten und Kulturopfern, auf der Leinwand freien Lauf lassen, als erotischer Dracula und nekrophiler van Helsing. Wir sind die zwielichtige Mina und der zögernde Harker, der leidende Louis und die tapfere Sookie. Solange wir nicht sicher wissen, ob nicht doch das Jenseits unser wahres Zuhause ist, bleibt das Diesseits unser »Unzuhause«, wie es der deutsche Marxist und Philosoph Ernst Bloch in seinem Buch *Zwischenwelten in der Philosophiegeschichte* nannte (*Zwischenwelten*, S. 10). Solange wir im Diesseits »unzuhause« sind, bleibt der Vampir in uns selbst heimisch und muss uns immer wieder unheimlich erscheinen. Wir sind und bleiben Vampir: von der Wiege bis zur Bahre, von der Geburt bis zum (Un?-)Tod. Solange wir sterblich sind, bleibt der Vampir unsterblich.

Bibliographie

Allen, Woody. »*Count Dracula*«. In: *The Complete Prose of Woody Allen.* London 1997. S. 239–244.

Allen, Woody. »Graf Dracula«. In: *Der Rabe: Magazin für jede Art von Literatur.* Nr. 49: Der Vampir-Rabe. Zürich 1997. S. 160–164.

Ariès, Philippe. *Studien zur Geschichte des Todes im Abendland.* München 1981.

Aristoteles. *Poetik.* Übersetzt von Olof Gigon. Stuttgart 1961.

Artmann, H. C. *Schauerromane.* Hrsg. von K.G. Renner. München 1997.

Bierman, Joseph S. »*The Genesis and Dating of Dracula from Bram Stokers Working Notes*«. In: *Notes and Queries for Readers and Writers, Collectors and Librarians.* Vol. 22. Jan.–Feb. 1977. S. 39–41.

Bloch, Ernst. *Zwischenwelten in der Philosophiegeschichte.* Frankfurt/M. 1977.

Brumlik, Micha. *C. G. Jung zur Einführung.* Hamburg 1993.

Bunson, Matthew. *Das Buch der Vampire: Von Dracula, Untoten und anderen Fürsten der Finsternis.* Bern 1997.

Bürger, Gottfried August. *Lenore.* In: *Gedichte.* Hrsg. von Gunter E. Grimm. Stuttgart 1977. S. 49–58.

Campbell, Joseph. *The Hero with a Thousand Faces.* Joseph Campbell Foundation, 2008.

Campbell, Joseph. *The Inner Reaches of Outer Space: Metaphor as Myth and Religion.* Joseph Campbell Foundation, 1986.

Canetti, Elias. *Masse und Macht.* 2 Bde. München 1976.

Canetti, Elias. »Unsichtbarer Kristall: Aus der Rede bei der Verleihung des Großen Österreichischen Staatspreises am 25. Jänner 1968«. In: *Wortmasken: Texte zu Leben und Werk von Elias Canetti.* München 1995. S. 119–124.

Carmilla and 12 Other Classic Tales of Mystery. Edited and with an Introduction by Leonard Wolf. New York 1996.

Castaneda, Carlos. *Journey to Ixtlan: The Lessons of Don Juan.* New York 1973.

Celan, Paul. *Lichtzwang: Gedichte.* Frankfurt/M. 1996.

Ceplair, Larry; Englund, Steven. *The Inquisition in Hollywood: Politics in the Film Community 1930–1960.* New York 1980.

Cine Golden Eagle Award: http://kundendienst.orf.at/aktuelles/univ_auszeichnung.htm

Cinegraph: Lexikon zum deutschsprachigen Film. Hrsg. von Hans-Michael Bock. München 1984.

Coursodon, Jean-Pierre; Tavernier, Bertrand. *Cinquante Ans de Cinéma.* 2 Bde. Paris 1991.

Dallos, Nina. »Carmilla von Karnstein – die steirische Vampirgräfin: Eine filmhistorische und literaturwissenschaftliche Untersuchung über die Verbindung von Sheridan Le Fanus Carmilla zur Steiermark.« Diss. Wien 2004.

Der kleine Stowasser: Lateinisch-Deutsches Schulwörterbuch. Wien 1965.
Der Rabe: Magazin für jede Art von Literatur. Nr. 49: *Der Vampir-Rabe.* Zürich 1997.
Doyle, Arthur Conan. »*The Adventure of the Sussex Vampire*«. In: Ders. *The Speckled Band: Four Sherlock Holmes Stories.* Stuttgart 1994.
Doyle, Arthur Conan. »*A Study in Scarlet*«. In: *The Complete Sherlock Holmes.* New York. S. 15–86.
Doyle, Arthur Conan. *The Speckled Band: Four Sherlock Holmes Stories.* Stuttgart 1994.
Draculas Töchter. Hrsg. von Pam Keesey. Frankfurt/M. 1997.
Duby, Georges. *Unseren Ängsten auf der Spur: Vom Mittelalter zum Jahr 2000.* Köln 1996.
Dumas, Alexandre. *Mes Mémoires.* Texte présenté et annoté par Pierre Josserand. T. III. Paris 1957.
Ecclesia Catholica. Katechismus der Katholischen Kirche. München u. Wien 1993.
Einhorn: Italienische Berichte: http://www.scienze.tv/node/4051; ORF: http://sciencev1.orf.at/science/news/151768; Stuttgarter Zeitung: http://www.stuttgarter-zeitung.de/stz/page/1730484_0_9223_-in-der-toskana-einhorn-entdeckt.html
Engels, Friedrich. »Die Lage Englands: *Past and Present* by Thomas Carlyle, London 1843«. In: Marx/Engels, MEW, Bd. I, S. 524–549.
Estleman, Loren D. *Sherlock Holmes vs. Dracula.* New York 2008.
Farson, Daniel. *Vampire und andere Monster.* Frankfurt/M. 1978.
Fiddes, Nick. *Fleisch: Symbol der Macht.* Frankfurt/M. 1993.
Finocchiaro, Maurice A. Siehe: *The Galileo Affair.*
Flynn, John. *Cinematic Vampires: The Living Dead on Film and Television from* The Devil's castle *(1896) to* Bram Stoker's Dracula *(1992).* London 1992.
Foucault, Michel. *Überwachen und Strafen.* Frankfurt/M. 1981.
Freud, Sigmund. *Gesammelte Werke.* Hrsg. von Anna Freud, Marie Bonaparte, E. Bibring, W. Hoffer, E. Kris und O. Isakower. Frankfurt/M. 1999. [Zitiert als: GWF. Mit Ausnahme von *Die Traumdeutung* beziehen sich alle Seiten- und Bandangaben auf diese Ausgabe.]
Freud, Sigmund. »Das Unheimliche«. In: GWF, Bd. 12.
Freud, Sigmund. »Die Verdrängung«. In: GWF, Bd. 10. S. 248–261.
Freud, Sigmund, »Die Zukunft einer Illusion«. In: GWF, Bd. 14, S. 325–380.
Freud, Sigmund. »Zeitgemäßes über Krieg und Tod«. In: GWF, Bd. 10.
Freud, Sigmund. *Die Traumdeutung.* Frankfurt/M. 2003.
Freud, Sigmund. *Totem und Tabu.* = GWF, Bd. 9.
Freud, Sigmund. *Zur Psychopathologie des Alltagslebens: Über Vergessen, Versprechen, Vergreifen, Aberglaube und Irrtum.* = GWF, Bd. 4.
Fromm, Erich. *Anatomie der menschlichen Destruktivität.* Hamburg 1977.

Gerhard van Swieten und seine Zeit. Hrsg. von Erna Lesky und Adam Wandruszka. Wien 1973.

Girard, René. *Ausstoßung und Verfolgung: Eine historische Theorie des Sündenbocks.* Frankfurt/M. 1992.

Goffman, Erving. *Rahmen-Analyse: Ein Versuch über die Organisation von Alltagserfahrungen.* Frankfurt/M. 1980.

Graves, Barry; Schmidt-Joos, Siegfried (Hrsg.). *Das Neue Rock Lexikon.* 2 Bde. Reinbek 1990.

Hahn, Ronald M.; Jansen, Volker. *Kultfilme: Von »Metropolis« bis »Rocky Horror Picture Show«.* München 1995.

Hamberger, Klaus. *Mortuus non mordet: Kommentierte Dokumentation zum Vampirismus 1689–1791.* Wien 1992.

Häntzschel, Günter. *Gottfried August Bürger.* München 1988.

Harris, Charlaine. *Dead Until Dark.* New York 2001.

Hentig, Hartmut von. *Vom Ursprung der Henkersmahlzeit.* Nördlingen 1987.

Hirsch, Rudolf; Schuder, Rosemarie. *Der gelbe Fleck: Wurzeln und Wirkungen des Judenhasses in der deutschen Geschichte.* Köln 2006.

Hollmann, Hans. »Erfinder der akustischen Maske: Über Elias Canetti, den Dramatiker, Denker und Todesfeind«. In: *Wortmasken: Texte zu Leben und Werk von Elias Canetti.* München 1995. S. 83–94.

Horkheimer, Max; Adorno, Theodor W. *Dialektik der Aufklärung.* Frankfurt/M. 1971.

Horror of Dracula. Filmscript. May 1958. Property of Motion Picture Division, State Education Department, New York.

Hutter, Andreas. »Die Erfindung einer Kultfigur: Bram Stokers *Dracula* und seine altösterreichischen Quellen«. In: *Neue Zürcher Zeitung.* Internationale Ausgabe. Nr. 129, 7./8. Juni 1997. S. 49.

Internet Entertainment Guide. http://www.Kabel1.de.

Jacobsen, Wolfgang (Hrsg.). *Zur Geschichte des Deutschen Films.* Stuttgart 1993.

Jänsch, Erwin. *Vampir-Lexikon: Die Autoren des Schreckens und ihre blutsaugerischen Kreaturen.* Augsburg o. J.

Jones, Stephen (ed.). *The Mammoth Book of Dracula: Vampire Tales for the New Millennium.* London 1997.

Jung, Carl Gustav. *Traum und Traumdeutung.* München 2003.

Jung, Carl Gustav. »Zwei Schriften über Analytische Psychologie«. In: *Gesammelte Werke.* Bd. 7. S. 32. Zit. nach: Brumlik, *C. G. Jung zur Einführung,* S. 81f.

Jung, Uli. *Dracula: filmanalytische Studien zur Funktionalisierung eines Motivs der viktorianischen Populär-Literatur.* Trier 1997.

Kakanien: Studien zur den Vampiren der Habsburger. In: http://www.kakanien.ac.at/.

Kant, Immanuel. *Was ist Aufklärung?* 1784.

Katechismus der Katholischen Kirche. Siehe: *Ecclesia Catholica.*

Kemske, Floyd. *Bilanz der Vampire.* München 1997.

Kittler, Friedrich. *Draculas Vermächtnis: Technische Schriften*. Leipzig 1993.

Klaniczay, Gábor. »Der Niedergang der Hexen und der Aufstieg der Vampire im Habsburgerreich des achtzehnten Jahrhunderts«. In: *Heilige, Hexen, Vampire: Vom Nutzen des Übernatürlichen*. Berlin 1991.

Kling, Bernt; Seeßler, Georg. *Romantik und Gewalt: Ein Lexikon der Unterhaltungsindustrie*. 2 Bde. München 1973.

Köppl, Rainer M. (Hrsg.). *100 Jahre Dracula*. Doppelheft der Zeitschrift *Maske und Kothurn*. 41. Jg. Heft 1-2. Unter Mitarbeit von Nina Dallos und Andreas Tesarik. Wien 1998.

Kracauer, Siegfried. *Theorie des Films: Die Errettung der äußeren Wirklichkeit*. Frankfurt/M. 1985.

Lacan, Jacques. *Das Seminar von Jacques Lacan, Buch VII (1959–1960): Die Ethik der Psychoanalyse*. Hrsg. von Norbert Haas und Hans-Joachim Metzger. Weinheim und Berlin 1996.

Laplanche, Jean; Pontalis, Jean-Bertrand. *Wörterbuch der Psychoanalyse*. Frankfurt/M. 1973.

Lau, Jörg. »Mystik der neuen Medien«. In: *Die Zeit*, Nr. 45 vom 31. 10. 1997. S. 71f.

Le Fanu, Sheridan. »*Carmilla*«. In: *Carmilla and 12 Other Classic Tales of Mystery*. Edited and with an Introduction by Leonard Wolf. New York 1996. S. 270–432.

Le Fanu, Sheridan. *Carmilla, der weibliche Vampir*. Aus dem Englischen von Helmut Degner. Zürich 1979.

Lehning, Arthur; de Jong, Rudolf; Bourdet, Yvon. *Ich will weder befehlen noch gehorchen*. Berlin 1977.

Lexikon des Internationalen Films: Das komplette Angebot in Kino und Fernsehen seit 1945. 21.000 Kurzkritiken und Filmographien. Hrsg. vom Katholischen Institut für Medieninformation e. V. und der Katholischen Filmkommission für Deutschland. 10 Bände. Reinbek 1987.

Lexikon des Internationalen Films. Das komplette Angebot in Kino, Fernsehen und auf Video. Völlig überarbeitete und erweiterte Neuausgabe. Hrsg. vom Katholischen Institut für Medieninformation (KIM) und der Katholischen Filmkommission für Deutschland. 10 Bände. Reinbek 1995.

Lexikon des Internationalen Films: Die ganze Welt des Films auf CD-ROM. München 1996.

Maddox, Brenda. *Freud's Wizard: The Enigma of Ernest Jones*. London 2006.

Märtin, Ralf-Peter. »Auf der Suche nach Schloss Dracula«. In: *Die Zeit* vom 31. 10. 1997. S. 73–75.

Märtin, Ralf-Peter. *Dracula: Das Leben des Fürsten Vlad Tepes*. Berlin 1996.

Marx, Karl; Engels, Friedrich. *Werke*. Hrsg. vom Institut für Marxismus-Leninismus beim ZK der SED. Berlin/Ost 1956ff. 38 Bde. [Zitiert als: MEW]

Marx, Karl. »Zur Judenfrage«. In: MEW. Bd. 1. S. 347–377.

Marx, Karl. »Der Arbeitstag«. In: *Das Kapital. Kritik der politischen Ökonomie.* Erster Band. Buch I: *Der Produktionsprozeß des Kapitals.* III. Abschnitt: *Die Produktion des absoluten Mehrwerts.* 8. Kapitel. In: MEW. Bd. 23. S. 247f.

Marx, Karl. *Zur Kritik der Hegelschen Rechtsphilosophie.* »Einleitung« (1843/44). In: MEW. Bd. 1. S. 378–391. [Hier über »Religion ist Opium fürs Volk«, als geflügeltes Wort fast immer falsch zitiert.]

Maxford, Howard. *The A-Z of Horror Films.* Bloomington 1997.

McKee, Robert. *Story: Substance, Structure, Style, and the Principles of Screenwriting.* New York 1997.

McKenna, Terence. *Speisen der Götter: Die Suche nach dem ursprünglichen Baum der Weisheit.* Löhrbach 1993.

McNally, Raymond T.; Florescu, Radu. *Auf Draculas Spuren: Die Geschichte des Fürsten und der Vampire.* Frankfurt/M. 1996.

Melton, J. Gordon. *The Vampire Book: The Encyclopedia of the Undead.* Detroit 1994.

Mielsch, Hans-Ulrich. *Sommer 1816: Lord Byron und die Shelleys am Genfer See.* Zürich 1998.

Miller, Sukie. *Nach dem Tod: Stationen einer Reise.* Wien 1998.

Mythen der Welt. Zusammengestellt von Emil Bührer. Mit Beiträgen von Mircea Eliade, Joseph Campbell und Detlef-I. Lauf. Bucher 1976.

Niederländer, Europäer, Österreicher: Vier Präfekten der Kaiserlichen Hofbibliothek in Wien. Hugo Blotius, Sebastian Tengnagel, Gerard Freiherr van Swieten, Gottfried Freiherr van Swieten. Dokumentation von Hans Petschar. Wien: Österr. Nationalbibliothek, 1993.

Pilgrim, Volker Elis. *Der Vampirmann: Über Schlaf, Depression, Weiblichkeit.* Eine Forschungsnovelle. Düsseldorf 1989.

Polidori, Dr. John William. »Der Vampyr«. In: *Von denen Vampiren und Menschensaugern.* Hrsg. von Dieter Sturm und Klaus Völker. Frankfurt/M. 1994. S. 45–69.

Polidori, Dr. John William. »*The Vampire: A Tale*« und »*A Fragment by Lord Byron*«. In: Mary Shelley, *Frankenstein. Edited with an Introduction by Maurice Hindle.* London 1985.

Pozzuoli, Alain. *Guide du Centenaire: Dracula 1897–1997.* Paris 1996.

Praz, Mario. *Liebe, Tod und Teufel: Die schwarze Romantik.* München 1970.

Prodolliet, Ernest. *Nosferatu: Die Entwicklung des Vampirfilms von Friedrich Wilhelm Murnau bis Werner Herzog.* Freiburg 1980.

Prüßmann, Karsten. *Die Dracula-Filme: Von Friedrich Wilhelm Murnau bis Francis Ford Coppola.* München 1993.

Raknes, Ola. *Wilhelm Reich und die Orgonomie.* Frankfurt/M. 1973.

Reclams deutsches Filmlexikon. Von Herbert Holba, Günter Knorr und Peter Spiegel. Stuttgart 1984.

Reich, Wilhelm. *The Mass Psychology of Fascism.* 3rd Edition New York 1980.

Reiter, Christan. »Vampirismus aus medizinischer Sicht«. In: Köppl, *100 Jahre Dracula.* S. 147–153.

Renner, Klaus G. »Einige Knoblauchblüthen«. *H.C. Artmanns Schauerromane.* München 1997. S. 107–111.

Ringel, Erwin. *Fürchte den anderen wie dich selbst: Gegensätze überwinden.* Hrsg. von Franz Richard Reiter. Wien 1991.

Rodden, Barbara. »*The Coming of the Fairies: An Alternative View of the Episode of The Cottingley Fairies*«. 1988. Dieser Text ist über die Homepage der Arthur Conan Doyle Society zugänglich: http://www.ashtree.bc.ca/ACDFAIRIES.html.

rororo-Filmlexikon. Hrsg. von Liz-Anne Bawden. Reinbek 1978.

Sachs, Maryam. *Der Mond.* Heyne 1988.

Seeßlen, Georg; Kling, Bernt. *Romantik und Gewalt: Ein Lexikon der Unterhaltungsindustrie.* 2 Bde. München 1973.

Seeßlen, Georg. *Kino der Angst: Geschichte und Mythologie des Film-Thrillers.* Reinbek 1980.

Sellner, Albert Christian. *Immerwährender Heiligenkalender.* Frankfurt/M. 1993.

Simek, Ursula. »Welch' Ergötzen, Welche Lust!« In: Köppl, *100 Jahre Dracula.* S. 119–128.

Skal, David J. *Hollywood Gothic: The Tangled Web of Dracula from Novel to Stage to Screen.* Visual Cortex, 1990.

Sontag, Susan. *Das Leiden anderer betrachten.* München 2003.

Spitzer, Manfred. *Vorsicht Bildschirm! Elektronische Medien, Gehirnentwicklung, Gesundheit und Gesellschaft.* Stuttgart 2005.

St. Clair, Marisa. *Das Geheimnis des Todes: Nah-Toderfahrungen.* Augsburg 1998.

Stoker, Bram. *Dracula.* Hrsg. von Nina Auerbach und David Skal. Norton Critical Edition. New York 1997. [Nach dieser Ausgabe wird hier zitiert; Übers. von R.M.K.]

Stoker, Bram. *»Dracula's Guest« and Other Weird Stories.* London 2006.

Stoker, Bram. *»Dracula's Guest«.* In: *»Dracula's Guest« and »The Squaw«.* New York 1997. S. 1–27.

Stoker, Bram. »Draculas Gast«. In: *Im Haus des Grafen Dracula.* Erzählungen. Ausgewählt von Michael Krüger. Frankfurt/M. 1993. S. 66–82.

Stoker, Bram. »Draculas Gast«. In: *Vampire und Untote: Eine Anthologie von Vampir-Geschichten.* Hrsg. von Karl Bruno Leder. Gütersloh, o. J. S. 191–205.

Stoker, Bram. *Das Leben des Grafen Dracula.* Neu bearbeitet von Franz Schrapfeneder. Im Auftrag hergestellte Sonderausgabe. Nach einer Ausgabe von K. B. Leder. Wien 1995.

Stoker, Bram. *Dracula.* Aus dem Englischen von Karl Bruno Leder. Frankfurt/M. 1988.

Stoker, Bram. *Dracula.* Gekürzte Fassung für Kinder ab 10 Jahren. Illustrationen von Tudor Humphries. Hildesheim 1998.

Stoker, Bram. *Dracula.* Übersetzt von Stasi Kull. München 1967. [Hinter dem Pseudonym Stasi Kull verbirgt sich vermutlich H. C. Artmann.]

Swieten, Gerhard van. »Vampyrismus von Herrn Baron Gerhard van Swieten verfasset, aus dem Französischen ins Deutsche übersetzet, und als ein Anhang der Abhandlung des Daseyns der Gespenster beigerücket«. In: Mayer, Ulrich. *Abhandlung zum Daseyn der Gespenster*. Augsburg 1768. [Hier zitiert nach der Transkription in: Köppl, *100 Jahre Dracula*. S. 37–46.]

Tesarik, Andreas. »Draculas Tante: Carmilla, der weibliche Vampyr: Ihre Geschichte, ihre Filme«. In: Köppl, *100 Jahre Dracula*. S. 101–118.

The Galileo Affair: A Documentary History. Edited and translated by Maurice A. Finocchiaro. Berkeley 1989. http://web.archive.org/web/20040829092858/http://www.msu.edu/course/lbs/492/stillwell/galileo_trial_docs.html#citation

The Oxford Companion to Film. Liz-Anne Bawden (Ed.). London, New York, Toronto 1976.

The Oxford Dictionary of Saints. London 1978.

The Shorter Oxford English Dictionary on Historical Principles. Oxford 1972.

Tollwut und Vampirglauben: Meldungen u.a. in *profil* 5. Okt. 1998, S. 41, und der Wochenendbeilage der *Presse*, Spektrum, 10./11. 10. 1998.

Vatikan über *Twilight*: »Vatican Takes a Bite Out of Twilight: Church officials express concern about the teen sensation«, URL:http://www.nbcnewyork.com/entertainment/movies/Vatican-Takes-a-Bite-Out-of-Twilight-70656122.html

Vito, Robert. »Die ungarische Lektion«. In: *Der Rabe*. Nr. 49. S. 37–49.

Voltaire. »Das Diner beim Grafen Bougainvilliers«. In *Voltaire: Ein Lesebuch für unsere Zeit*. Hrsg. von Martin Fontius. Berlin und Weimar 1989. S. 311–340.

Voltaire. *Dictionnarie Philosophique* von 1764. Hier zitiert nach Pozzuoli, Alain. *Guide du Centenaire: Dracula 1897–1997*. Paris 1996.

Von denen Vampiren und Menschensaugern. Hrsg. von Dieter Sturm und Klaus Völker. Frankfurt/M. 1994.

Walker, Barbara. *Das geheime Wissen der Frauen*. München 1995.

Wasserer, Annabell. *Buffy – Im Bann der Dämonen: Lieben, Leben und Sterben in Sunnydale*. VDM, 2009.

Weber, Hartwig. *Religion: Lexikon der Grundbegriffe in Christentum und anderen Religionen*. Reinbek 1992.

Webster's New Encyclopedic Dictionary. New York 1993.

Weldon, Michael. [Filmkritik zu *Dracula* in der Regie von Terence Fisher, 1958.] Hier zitiert nach der Online-Filmkritiken-Sammlung, die man von der *Internet Movie Database* aus findet: http://www.geocities.com/Area51/Chamber/4395/horrorod-critics.

Welsh, Renate. *Das Vamperl*. München 1996.

Zimbardo, Philip. *The Lucifer Effect: How Good People Turn Evil*. London 2007.

Žižek, Slavoj (Hrsg.). *Ein Triumph des Blicks über das Auge: Psychoanalyse bei Hitchcock*. Wien 1992.

Žižek, Slavoj. Warum greifen die Vögel an? In: Žižek, Slavoj, u.a. *Was Sie immer schon über Lacan wissen wollten und Hitchcock nie zu fragen wagten*. Frankfurt/M. 2002. S. 181–186.

CDs

Biermann, Wolf. »*Es gibt ein Leben vor dem Tod*«. Text & Musik Wolf Biermann. Auf der gleichnamigen LP aus dem Jahre 1976. CBS Nr. 81 259.
Brel, Jacques. »*Ne me quitte pas*«. Auf der CD *Jacques Brel*. Vol. 1. *Master Serie*. Podis 1998. 816 458-2.
Dylan, Bob. »*Death Is Not The End*«. Auf der CD *Down in the Groove*. (Columbia/Sony 1988), Nr. 460267 2.
Joplin, Janis. *Cheap Thrills*. Columbia, 1968, LP.
Metallica: *Metallica* (CD, Vertigo, 1991, 510 022 - 2).
Wainwright, Loudon. »*Vampire Blues*«. Auf der CD *More Love Songs*. Demon Records, 1986. Fiend CD 79.
Zappa, Frank. »*Preamble*« zu *Cheepnis*. Auf: *Roxy and Elswhere*. WARNER 1974. 2 DS 2202. Live-Doppel-LP.

Filme

Dracula. Regie: Tod Browning. USA 1931.
Dracula. Regie: Terence Fisher. GB 1958.
Nike Alpha Project. Nike-Werbespot. TV-Mitschnitt, 27. 4. 1999. Draculas Sieg über die Sonne. Deutsches Sportfernsehen (DSF). [Ausgestrahlt in den Pausen einer Tennis-Übertragung mit Boris Becker.]
Nosferatu. Regie: F. W. Murnau. Deutschland 1922.
Bram Stoker's Dracula. Regie: F. F. Coppola. USA 1992.
Twilight. Regie: Catherine Hardwicke. USA 1998.
True Blood. TV-Serie. USA 2008f.

TV-Produktionen

Dracula: Der Kuß des Todes. Themenabend auf *ARTE*, 21. Nov. 1997.
Marschner, Heinrich. *The Vampyr: A Soap Opera. Highlights from the BBC 2 TV Production*, Music by Heinrich Marschner. Words by Charles Hart. Virgin Classics 1992. VC 7 9 59294 2 (Audio); BBC Video 4901 (Video).
Vampire – Mythos und Wahrheit. TV-Beitrag 2009 für die Sendereihe *Newton* des ORF. Gestaltung: Susanne Kainberger.
Die Vampirprinzessin. TV-Produktion 2007. Regie: Klaus Steindl und Andreas Sulzer. In der ORF-Sendereihe *Universum* ausgestrahlt. Koproduktion von ORF, ARTE, ZDF, Smithsonian Network, BMUKK und Pro Omnia gedreht und von Cine Styria und der Stadt Linz gefördert. Der Film wurde für ORF (Universum-Reihe), ZDF (Terra X) und ARTE auf Deutsch, für das US-amerikanische Smithsonian Network auf Englisch produziert. Beide Fassungen wurden auf DVD veröffentlicht.

Dank

Herzlichen Dank an meine Frau Renée von Paschen, meinen Freund und Kollegen Dr. Martin Schwehla sowie an Ruth Grabner.
Ich danke allen StudentInnen, die meine Vampirseminare mit ihren Ideen und ihrer Energie bereichert haben.
Herzlichen Dank für das Fledermaus-Daumenkino an Josef Philipp von media productions.

Bildnachweis

S. 17: Bram Stokers Notizen zum Roman Dracula. The Rosenbach Museum & Library, Philadelphia, PA. www.rosenbach.org
S. 99: Szenen aus dem Film *Nosferatu: Eine Symphonie des Grauens* (1922), Regie: F.W. Murnau. Archiv R.M.K.
S. 187: Alex Ross, Titelbild der Wochenzeitung *The Village Voice* vom 26. 10. 2004. Archiv R.M.K.
S. 234: Nike-Werbespot. TV-Mitschnitt vom 27. 4. 1999. Archiv R.M.K.
S. 280: Dracula, von meiner Mutter im Alter von 83 Jahren gezeichnet. Archiv R.M.K.

Der Autor

Rainer Maria Köppl, geboren 1957 in Attnang-Puchheim, aufgewachsen in Ohlsdorf/OÖ, ist Professor am Institut für Theater-, Film- und Medienwissenschaft der Universität Wien. Er unterrichtete an Universitäten in Innsbruck, Leipzig, Bern und New York und wurde von der Universität Wien für innovative Lehre ausgezeichnet. Für seine Habilitationsschrift »Ikonen unter Druck: Hitchcock, die Marx Brothers und Dracula. Zur Archäologie der Populärkultur« hat er in amerikanischen Archiven die handschriftlichen Notizen Bram Stokers studiert und dabei entdeckt, dass *Dracula* ursprünglich in der Steiermark hätte angesiedelt werden sollen. Die TV-Dokumentationen »Newton: Vampire – Mythos und Wahrheit« und »Die Vampirprinzessin« der ORF-Sendereihe »Universum« begleitete er als Vampirexperte. Die US-Version »The Vampire Princess« wurde mit einem *Cine Golden Eagle Award* ausgezeichnet.

In memoriam Maria Köppl,
1916–2008. Requiescat in pace.

Martin Leidenfrost

Die tote im Fluss

Der ungeklärte Fall Denisa Š.

ISBN 978 3 7017 3128 2

Eine Geschichte vom neuen Europa und seinen alten Grenzen

Denisa Šoltísová wurde zuletzt lebend gesehen, als sie in der Nacht vom 19. Jänner 2008 durch eine österreichische Bezirksstadt irrte, in Unterwäsche und ohne Schuhe. Zehn Tage später fand man sie, tot und nackt. Sie war 29 Jahre, sie war Slowakin und eine 24-Stunden-Pflegekraft. Die Polizei schloss den Fall ab: »Selbstmord«. Doch die in der Slowakei durchgeführte Obduktion ergab Spuren von Gewaltanwendung und von Medikamenten gegen Krankheiten, an denen Denisa gar nicht litt.

Martin Leidenfrost reist in die Lebenswelten beider Seiten, der Pflegerinnen und der Gepflegten. Er fährt in die vergessene slowakische Region Gemer, wo Dorf für Dorf an zugewanderte Roma fällt, und zu den österreichischen Wohlstandsbürgern, die um ein würdevolles Sterben in den eigenen vier Wänden ringen. Er sucht den Menschen, der schuld ist an dem Tod von Denisa Šoltísová. Eine Geschichte vom neuen Europa und seinen alten Grenzen.

Das kleine Buch ist ein Fanal … ein großes Stück wahrhaftiger Suche.
Die Presse, Alfred J. Noll

Ich finde, diese entsetzliche Geschichte kann man nicht einfach auf sich beruhen lassen, und andre finden das sicher auch.
Elfriede Jelinek

www.residenzverlag.at

Wilhelm Dietl

SCHATTENARMEEN

Die Geheimdienste der islamischen Welt

ISBN 978 3 7017 3167 1

Von Staatsterroristen und ihren Handlangern

Sie sind die gefährlichsten Untergrund-Organisationen der Welt und befinden sich permanent im Kriegszustand. Die Geheimdienste im Nahen und Mittleren Osten kennen keine Skrupel und keine Gesetze. Zunehmend operieren sie auch in Europa und werden zu einem ernsten Sicherheitsrisiko. Sie bedienen sich wechselnder Terrorbanden, um politische Ziele mit brutaler Gewalt durchzusetzen. Wenn sie Allianzen mit dem Westen eingehen, foltern und töten sie im Auftrag von Demokratien.

Bestseller-Autor Wilhelm Dietl beschreibt als Erster die verborgenen Strukturen und spektakulärsten Operationen der islamischen Geheimdienste. Nach vielen Reisen und Gesprächen mit Insidern, Ermittlern und konkurrierenden Diensten zeigt er ihre Verstrickung in organisierte Kriminalität bis zur verbotenen Atomtechnologie und beleuchtet die Grauzone der unheilvollen Zusammenarbeit mit den Partnern im Westen.

Was Dietl berichtet, hört sich an wie aus einem Agenten-Thriller. … Dietl wusste seine Insider-Kenntnisse zu nutzen.
Spiegel Online

Paul Schulmeister

Wende-Zeiten

Eine Revolution im Rückblick

ISBN 978 3 7017 3144 2

Die faszinierende Bilanz eines Zeitzeugen

Der Fall der Berliner Mauer bedeutete eine Zeitenwende: Der ideologische, politische und militärische Ost-West-Konflikt ging unblutig zu Ende. Der Eiserne Vorhang war gefallen, Demokratie und Dialog, Gewaltverzicht und Menschenrechte hatten gesiegt.

Als Fernsehjournalist beobachtete Paul Schulmeister über viele Jahre den Gärungsprozess in den Gesellschaften des „Ostblocks". Aus persönlichem Erleben schildert er nun den Weg zur Wende: von der Unterzeichnung der KSZE-Charta 1975 in Helsinki über die historische Polen-Reise von Papst Johannes Paul II. bis zu den großen Friedensdemonstrationen in Berlin und Leipzig.

In aktuellen Interviews u.a. mit Helmut Kohl, Hans-Dietrich Genscher und Horst Teltschik sowie Joachim Gauck und Richard Schröder spürt er der Dynamik der damaligen Ereignisse nach. In seiner klugen Analyse zeigt er, was vom mutigen Kampf für Freiheit und Demokratie geblieben ist.

Gelungene und informative Zugänge.
Falter

Deshalb ist dieses Buch außerordentlich wichtig:
ein Buch gegen Geschichtsverdrängung und -vergessenheit.
Quart

www.residenzverlag.at

Gregor Mayer / Bernhard Odehnal

Aufmarsch

Die rechte Gefahr aus Osteuropa

ISBN 978 3 7017 3175 6

Der Leser erfährt aus erster Hand, wie die Netzwerke der rechtsextremen und radikal nationalistischen Gruppen funktionieren und warum sich relativ viele junge Menschen, keineswegs nur aus der Unterschicht, von der Demokratie abwenden und als Verlierer der Globalisierung auch den Glauben an die Politik verlieren.
Paul Lendvai

Ein Standardwerk über Rechtsradikalismus in Osteuropa.
Frankfurter Rundschau

Ebenso erschreckend wie lesenswert.
sueddeutsche.de

Ein hochinformatives, sehr gut lesbares Buch.
Falter, Anton Pelinka

Ein Buch, das auch im Rest Europas aufhorchen lassen sollte.
Deutschlandfunk

Ein aufrüttelndes, wichtiges und politisch hintergründiges Werk.
Nürnberger Nachrichten

www.residenzverlag.at

Hannes Leidinger
Verena Moritz
Karin Moser

STREITBARE BRÜDER
Österreich : Deutschland

ISBN 978 3 7017 3180-0

Kurze Geschichte einer schwierigen Nachbarschaft

Zwischen Nibelungentreue und Piefkeschmäh: Was verbindet Deutsche und Österreicher, was trennt sie voneinander? Und wann genau begannen die Gegensätze sich herauszubilden? Die Antworten führen durch die lange Vorgeschichte bis in die Gegenwart: von der Hermannsschlacht, über Martin Luther, Königgrätz, den Ersten Weltkrieg und den „Anschluss" 1938 bis zur Wende von 1989 und zum Schulterschluss im vereinten Europa.

Gemeinsamkeiten und Abgrenzungen, Mythen, Klischees und Vorurteile werden aber auch abseits der großen historischen Ereignisse betrachtet. Die Autoren zeigen, wie sich kulturelle Sonderwege und Mentalitätsunterschiede nachvollziehen lassen in Tradition, in Sprache und Film, in den Berg- und Talfahrten des Tourismus und den sportlichen „Ersatzschlachten" von Cordoba bis zur Europameisterschaft.

Eine informative wie vergnügliche Zeitreise durch 2000 Jahre österreichisch-deutsche Geschichte.

Michaela Karl

Streitbare Frauen

Porträts aus drei Jahrhunderten

ISBN 978 3 7017 3150 3

... ein ungewöhnlich engagiertes Geschichte(n)buch, das Zusammenhänge zwischen historischen Ereignissen und individuellen Biografien klar und überzeugend darstellt.
Passauer Neue Presse

Michaela Karl porträtiert Frauen, die wie Antigone im antiken Mythos ihr Gewissen über das Gesetz stellten. Die sich über gesellschaftliche und politische Konventionen hinwegsetzten und couragiert und kompromisslos für Frauen- und Menschenrechte, für Freiheit und Frieden kämpften – wenn nötig, auch mit Gewalt. Ihr hoher moralischer Anspruch an sich selbst und andere bewahrte sie dabei nicht vor Fehlentscheidungen. Mit feinem Gespür für innere Widersprüche und Selbstzweifel taucht die Autorin in die Gedankenwelten dieser streitbaren Frauen ein und versucht den Prozess der Entscheidungsfindung, der ihrem Handeln vorausging, nachzuvollziehen. Auf der Grundlage von Briefen, Tagebüchern, Schriften und Erinnerungen zeichnet sie beeindruckende Lebenswege gegen den Strom nach.

Charlotte Corday, die Mörderin Jean Paul Marats
Mathilde Franziska Anneke, die badisch-pfälzische Amazone
Harriet Tubman, der Moses ihres Volkes
Bertha von Suttner, die Streiterin für den Weltfrieden
Vera Figner, die Gefangene des Zaren
Clara Zetkin, die Grande Dame der deutschen Arbeiterbewegung
Emmeline Pankhurst, die Queen der Suffragetten
Constance Markievicz, die rebellische Gräfin
Emma Goldman, die gefährlichste Frau der Vereinigten Staaten
Tina Modotti, die Jeanne d'Arc mit der Kamera
Tamara Bunke, die Companera Che Guevaras
Phoolan Devi, die Königin der Banditen